iyi ki **kitap**lar var...

TİMAŞ YAYINLARI

İstanbul 2025

timas.com.tr

BAKARA SURESİ SOHBETLERİ
1-29. Ayetler

Nouman Ali Khan

İslamiyet

TİMAŞ YAYINLARI | 5719
Timaş İnanç - Din Kitaplığı - Din İnceleme Araştırma | 63

YAYINA HAZIRLAYAN
Yasemin Muş
Neval Akbıyık

KAPAK TASARIMI
Esra Burak

İÇ TASARIM
Nur Kayaalp

1. BASKI
Ocak 2023, İstanbul

5. BASKI
Mart 2025, İstanbul

ISBN
ISBN: 978-605-08-4656-0
9 786050 846560

TİMAŞ YAYINLARI
Bahçelievler Mah. Zübeyde Hanım Cad. No: 8
Üsküdar / İstanbul
Telefon: (0212) 511 24 24

timas.com.tr
timas@timas.com.tr
timasyayingrubu

Kültür Bakanlığı Yayıncılık
Sertifika No: 45587

BASKI VE CİLT
Aktif Basım
Osmangazi Mah. Genç Osman Cad. No: 2/C
Esenyurt / İstanbul
Telefon: (0212) 612 12 22
Matbaa Sertifika No: 47477

BAKARA SURESİ SOHBETLERİ

1-29. Ayetler

Nouman Ali Khan

Çeviri: Elif Gül

NOUMAN ALİ KHAN

4 Mayıs 1978 doğumlu Nouman Ali Khan, "Tek gayesi Kur'ân farkındalığını ve değerini yaymaya çalışan bir kurum" olarak tanımladığı Bayyinah Enstitüsü'nün kurucusu ve yönetim kurulu başkanı;aynı zamanda Enstitü'nün "Klasik Arapça'nın Temelleri" ve "Kutsal Kelâm" da dâhil olmak üzere bir kısım derslerinin ana okutmanıdır.

Arapça dil bilgisi çalışmalarına Suudi Arabistan'ın Riyad şehrinde tamamladığı giriş seviyesindeki eğitimle başladı. Bu yöndeki çalışmalarını 1993 yılında ülke çapında yapılan Arapça sınavlarında ilk 10'a girerek aldığı bursla Pakistan'da sürdürdü. Esas eğitimi ise Faysalabad/Pakistan'daki Quran College'ın kurucusu ve müdürü olan Dr. Abdus-Samie'nin 1999 yılında tefsir ve Arapça çalışmaları konusunda yoğun dersler vermek üzere yaptığı ABD ziyaretleri sırasında bu ülkede başladı. Dr. Abdus-Samie'nin eğitimi ile yoğun ve muntazam bir Arapça dil bilgisi anlayışı geliştirdi. Dr. Abdus-Samie'nin özgün eğitim metotlarını benimseyerek öğrencilerine yardımcı olmak üzere onun çalışmalarını İngilizceye çevirdi.

2006 yılına kadar Nassau Üniversitesi'nde Arapça öğretmenliği yaptı. Yaklaşık yedi yıl boyunca 10.000'den fazla öğrenciye ABD'deki çeşitli merkezlerde Standart Modern Arapça ve Klasik Arapça dersleri verdi. 2016 Ağustos'unda yoğun bir katılımla İstanbul Haliç Kongre Merkezi'nde ağırlanan Nouman Ali, Kur'ân çalışmalarıyla Arapça derslerine Bayyinah Enstitüsü'nde ve internet ortamında devam etmektedir.

Yazarın diğer kitapları:

- Dirilt Kalbini
- Bakara Suresi Sohbetleri-2
- İlahi Söz
- Kur'an Arapçası-1
- Kur'an Arapçası-2

İÇİNDEKİLER

Bakara Suresi Sohbetleri kitabı, Nouman Ali Khan'ın 2016 yılı Ramazan ayında yapmış olduğu Bakara Suresi dersleri üzerine yapılmış bir çalışmadır. Bu çalışma sırasındaki katkılarından dolayı öğrencisi Fulya Tuncel'e teşekkür ederiz.

GİRİŞ

Allah (cc), kelamına Resûlullah'ın (sav) Medine'ye gelişinden sonra indirilen ve Kur'ân'ın en uzun suresi olan Bakara Suresi ile başlıyor. Medenî sureler Kur'ân'ın son yüzde otuz-otuz beşlik kısmını oluşturur. Resûlullah (sav) Mekke'deyken surelerin çoğu inmişti. Medine'de nazil olan sureler Kur'ân'ın son kısmını oluşturur. Mekkî ayetler konuları itibariyle Medenî surelerden farklı, biçim olarak da eşsizdir.

Eğer dikkat ederseniz Mekkî surelerde hitap "يَا أَيُّهَا النَّاسُ" "Ey insanlar!" şeklindedir. Muhatap tüm insanlardır. Allah (cc) "يَا عِبَادِ" "Ey kullarım!" ya da "قُلْ يَا أَيُّهَا الْكَافِرُونَ" "De ki: 'Ey kâfirler!'", "قُلْ لِلَّذِينَ كَفَرُوا" "İnkar edenlere de ki:" der. Mekkî surelerde direkt olarak "يَا أَيُّهَا الَّذِينَ آمَنُوا" "Ey iman edenler!" hitabını bulamazsınız.

Kur'ân vahyedilmeye başlandığında Resûlullah (sav) ve Ona (sav) iman edenler, Mekkeliler tarafından eziyete maruz kalan küçük bir azınlık konumundaydı. Ve toplumda "başkaldıran ve topluma zararı olan asiler" olarak nitelendiriliyorlardı.

Resûlullah'ın (sav) Medine'ye hicretiyle birlikte yeni bir toplum yapısı oluştu. Mekkeliler ve Medineliler arasında savaş durumu olsa bile Medine sınırları içerisinde barış havası hâkimdi. Yahudi ve Hristiyanlarla antlaşma yapılmış, hatta bazı Yahudi ve Hristiyanlar Müslüman olmuştu. Onların aile üyeleri hâlâ Yahudi ve Hristiyan olarak kalsa bile onlar artık İslam ümmetinin bir parçasıydı.

Müslümanlar, Yahudi ve Hristiyanlarla birlikte yaşıyor, antlaşma şartlarına göre herhangi bir savaş durumunda gerektiğinde Medine'yi birlikte müdafaa ediyorlardı. Medine, Müslümanlar için yeni bir başlangıçtı. Bakara Suresi, bu dönemde nazil olan ilk surelerdendir. Resûlullah (sav) Hicret'in üzerinden henüz altı ay geçmeden Medine'de Müslüman bir toplum inşa etmişti. Mekkeliler Müslümanların bu istikrarlı duruşundan memnun değildi; Kureyşliler savaş için hazırlanıyorlardı ve Müslümanlar bir buçuk yıl içinde kendilerini İslam'ın ilk büyük savaşı olan Bedir Gazvesi'nde bulacaklardı. Bu surede göreceğiniz birçok ayet, Bedir Gazvesi için zihinsel bir hazırlıktır. Bu, surenin Resûlullah'ın (sav) Medine'ye hicretinden sonraki ilk bir buçuk yıl içinde inmeye başladığının da göstergesidir.

Bakara Suresi'nde Resûlullah'ın (sav) Medine'deki yaşamı boyunca inen ayetlerin bulunması, surenin bir anda değil azar azar, birkaç yıldan uzun bir süreçte indiğini gösterir. Hatta bazı İslam âlimleri Resûlullah'a (sav) inen son ayetin Bakara Suresi'nden olduğunu ifade eder. Bununla birlikte "*Amenerresûlü*" olarak bilinen surenin son iki ayeti Miraç gecesi yani Mekke yıllarında vahyolunmuştur fakat bu kısma Mekkî diyemeyiz. Çünkü bir sureye Mekkî diyebilmemiz için surenin semadan Mekke'ye inmesi, Medenî diyebilmek için ise surenin semadan Medine'ye inmesi gerekir. Son iki ayet ise Resûlullah'a (sav) semada vahyolundu. Resûlullah (sav) göğe çıktı, ayetler Ona (sav) indirilmedi, Miraç gecesinde Ona (sav) vahyedildi. Yatsı namazından sonra okunması tavsiye edilen bu ayetler, dualar arasında eşsiz bir yeri olan çok özel bir duadır.

Arapçada çok meşhur bir söz vardır: "İnsanlarla onların anlayabileceği seviyeye göre muhatap ol." Çocuklarla, gençlerle, üniversitelilerle, akademisyenlerle ya da belirli bir toplulukla konuşurken kullandığımız dil ve Batılı toplumlarda yaşayan Müslümanlarla konuşmalarımız, Müslüman olmayanlarla konuşmalarımızdan farklıdır. Hatta yeni Müslüman olanlarla yaptığımız konuşmalar da uzun zamandır Müslüman olan kimselerle konuşmalarımızdan farklıdır.

Medine halkının Mekke halkından farklı olarak vahiyle ilgili bir arka planı vardı. Tevrat'ı ve İncil'i biliyorlardı. Nesillerdir burada yaşayan Hristiyanlar ve Yahudiler vardı ve onlar aynı zamanda Kur'ân'ın da hedef kitlesiydi. Kur'ân sadece Müslümanlara okunmuyordu. Bugünlerde Kur'ân okunurken yanımızdan geçenler ne olduğunu bile anlamıyorlar. Ancak o toplumda Kur'ân insanların kendi dilinde okunduğundan, Müslüman olsun-olmasın herkesin direkt olarak ifade ettiği manayı hemen anlayabildiği bir sözdü. Kur'ân'ın, nazil olduğu dönemde, Yahudiler, Hristiyanlar ve Müslümanlar için neredeyse bir radyo yayını gibi olduğunu söyleyebiliriz.

Mekke toplumunun ise vahiyle ilgili bir arka planı yoktu; orada putlara tapan müşrik bir yapı vardı ve binlerce yıl önce gelen Hz. İbrahim'in (as) dinini unutmuşlardı. Kurban ibadetini terk etmemişlerdi ama neden kurban kestiklerini bilmez haldeydiler. Kâbe'yi kutsal kabul ediyorlardı ama tevhidi unutmuşlardı. Vahiy ve ahiret kavramı onların dünyasından silinip gitmişti.

Mekke toplum yapısı ile Medine toplum yapısı birbirinden tamamen farklıydı. Müslümanların Cuma hutbesi yerine Hristiyanların kiliselerde bir araya geldikleri özel günleri, Yahudilerin ise sinagoglarda toplandıkları Şabat günleri vardı. Onlar da hutbe dinliyorlardı. Onların da dini liderleri, onların da uleması, dini öğrenen ve dinleyen kitleleri vardı. Bu insanlar eğitimli, allâme sayılacak kişilerdi.

Kur'ân'da "*ahbâr*" kelimesi geçer. Bazı yerlerde "Benî İsrail'in âlimleri" (Şuarâ, 197) ifadesi de geçer. "*Ahbâr*" "*hibr*"den gelir, bu da mürekkep demektir. Yani bu insanlar çok fazla okuyup sayfalarca yazdıkları için elleri sık sık mürekkebe bulanıyordu. Bu yüzden allâme olan bu kimselere "*ahbâr*" deniliyordu.

Ahbâr denilen bu kimseleri, Kur'ân'ın kendisini "*nebiyyü'l ümmî*" olarak nitelendirdiği Resûlullah'la (sav) karşılaştıralım. O (sav) hiçbir dünyevi eğitim almamış ve en basit haliyle söyleyecek olursak okuma yazması dahi olmayan bir peygamber. "*Ümmî*" kelimesi de "*ümm*"den gelir. "Anne" demektir. Çünkü Resûlullah'ın (sav) ancak annesinden yeni doğan bir bebek kadar bir eğitimi vardı. O zaman geçerli olan eğitim sistemine hiçbir biçimde dâhil olmamıştı ve yeni bir din tebliğ ediyordu. Hâlbuki Medine'de yerleşik diğer dinleri öğreten insanlar, Yahudi ya da Hristiyan olmaları fark etmeksizin, dinlerini ulemadan, onlar da kendi ulemadan öğrenmiş kimselerdi. Şimdi ise karşılarına Allah'ın (cc) dinini öğreten ve onların dinleri hakkında yorum yapan bir zat çıkıyor ve ulema silsilesine hiçbir biçimde dâhil olmamasına rağmen getirdiği Kur'ân, Yahudilik ve Hristiyanlık hakkında yorum yapıyordu.

"Ümmîler arasında, kendilerinden bir resûl görevlendiren O'dur." (Cuma, 2) Neden? Çünkü Resûlullah (sav) sırf Medine'ye değil, önce Mekke'ye gönderilmişti. Onlar "el-ümmiyyîn" diyorlardı. Yahudi ve Hıristiyanlar bu sıfatı hakaret olarak kullanıyorlardı. Aralarındaki haham ve papazlar "O mu size öğretecek? Okuma yazması bile yok!" diyorlardı. Hâlbuki bu kelime bizim için Resûlullah'ı (sav) tanımlayan asil bir kelimedir. Onun (sav) annesinden yeni doğmuş bir saflıkla İlahi Kelam'ı aktarmak üzere seçilmiş olmasının nişanesi ve yine Onun (sav) ve Kur'ân-ı Kerim'in, bir mucizesidir.

BİRİNCİ BÖLÜM

الٓمٓ ﴿١﴾
ذٰلِكَ الْكِتَابُ لَا رَيْبَ فِيهِ هُدًى لِلْمُتَّقِينَ ﴿٢﴾
اَلَّذِينَ يُؤْمِنُونَ بِالْغَيْبِ وَيُقِيمُونَ الصَّلٰوةَ وَمِمَّا رَزَقْنَاهُمْ يُنْفِقُونَ ﴿٣﴾
وَالَّذِينَ يُؤْمِنُونَ بِمَا اُنْزِلَ اِلَيْكَ وَمَا اُنْزِلَ مِنْ قَبْلِكَ وَبِالْاٰخِرَةِ هُمْ يُوقِنُونَ ﴿٤﴾
اُولٰٓئِكَ عَلٰى هُدًى مِنْ رَبِّهِمْ وَاُولٰٓئِكَ هُمُ الْمُفْلِحُونَ ﴿٥﴾

✦

"Elif. Lâm. Mîm." (1)

"İşte kitap; onda asla şüphe yoktur.
O, müttakîler için bir rehberdir." (2)

"(Onlar) gayba iman ederler, namazı kılarlar,
kendilerine verdiklerimizden infak ederler." (3)

"Onlar sana indirilene de senden önce
indirilenlere de inanırlar. Ahirete de kesin
olarak inanırlar." (4)

"İşte bunlar, Rablerinden bir hidayet
üzeredirler. Kurtuluşa erenler de onlardır." (5)
(Bakara, 2/1-5)

Kesik Kesik Harfler: ELİF. LÂM. MÎM.

"الٓمٓ"

"Elif.lâm.mîm"

(Bakara, 2/1)

✦

"الٓمٓ"

"Elif.lâm.mîm"

Sure "الٓمٓ" "*elif.lâm.mîm*" ile başlar. Bu ayet üç harften oluşur ve bunlar okuma bilen herkesin bildiği harflerdir. Türkçe/İngilizce konuşan, ama kendi dilinde eğitim almamış insanlar vardır; hiç okula gitmemişlerdir. Onlara "a, b, c, d, q, f, w, o" deseniz hiçbir şey anlamazlar. Bu harflerin onlar için hiçbir anlamı yoktur. "Bu ne demek oluyor? W ne demek? O ne? Bu kelimeyi daha önce hiç duymamıştım." diye düşünürler. Çünkü harfleri umursadığınız tek zaman, hecelediğiniz zamandır ve hecelemeyi umursadığınız tek zaman da okuduğunuz ya da yazdığınız zamanlardır. Bu, Resûlullah'ın (sav) erişiminde olmayan bir bilgiydi; "*elif.lâm.mîm*"i okuyunca topluma bir şok dalgası yollamış oldu: "Dur bir dakika! Ona harfleri kim öğretti? Ben onu ümmî sanıyordum!" dediler.

Resûlullah (sav) *"elif.lâm.mîm"* diyorsa mutlaka bir öğretmeni var demekti... Çünkü tek başına öğrenme ihtimali yoktu. Bilmiyordu, "أَلَمْ" *"elem"* diyebilirdi mesela. "أَلَمْ تَرَ كَيْفَ فَعَلَ رَبُّكَ بِأَصْحَابِ الْفِيلِ" (Fil, 1) Böyle demesi gerekirdi. *"Elif.lâm.mîm"* demesi, muhakkak bir öğretmeni olduğu anlamına geliyordu. Yani Onu (sav) dinleyen insanlar bile: "Onun öğretmeni kim? Ona kim, ne öğretiyor? Ona neden bu harfleri öğretiyorlar?" diye düşünüyordu. Bunlar muhatap kitlenin aklına gelen çok önemli sorulardı. Çünkü soru, öğretmenin bizzat Allah'ın (cc) kendisi olduğu şeklinde cevaplanacaktı. Ona (sav) öğreten Allah'tı (cc). O (sav) gerçekten de eğitim alıyor olmalıydı; yoksa başka türlü harflerin önemini asla bilemezdi.

"Elif.lâm.mîm" ile ilgili bilinmesi gereken bir diğer önemli nokta ise, daha önce eşi benzeri görülmemiş bir kullanım olmasıdır. Kur'ân daha önce söylenmemiş bir tarzda konuşur. Daha önce hiç kimse bu şekilde konuşmamıştı. Araplar kendi dilleriyle çok gurur duyar, geriye kalan herkesin Acem olduğunu, hatta doğru düzgün Arapça konuşamadıkları için eksik olduklarını düşünür, kendilerini Arap dilinin ustası olarak görürlerdi. Buna rağmen Kur'ân, kullandığı fiil, harf ve cümle yapılarıyla onları şaşırtmıştı. Şimdi bir örnek verelim: Yeni bir şair çıksa, şahane bir şiir söylese bile bu yüzde seksen önceki dönemlerde söylenen şiirlerin temeli üzerine bina edilirdi. Günümüzde gençlerin beğendiği tarz müziklerin de beste ve söz bakımından pek üretken olmadığını, daha önceki kuşakların beğendiği motifleri içerdiğini fark ederiz. Gördüğünüz yenilik ancak yüzde on-yirmi civarındadır.

Kur'ân'ın sadece *"elif.lâm.mîm"* demesi bile o günkü toplum için çok şaşırtıcıydı. Neden biri çıkıp böyle konuşsundu ki? Bu kullanım sadece bir soru meydana getirmez, ayrıca merak da uyandırır: "Bu öğretmen her kimse, buradaki hiç kimse ondan bu tarz bir eğitim almadı." Yani Kur'ân, zihinleri sadece *"elif.lâm.mîm"* ile vahyi kabul etmeye hazırlamıyor aynı zamanda sadece inanmayanlara değil, inananlara da rehberlik ediyordu.

Ulemanın icmasıyla biliyoruz ki, farklı fikirler ileri sürülse de kimse *"elif.lâm.mîm"*in ne demek olduğunu bilmiyordu. "Hiçbir anlama gelmiyor." demek yanlış olur; çünkü Allah'ın (cc) söylediği her şeyin bir anlamı ve bir amacı vardır. Diğer taraftan, Allah'ın (cc) bize verdiği her şeyin bir faydası olduğunu da biliyoruz. Allah (cc) Kur'ân'da muhatabına öğretecek bir şey olmadıkça konuşmaz. Kendisi "عَلَّمَ الْقُرْآنَ" "Kur'ân'ı öğretti." (Rahmân, 2) diyor. "قَالَ الْقُرْآنَ" "Kur'ân'ı söyledi." demiyor. "تَكَلَّمَ الْقُرْآنَ" "Kur'ân'ı konuştu." demiyor. "عَلَّمَ الْقُرْآنَ" "Kur'ân'ı öğretti." diyor. Öğretmek konuşmaktan farklıdır. Biri konuştuğunda sadece ağzını oynatır. Ama biri öğrettiğinde aklında öğrencisi vardır. Öğreteceği her şey öğrencinin yararınadır. Yani *"elif.lâm.mîm"* diye okusanız bile sizin için bir fayda vardır. Burada aklımıza, "Ne demek olduğunu bile bilmiyorum, bana ne faydası olacak? Faydası olması için anlamam gerek." düşünceleri gelebilir. Özellikle derste öğretmenin söylediklerini anlamazsanız sizin için bir faydası olmaz. O yüzden elinizi kaldırıp, "Bu ne anlama geliyor? Tam anlayamadım, tekrar eder misiniz? Bana açıklar mısınız? Daha iyi bir izaha ihtiyacım var." dersiniz. Ama dünyada *"elif.lâm.mîm"*in ne anlama geldiğini biri açıklayabilir mi? Bu harflerin arkasındaki gizem nedir?" diye sorsanız, kimsenin bu konuda verecek net bir cevabı yoktur. Çok açık görünüyor ki hesap günü Allah'ın huzuruna çıkıncaya kadar bu konu hakkında kimsenin kesin bir cevabı da olmayacak. Cevabı ancak Allah (cc) merhametiyle bizi cennetine soktuğunda ve bizim de "öğretmenimiz" olan Allah'a (cc) sorma fırsatımız olduğunda öğrenebileceğiz.

Öyleyse bu harfleri tekrar etmenin ne faydası var?

Üniversite öğrencileri çok iyi bilir, eğitim yılının ilk günü öğretmen sınıfa gelir ve ders hakkında bazı bilgiler verir: "Ödev için şu kadar zaman ayırmalısınız, şu şekilde çalışmalısınız, şunu şunu yapmasanız, verilen görevleri zamanında bitirseniz iyi olur, üç hafta önceden sınavlarınıza çalışmaya başlamalısınız." benzeri cümleler kurar, bu şekilde sizi ilerde olacaklar için hazırlar. Eğer bu konuda size en iyi rehberlik edecek kişi olan öğretmenin sözlerini dikkate almaz, fiziksel ve zihinsel olarak derse hazırlanmazsanız başarı göstermeniz zorlaşır, hatta imkansızlaşır.

Kur'ân talebesinin ilk oryantasyonu, hiçbir şey bilmediğini kabul etmesidir. Kur'ân talebesinin ilk oryantasyonu *"elif. lâm.mîm"dir.* Bu ne demektir peki? Bilmiyorsunuz ve buna alışsanız iyi olur. "Allah bilir, siz bilmezsiniz." (Bakara, 216) Bu Kitab'a eleştirmeye çalışmak için gelmeyin. "Manasını anladım, inanmayacağım." diyerek Allah'a (cc) büyüklenmeyin. "Merakımı giderdim ama yeteri kadar ikna olmadım, inanmak istemiyorum." demeyin. Hayır, hayır. Bu Kitab'a tevazuyla gelmelisiniz, merakla değil.

Bugünlerde kitap okumak için Kindle ya da iPad'lerimize pdf dosyaları indiriyoruz. Birkaç bölümü beğenip diğer bölümleri genellikle beğenmiyoruz. Yayıncılık bir satış endüstrisi hâline geldiğinden beri kitap almadan önce kaç yıldız almış ona bakıyoruz. "Bir yıldız mı aldı, iki mi, üç mü, dört mü?" "Çok satanlarda mı?" "Hakkındaki yorumlar nasıl?" Kitap okuyunca sadece öğrenmeyiz, eleştiririz, kendi yorumumuzu söyleriz: "Beğendim, fena değil." "Şu kısmı beğenmedim, şöyle olsa daha iyi olurdu" vs. Bunu filmler, çizgi filmler, hatta üniversitedeki hocalarımız için bile yapıyoruz: "Çok zorluyor." "Şeker gibi hocadır ama sınavları işkence gibi." deriz. Diğer bir deyişle, sürekli yargılama pozisyonundayız. Çünkü, tüketim toplumunda müşteri her zaman haklıdır. Öğrenci üniversitede bir tüketici, müşteridir, çünkü okul harcı öder. Kitabı okuyan da tüketicidir, çünkü kitaba para vermiştir. Herkes tüketicidir; o yüzden hep eleştirme, değerlendirme vs. pozisyonundadır.

Bugün biz maalesef Kur'ân'a da tüketici tutumuyla yaklaşıyoruz. Müslümanlar bile Kur'ân'ı okuyup: "Bu kısmı anlamadım, okudum, ama garip biraz... Burası biraz kafa karıştırıcı." diyebiliyor ve herhangi bir kitaptan bahsedermiş gibi konuşabiliyor. Hâlbuki Kur'ân, herhangi bir kitap değil. Bu Kitab'a "her zaman haklı olan müşteri" gibi yaklaşılmaz. Ona ancak bir dilenci gibi, iflas etmiş biri gibi, çölde kaybolmuş ve susuzluktan ölmek üzere olan biri gibi yaklaşılır. O adama bir damla su verseniz suyun ısınmış olmasından şikâyet etmez. Ya da "Soda olsa iyi olurdu. Portakal suyu yok mu?" demez. Sadece alır. Hidayete muhtaçsanız alırsınız. "Allah beni daha iyi biliyor, bilmem gerekeni de bilmemem gerekeni de O biliyor." dersiniz.

Allah'tan (cc) gelen bu oryantasyonun bir diğer güzel yanı da bizim, Allah'ın Kitabı'nı okurken girmemiz gereken ruh hâlini hazırlamasıdır. Çünkü eğer Kitab'a yaklaşırkenki tutumunuz doğru olmazsa ve kalbiniz doğru yerde değilse o zaman, "Allah birçok kimseyi onunla saptırır, birçok kimseyi de onunla doğru yola iletir." (Bakara, 26) Aynı Kitap'la Allah (cc) kimilerini dalalete, kimilerini de hidayete eriştirir, çünkü çoğu yanlış bir tutumla gelmiştir. O yüzden Allah (cc), "Bu

(Kitap) fasıklardan başkasını dalalette bırakmaz." (Bakara, 26) der. Çünkü fasıklık onların içinde vardır.

"*Elif.lâm.mîm*" ile ilgili önemli bir başka nokta da şudur: Merakımızı kontrol altına alabilmeliyiz. On yıl boyunca Kur'ân'ı inceliyorlar ve araştırmaları sadece "'*Elif.lâm.mîm*' ne demek?" üzerinde kalıyor. İkinci ayete bile gelememişler. Hâlâ burada takılı kalan insanlar var. Kur'ân'la ilgili Kur'ân dışında her şeyi inceleyip detaylarda boğuluyorlar. Çünkü artık Allah'ın (cc) sözleri onları ilgilendirmiyor; onları sadece merakları ve yaptıklarını sandıkları ilginç buluşlar ilgilendiriyor.

Ve bazı insanlar için Kur'ân, "Kalplerinde bir kayma olanlar, ve olmadık yorumlar yapmak için ondan müteşabih olanına uyarlar." (Âl-i İmran, 7) der. Hâlbuki öğretmenin size bir şeyleri öğretmesi gibi belli şeyleri öğretmeme rolü de eşit derecede önemlidir. Bu da öğrenme sürecinin bir parçasıdır. "Bunu sana söylemeyeceğim. Bazı soruları soramazsın. Belli meraklardan uzak durman lazım. Her merak iyi değildir."

Kehf Suresi'nde anlatılan Hz. Musa'nın (as) çıktığı yolculukta "Sana anlatana kadar bana hiçbir şey sorma." (Kehf, 70) ayeti onun oryantasyonunun bir parçasıdır.

Modern öğretim koşullarında her soru güzel kabul edilir. Hatta öğrenci soru sormaya teşvik edilir. Hangi konuda olursa olsun her soru hoş karşılanır. Kur'ân'ın eğitim metodu ise öğrenciyi faydalı ve faydasız sorular arasındaki farkı öğrenmeye zorlar. Size "faydası" olacak sorular sorun. Eğer Allah (cc) Kur'ân'da size bir şeyin manasını özellikle söylemediyse, bu, bilmemeniz sizin için daha faydalı olduğu içindir. "*Elif.lâm.mîm*" böyledir.

Kur'ân'da dikkat çekici bir nokta daha vardır. Genellikle bu harflerin ardından gelen ayet Kur'ân'a dairdir.

"الٓمٓصٓ • كِتَابٌ أُنزِلَ إِلَيْكَ" "Elif. lâm.mîm.sâd. Sana indirilen bir Kitap'tır."(A'râf, 1-2)

"الٓرٰ • تِلْكَ آيَاتُ الْكِتَابِ الْحَكِيمِ" "Elif.lâm.râ. İşte bunlar hikmet dolu Kitab'ın ayetleridir." (Yûnus, 1)

"الٓرٰ • تِلْكَ آيَاتُ الْكِتَابِ الْمُبِينِ" "Elif.lâm.râ. Bunlar apaçık Kitab'ın ayetleridir." (Yûsuf, 1)

"الٓرٰ • كِتَابٌ أَنزَلْنَاهُ إِلَيْكَ" "Elif.lâm.râ. "Bu sana indirdiğimiz Kitap'tır." (İbrahim, 1)

"طٰهٰ • مَا أَنزَلْنَا عَلَيْكَ الْقُرْآنَ لِتَشْقَى" "Tâ.hâ. Biz Kur'ân'ı sana güçlük çekesin diye indirmedik." (Tâhâ, 1-2)

"حٰمٓ • تَنزِيلٌ مِنَ الرَّحْمَنِ الرَّحِيمِ" "Hâ.mîm. Kur'ân Rahmân ve Rahîm olan Allah katından indirilmiştir." (Fussilet, 1-2)

"يٰسٓ • وَالْقُرْآنِ الْحَكِيمِ" "Yâ.sîn. Hikmetli Kur'ân'a andolsun." (Yâsîn, 1-2)

"حٰمٓ • وَالْكِتَابِ الْمُبِينِ" "Hâ.mîm. Apaçık Kitab'a Andolsun." (Duhan, 1-2)

Kur'ân'da bu harfler her geçtiğinde ve siz "Bu ne demek?" dediğinizde, Allah (cc) "Kur'ân apaçıktır, hikmet doludur, Kur'ân'a ve vahye and olsun." diyor. Sanki Allah (cc) bize bir yön gösteriyor ama biz bunu çok çabuk unutuyoruz. Bizim merakımızı azaltıp, zihnimizi iyi yönlendirmemiz lazım. Bu yüzden Allah (cc) bu dersi durmadan hatırlatıyor. Harfler değişiyor ve içimizdeki merak duygusu harekete geçiyor, "Neden bu sefer '*hâ.mîm*' demiş? Neden bu sefer '*elif.lâm.mîm*' dememiş?" '*Elif.lâm.râ*'ya ne oldu? Bunda '*elif.lâm.râ*' var, diğerinde '*elif.lâm.mîm*', neler oluyor?"

Burada, kelimenin tam anlamıyla bir sınama var. Bu merakın içinde kaybolacak mıyız, yoksa kitaptaki amacın ardına mı düşeceğiz?

Kelime Kelime Ayetler

"ذَٰلِكَ الْكِتَابُ لَا رَيْبَ فِيهِ هُدًى لِلْمُتَّقِينَ"

"İşte kitap; onda asla şüphe yoktur. O, günahtan sakınanlar için bir rehberdir."

(Bakara, 2/2)

Ayetteki anahtar kelimelere bakarak başlayalım: "*Kitab*", "*rayb*", "*hüden*" ve "*takvâ*". Bunlar ayetin dört anahtar kelimesidir.

İlk kelime "*Kitab*". "*Ketebe*" modern Arapçada yazmak manasına gelir. Klasik dönemde kalem çok nadir bulunuyordu. İnsanlar yazdıklarını taşı, odunu kazıyarak ya da deriye dikiş yaparak kaydediyorlardı. Bu, hakiki manada "*kitab*"dır. Bunu içinde yaşadığımız dünyanın imkânlarıyla kıyaslayarak anlayamayız. Biz bir şey yazmak için genelde dijital cihazları kullanıyoruz. Parmaklarımızla harflere dokunuyor, klavye kullanarak yazıyoruz. Yazdığımız bir kelimeyi beğenmezsek siliyor, seç, kes, yapıştır yapıyoruz. Ya da paragrafın sonundaki cümleyi başa almak istiyorsak ilgili kısmı seçip sürükleyip başa koyuyoruz. Dijital ortamda yazarken bu mümkün. Ancak elinize bir parça taş alıp çekiçle kazıyarak üzerine bir şeyler yazdığınızı hayal edin. Dönüp yazdıklarınızı okudunuz ve bazı değişiklikler yapmak, bazı kelimelerin yerini değiştirmek istiyorsunuz. Ne yapacaksınız? Elinize yeni bir taş parçası alıp her şeye yeniden başlamanız gerekir. "*Kitab*" da söz konusu olan budur. Bir kere yazdınız mı, değiştiremezsiniz. Sil, sürükle-bırak imkânı yok. Yontarak yazdığınız kelimeleri ise hiç silemezdiniz, nasıl sileceksiniz ki?

Allah (cc) "*Kitab*" kelimesini kullanarak Kur'ân'la ilgili çok derin bir gerçeklikten bahseder: Kur'ân, olduğu gibidir, yazılan yazılmıştır; düzenlemeye yer yoktur. Geri dönüp değiştirmek, modifiye etmek veya yeniden şekillendirmek mümkün değildir. Kur'ân Resûlullah'a (sav) sözlü olarak indirilmiştir ama yine de Allah (cc) "*Kitab*" der! Çünkü Kur'ân'ın düzeni taşa kazınmıştır ve değiştirilemez. Bu yüzden Fatihâ ilk, Bakara ikinci, Âl-i İmran üçüncü, Nîsa dördüncü sırada yer alır. Eğer düzen değiştirilebilir olsaydı "*Kitab*" değil "*kelam*" denirdi. Çünkü "*Kitab*" değiştirilemez ve dokunulmazdır.

"*Kur'ân*" ve "*Kitab*" arasında şöyle bir fark vardır: "*Kur'ân*" "*karae*" kelimesinden gelir ve "yüksek sesle okumak" demektir. "*Ketebe*" ise yazmaktır. Allah'ın Kitabı'nın en çok kullanılan iki ismi "*Kitab*" ve "*Kur'ân*"dır. Allah (cc) "*el-Kitab*" dediğinde yazılmış bir şeyden, "*el-Kur'ân*" dediğinde sesli okunan bir şeyden bahseder.

Kur'ân'ın sesli okunması dünyada gerçekleşirken Kitab'ın yazılışı yedi göğün üzerinde, koruyucu meleklerle çevrili olan levh-i mahfuzda gerçekleşmiştir. Kur'ân burada sesli okunuyor ve bu dünya bize yakın. Ama o Kitab bizden çok uzakta.

Bu O Kitaptır ki...

"الٓمٓ ذٰلِكَ الْكِتَابُ"

"Elif.lâm.mîm. İşte o Kitap budur."

"الٓمٓ" "*Elif.lâm.mîm*" oryantasyondur. "الْكِتَابُ" "*el-Kitab*" Arapçada masdardır ve "yazılmış" veya "yazmak" demektir. Hayal edelim, birisi Resûlullah'ın (sav) okuyuşunu duyuyor; "الٓمٓ ذٰلِكَ الْكِتَابُ". Allah (cc) adeta onlara, "'*Elif.lâm.mîm.*' deyişimi duydunuz mu? Bu, sadece Onun (sav) konuşması değil, aynı zamanda bir yazı, bunu biliyorsunuz değil mi?" diyor. Eşsiz bir şekilde yazılmış ve yazılı başka hiçbir şeye benzemeyen sözün yazılı bir kaynaktan gelmesi gerekir. O yüzden "ذٰلِكَ كِتَابٌ" "*zâlike kitâbun*" şeklinde belirsiz değil, "ذٰلِكَ الْكِتَابُ" "*zâlike'l kitâb*" şeklinde belirli kullanılıyor. "*El-Kitâb*" kelimesi "belirlilik takısı" ile kullanıldığında, "Bundan başka hiçbir kitap yok! Birazdan duyacağınız yazıyı asla deneyimlemediniz. Duyduğunuz sadece birinin (sav) konuşması değil, O, sözlerini çok uzaktan gelen bir Kitap'tan alıyor." manası doğar. Bu ilk manadır.

İkinci mana: Arapça dilbilgisinde "الٓمٓ" müpteda, "ذٰلِكَ الْكِتَابُ" haberdir. Türkçeye çevirdiğimizde mana, "'*Elif.lâm.mîm*' aslında bu kitaptır." olur. Bazı ulemaya göre "*Elif.lâm.mîm*" gramatik olarak Kur'ân'ın isimlerinden biridir. Kur'ân'ın isimlerinden birinin esrarengiz olması da çok güzeldir; ne kadar öğrenirsek öğrenelim günün sonunda yine hiçbir şey bilmiyoruz anlamına gelir. İnsanların bilgisinin cüziliğinin ve zayıflığının göstergelerinden biri de Allah'ın "Annenizin karnından sizi çıkaran O'dur." Sonra da "Hiçbir şey bilmiyordunuz." (Nahl, 78) demesidir. Buradan; "Sizi annenizin karnından çıkardığında hiçbir şey bilmiyordunuz." manası çıkar. Çok açıktır ki insanlar bebekken bir şey bilmezler. Bununla birlikte bu cümle "hâlâ" bir şey bilmediğimizle ilgili de olabilir: "Sizi annenizin karnından çıkardı ve hâlâ hiçbir şey bilmiyorsunuz." Allah (cc) böyle konuştuğunda insanlara acziyetlerini bildiriyor.

Üçüncü mana ise "الٓمٓ" olarak "ذَلِكَ الْكِتَابُ" "İşte insanlığın beklediği o Kitap budur." şeklindedir.

Sure Medine'de inmişti ve orada yaşayan Yahudi ve Hristiyanların elinde son Kitab'ın geleceğiyle ilgili bazı yazı ve deliller vardı. Onlar bekliyorlardı. Resûlullah (sav) "الٓمٓ" "*Elif. Lâm.mîm*" deyince onlar "Kesin dışarıdan gelen bir öğretmeni var." dediler. Allah (cc) cevap verdi: "ذَلِكَ الْكِتَابُ" "Bu beklediğiniz Kitap!" O Kitap bu! "İşaretler çıksın, zafer kazanılsın ve son peygamber gelsin." diye dua ettiğiniz Kitap bu. Artık size ulaştı. Bu beklediğiniz Kitap! Size vaad edilen Kitap bu.

İbn Aşûr, "Önceden vaad edilen Kitap budur." diyor. Beklediğiniz Kitap bu. Yahudilerin son peygamber ve Kitab'ın gelmesi hakkında beklentileri vardı. Onun hakkında konuşuyor, "Kureyş her zaman bizi savaşta yeniyor, ama bir dahaki sefere son peygamberimiz Kitab'ıyla gelecek!" "O geldiğinde Allah (cc) bizim için zaferi garanti etti, o zaman görüşürüz!" diyorlardı. Yaptıkları buydu. O yüzden Allah (cc), "هُدًى لِلْمُتَّقِينَ" "Dikkatli olmak, her adımı tedbirli atmak, başlarına gelen zararlardan korunmak isteyenler için o güçlü bir rehberdir." der. Hayatlarını dikkatli yaşamaya çalışanlar için kesinlikle bu Kitap bir rehberdir.

Bu kısma devam etmeden sizinle bir şey paylaşmak istiyorum. Allah (cc) hikmetiyle Fatihâ'nın ardından bunun ikinci sure olacağını takdir etti ki bu sure bize İslam'ın ve Kur'ân'ın hiçbir şeye benzemeyen bir tasvirini versin ve aklımız tüm yaşamımız boyunca tamamen Allah'ın Kitabı'yla meşgul olsun. O yüzden bu ayetler çok değerlidir. Aynı zamanda bu ayetlerde olağanüstü bir sıralama mevcuttur.

"لَا رَيْبَ فِيهِ"

"Onda asla şüphe yoktur."

Allah (cc) bu Kitap'la benim ilişkimi tanımlayacak iki prensip vahyeder. Bu Kitap'ta "Pek emin değilim... Acaba gerçekten Allah'tan mı bu?" dedirtecek hiçbir şüpheci yaklaşıma, tedirginliğe, güvensizliğe yer yoktur. Burada "Nasıl olmaz?" sorusu karşımıza çıkabilir. İlk prensip Kur'ân'da hiçbir şüpheye yer olmaması ve hiçbir şüphenizin olmamasıdır. Yoksa nasıl olur da herhangi birine gidip "Bu Allah'ın Kitabı'dır." diyebilirsiniz? O zaman o da size "Bende de İncil var, o da tanrının kitabı." der. Birisi gelip Hinduizm metinlerinden "Veda"yı getirip, "Bu da tanrının kitabı. Kur'ân da tanrının kitabı; bunun doğru, diğerlerinin yanlış olduğunu nereden bileceğim?" diyebilir.

Diyelim ki üniversitede öğrencisiniz. Arkadaşınız size gelip, "Biliyorsun çok fazla din var, bunlardan biri doğru olmalı. Sen sizinkinin doğru olduğunu nereden biliyorsun?" dediğinde, "Şans işte(!)" mi dersiniz? Mesela bazı çocuklar ebeveynlerine gidip "Ahiret gününde kimin haklı çıkacağını hiç merak etmiyor musun anne?" diye sorduklarında, anne korkuya kapılır: "Bu çocuğa hangi duaları okuyayım? Hangi rukyeyi yapayım?" diye düşünür. Nereden bileceğiz? Neye dayanarak "Bu Allah'ın Kitabı'dır." diyeceğiz? Hz. Musa'nın (as) destekçileri hiçbir şüphe duymadan onun peygamber olduğunu nasıl bildiler? Baştan onu çok sorguladılar. Ancak asayı yere vurduğunda ve deniz ikiye ayrıldığında siz de orada olsaydınız içinizde asla şüpheye yer kalmazdı. "O gerçekten bir peygamber. Onunla beraber, iki tarafı da büyük dağlar gibi olan denizin tam ortasından geçeceğim! O kesinlikle bir peygamber, artık soru sormayacağım." derdiniz. Diğer bir deyişle, mucizeyi gözünüzle gördüğünüzde tüm şüpheler yok olur.

Hz. İsa'nın (as) destekçileri de onu sorgulamıştı, Allah'ın izniyle çamurdan yapılmış bir kuşu canlandırdığında şüpheler yok olmuştu. Asa yılana dönüştüğünde şüpheler yok olmuştu. Ama bizim sorumuz şu: Bu Kitap hiçbir denizi yarmıyor, bu Kitap hiçbir asayı yılana çevirmiyor. Mucize bunun neresinde?

Mucize Bunun Neresinde: Kur'ân ile İlişkimizin Basamakları

Allah (cc) bu Kitab'ı sadece gözler için değil kulaklar için de mucizevi kılmıştır. Kur'ân tüm bu mucizelerin sonuncusudur. Önceki peygamberlere verilen mucizeler şüpheyi yok etmek içindi. Unutmamak gerekir ki mucizelerin amacı şüpheyi ortadan kaldırmaktır; mucizelere bakıp sadece "İnanılmazdı!" demeniz değil. Amaç, şüpheyi yok etmektir. Fakat mucizeler bir nesil içinde ölür. Sonraki nesil için o mucize sadece bir hikâyeden ibaret kalır; çünkü onlar şahit olmamışlardır. Mucizeyi deneyimlemek için onu kendi gözlerinizle görmelisiniz. İsrailoğulları'ndan, Hz. İsa'dan (as), Hz. Salih'ten (as), Hz. İbrahim'den (as) sonra gelen insanlar, onların gösterdiği mucizeleri anlattığında, çocukları hikâye gibi dinliyorlardı. Çünkü gözleriyle görmemişlerdi.

Allah (cc) bize gönderdiği son vahyin içine sadece gözle algılanamayacak, kulaklara hitap eden mucizeler koymuş. Fakat bu mucizeleri her kulak duyamıyor. Hz. Musa'ya (as) iman etmeyen biri, balık avlarken birden deniz ikiye yarılsa, olanlara bakıp "Bu adamın Yaratıcı'yla bir ilişkisi olmalı, burada neler oluyor böyle!" der ve bunun mucize olduğunu direkt olarak anlayabilir. Ama Kur'ân'ı okuyan kimse, Kitab'ın mucize olduğunu anlayabilir mi? Anlayamaz. Kur'ân'ı okuduktan sonra İslam'a karşı nefreti artan insanlar var. Önceden şüpheci olup meal okuduktan sonra daha da şüpheci olanlar var. "Sadece nefretlerini artırıyor." (İsrâ, 41) Kur'ân'a göz gezdiren herkes ondaki mucizeleri görecek diye bir kural yok. Bu Kitap'taki mucizeyi bulmanın tek yolu Kur'ân'a onu aramak için yaklaşmak ve Kitab'ın içindekileri iyice düşünmektir. İyice araştırıp derin düşündüğünüz zaman, işte o zaman onun Allah'tan (cc) geldiğinden emin olursunuz. Sığ ve yüzeysel bir bakış insana hiçbir şey vermez.

Üniversite yıllarında, pek dindar olmayan bir Müslüman ailede doğmuş bir arkadaşım vardı. Üniversitede felsefe eğitimi alıyordu. Agnostik, şüpheci olmuş, hiçbir şeye inanmaz hale gelmişti. Kendi varoluşundan bile emin değildi, boşlukta yüzüyordu adeta. Sonra birileri Kur'ân hakkında düşünmesi için ona çağrıda bulunmuş, o da kabul etmiş. Tüm felsefik sorularını, aklına gelebilecek tüm "izm"leri Kur'ân'a getirmiş ve birkaç yıl üzerinde çalışmıştı. Felsefe bu Kitab'ı ezsin diye sorular yönelterek Kur'ân'ı incelemiş fakat Kur'ân tarafından durmadan mağlup edilmiş. Felsefe okuyanlar tartışmaya bayılırlar, fakat tartışmayı kaybedince egoları incindiği için bir sonraki sefere daha çok eleştiriyle gelmeye çalışırlar. O da öyle yapmış. Bu Kitap'la tartışmış, bazen gerçekten kapağını çarparak kapatmış, çünkü Kitap onu susturuyormuş.

"Eminim buna karşı bir cevabın yoktur!" diye tekrar gelip okuyunca her defasında şaşkınlığa uğramış. "Ah, yine mi! Başka bir şey bulmam gerek." diyerek gidiyormuş. Kitab'a duyduğu öfkeyle durmadan gidip gelmiş. İki yıl sonra yanıma gelip bana şöyle söyledi: "Bu Kitap ile adeta güreştim, ama beni mağlup etti. Ben de bu dine yöneldim." İçerisinde şüphe bulunmayan bu Kitap kendini hemen göstermiyor. Başka bir felsefe öğrencisi Kur'ân'ın mealini okuyup "Eeeh! Hiçbir şey yok burada." deyip yoluna devam edebilirdi. Ama derin düşünürsek durum değişir. "Hâlâ Kur'ân'ı düşünüp anlamaya çalışmıyorlar mı? Eğer o, Allah'tan başkası tarafından olsaydı, mutlaka onda birçok çelişki bulurlardı." (Nîsa, 82)

Eğer Kur'ân'ı sığ bir bağlamda incelerseniz, onda "çelişki" bulursunuz. Allah (cc) "Eğer düşünüp anlarlarsa çelişki bulmayacaklar." diyor. Yani eğer üzerine düşünmezlerse, onlara "çelişki" gibi gelen şeyler bulacaklar; bunlarla ilgili web siteleri, bloglar, videolar yapacaklar, "Kur'ân'daki çelişkilerle" ilgili listeler hazırlayacaklar. Çünkü "*tedebbür*" etmiyorlar; etseler bunun sadece Allah'ın (cc) kelamı olduğundan emin olacaklar.

Kur'ân'la aramızdaki ilişkinin birinci basamağı, içimizde Onun devam eden bir mucize olduğuna dair hiçbir şüphenin bulunmamasıdır.

Neden "Bu" Değil de "O" Kitap?

Allah (cc) "هَذَا الْكِتَابُ لاَ رَيْبَ فِيهِ" "İşte **bu** kitap; bunda asla şüphe yoktur." ifadesi yerine, "ذَلِكَ الْكِتَابُ لاَ رَيْبَ فِيهِ" "İşte **o** kitap; onda asla şüphe yoktur." ifadesini kullanıyor. "**O** Kitap!" diyor, "**Bu** Kitap" demiyor. Çünkü yazılan ve Kitap haline getirilen Kitap yakın değil, uzakta.

Allah (cc), "أُوحِيَ إِلَيَّ هَذَا الْقُرْآنُ" "**Bu** Kur'ân bana vahyedildi." (En'âm, 19), "إِنَّ هَذَا الْقُرْآنَ يَهْدِي لِلَّتِي هِيَ أَقْوَمُ" (İsrâ, 9) "Kuşkusuz **bu** Kur'ân en doğru olana iletir." ayetlerinde "**o**" zamirini değil, "**bu**" zamirini kullanıyor. "**O** Kur'ân hidayet verir." demiyor, "**Bu** Kur'ân bana vahyedildi." diyor, daha yakın olan **"bu"** zamirini kullanıyor. Çünkü kıraat burada oluyor, kitabet orada, yani uzakta oluyor.

"ذَلِكَ الْكِتَابُ لاَ رَيْبَ" "*Zâlike'l Kitâbu lâ raybe*" diyor, yani bir devamlılık var; bu cümle öğretmenin kim olduğu hakkında merak uyandırıyor. İlk ayette "*elif.lâm.mîm*" demişti. Ona (sav) harfleri kim öğretti? Bu harflerin bir kitaptan geldiği apaçık. Peki Kitap nerede? Eğer öğreniyorsa, kimse Onu (sav) elinde bir kitapla görmedi, kendisi zaten okumayı da bilmiyor. Nereden öğreniyor? Çok çok uzaktan. Burada zincirleme olarak çizilen bir resim var.

İkinci kelime olan "*rayb*" Arapçada "şüphe" için kullanılan birkaç kelimeden biridir; "*şek*" ve "*merec*" de kullanılır. El-Keşşaf "*rayb*" için "kişinin içten içe rahatsızlık duymasıdır." der. Şüphenin çeşitleri vardır. Bazıları benzer iki nesneyi birbirine karıştırmak gibi basit şüphelerdir: "O muydu, bu muydu?" dersiniz, üzerinde çok durmazsınız. Ama öyle şüpheler de vardır ki insanın canını sıkar; içi içini yer. İnsan, o sorun çözülene kadar gece uyuyamaz, ne yaptığını bilmez. Bu tip bir rahatsızlığa sebep olan şüpheye "*rayb*" denir.

"*Hüden*" kelimenin tam anlamıyla kaybolan birine yol göstermek demektir. Hidayet kelimesi Arapçada "*hediye*" ya da "*hedyâ*" kelimesine yakındır. Çölde kaybolmuş bir Arap için sorun, dümdüz gidip gitmediğini bile bilmemesidir. Çünkü dümdüz yürürken aslında bir daire çizmiş ve başladığı yere dönmüş olabilir. Çölde kaybolmuş birine, helikopterle gidip bir şişe su bırakmanız, sonra da iyi şanslar dileyip geri dönmeniz yeterli olmaz. Ona verilebilecek en büyük hediye; hangi yöne gideceği bilgisi, yani hidayettir.

Son kelime olan "*müttakî*", "*takvâ*" veya "*vikaye*"den gelir. "*Vikaye*" aşırı önlem demektir. Toynaklarını korumak için atlara nal çakılır. Bir savaş atının nalları düştüğünde toynakları aşırı hassaslaşır. İnişli çıkışlı yerlerde yürürken toynaklarını nereye koyacağını dikkatle seçtiği ve kendisini incitmeyecek adımlar atmaya özen gösterdiği için İslam'dan önce Araplar, "*vikaye*" hâlinin atın takvasını gösterdiğini söylerlerdi. Allah (cc) bu kelimeyi inananların tutumunu tanımlamak için kullanır, "*müttakî*" kelimesinin temel manalarından biri budur.

Takvalı Olanlar için Hidayettir Bu Kitap

"هُدًى لِلْمُتَّقِينَ"

"O müttakîler için bir rehberdir."

Kur'ân'la aramızdaki ilişkinin ikinci boyutu, sürekli olarak hidayete muhtaç oluşumuzdur.Bu, vücudumuzun suyla olan ilişkisi gibidir. "Daha dün su içtim, bugün ihtiyacım yok." diyemeyiz. Çünkü vücudumuzun işleyiş biçimi suya duyduğumuz ihtiyacı zorunlu kılar. Kur'ân'la olan ilişkimiz suyla olan ilişkimiz gibidir. Susuzluğumuz bizi bırakmaz.

Her saat başı su içmemiz gerekir. Su ya da içinde su olan bir meyve, sulu bir yemek; su, sıvı hep hayatımızdadır. Bunun gibi her saat başı kalbimizdeki susuzluğu gidermeye de ihtiyacımız vardır. Su gibi olan vahiy Kur'ân'ın ta kendisidir. Birkaç saatte bir Allah'ın huzurunda Fatihâ Suresi'nde, "اِهْدِنَا الصِّرَاطَ الْمُسْتَقِيمَ" "Bizi doğru yola ilet." diyoruz. Ayeti su ile kurduğumuz ilişki bağlamında "Tekrar su içmemize izin ver, tekrar susadık; bizi tekrar hidayete eriştir." şeklinde anlayabiliriz. Hidayet ve susuzluk arasında çok yakın bir bağ vardır.

Kur'ân ile ilişkimizin ikinci basamağı, içimizde onun Allah'ın kelamı olduğuna dair hiçbir şüphe kalmadığında, yani emin olduğumuzda Kur'ân'a yönelip Allah'tan hidayet istemektir. Bize hidayet verdiğinde onu bırakmayacağız.

Bazı gençlerin Allah'ın kelamına uymakta isteksiz ve motivasyonsuz olmalarının sebebi Kur'ân'ın "müttakîlere hidayet" oluşunu ciddiye almamalarıdır. Temel sorun genellikle Kur'ân'ın "içinde hiçbir şüphe olmayışını" henüz içselleştirememeleridir. Önce "içinde hiçbir şüphe olmadığına" iyice ikna olup sonra "müttakîlere hidayet" oluşuna geçmek gerekir; burada önemli bir sıra vardır.

Genç nesillerimizi Kur'ân'ın mucizevi gücüyle tanıştırmak için onları öncelikle bunun neden Allah'ın kelamı olduğuna, başka bir şey olamayacağına ikna etmek gerekiyor. Bu Kitab'ın içinde şüpheye dair hiçbir şey olamaz, bu imkânsızdır. Yani bu üç madde özel bir sıralamada gelmiştir.

Bu Kitap, içinde takvalı olanlar için hidayet olacağından şüphe olmayan bir Kitap'tır. Eğer kendinizi kurtarmak ve özenli bir hayat sürmek istiyorsanız, Allah'ın (cc) sizi hidayetsiz bırakması mümkün değildir. Çağımız fazlasıyla gereksiz bilgiler çağı. İnsanlar neye inanacaklarını şaşırmış durumda, bunu itiraf da ediyorlar. Dolaşımda olan çok fazla çelişkili bilgi var. Eğer Allah'a (cc) dönüp "Sadece kendimi korumak istiyorum ya Rabbi!" deyip bu Kitab'a gelirseniz, Allah (cc) bu Kitab'ın sizi hidayete erdireceğini garanti ediyor. Her şeyin karmakarışık olduğu zamanlarda bu Kitap sizi asla hayal kırıklığına uğratmayacak bir hidayet sunuyor. Allah (cc) bize yaşam boyu böyle bir ilişki kurmayı nasip etsin.

Bütün bu manalarla birlikte bazı Arapça dil uzmanları "هُدًى لِلْمُتَّقِينَ"in dilbilgisi açısından "hâl" niteliğinde bir ifade olduğunu söyler. "Araba çalışıyor." dersem "Bu, çalışan bir araba. Arabayı çalışmış halde gördüm. Motoru açılmış ve titriyor." manası anlaşılır. Ama eğer "Araba çalışır." dersem bu, araba o an çalışır durumda olmayabilir ama çalışma potansiyeli var; eğer gaz verilirse çalışacak, anlamına gelir.

Bir şeyi bir işle alakadar görüyorsanız, eğer o şey aktif bir biçimde hareket ediyorsa buna "hâl" denir.Onun dışında "sıfat"tır. Allah (cc) "هُدًى لِلْمُتَّقِينَ"i hâl olarak kullanıyor. Yani bu ifadenin manalarından biri de şudur; bu Kitab'ın size rehberlik etme gücü var ve aktif olarak hidayet ediyor. Potansiyeli olduğu halde dışarıya çıkartamaması gibi bir durum söz konusu değil; esasen motor çalışıyor ve siz de motorun çalıştığını görebiliyorsunuz. O yüzden Allah (cc) bunu inananlar için yaşayan bir deneyim hâline getirdi. Kur'ân'da sadece sizin deneyimleyebileceğiniz, size kimsenin açıklayamayacağı hidayet mucizeleri vardır. Hayatınızda zorluk çektiğinizde Allah'ın Kitabı'nı açar ve birkaç ayet/sayfa okuyup probleminize cevap bulursunuz. Bunu kimseye kanıtlayamaz, bunun bir mucize olduğuna dair kimseyi ikna edemezsiniz. Bu Allah'tan (cc) size gelen kişisel bir hidayettir.

Sahabi nesli gerçekten çok nasipliydi. Çıkmaz bir durum karşısında Cibril'in (as) Kur'ân ayetlerini indirip onlara ne yapacaklarını bildirmesi gerçekten inanılmazdır. Biz onu "Onu bir Kur'ân olarak, insanlara yavaş yavaş okuman için (ayet ayet, sure sure) ayırdık ve onu peyderpey indirdik." (İsrâ, 106)

Şimdi ise Kur'ân'ın tamamı nazil olmuş durumda. Resûlullah'ın (sav) 23 yılı burada; tamamlanmış bir şekilde elimizde. Ne yapacağız? O'nun (sav) hayatı, Kur'ân'ın hayata geçmiş hâlidir. Yani size her zaman, "az önce" sizin için inmiş gibi hidayet verecek demektir. Müttakî olanlara bu, Allah'ın (cc) hediyesidir.

"*Müttakî*" kelimesi Arapçada bir isimdir; buna "ism-i fail" denir. Arapçada fiiller ve isimler arasında belli bir fark vardır. Basitçe söylemek gerekirse fiiller geçicidir. "O yemek yiyor." cümlesi süreklilik ifade etmez; sadece şimdiki zamanı kapsar. Bir fiil ya geçmiş ya şimdiki ya da gelecek zamandadır, isimler zamansızdır. İsimlerin geçmiş, şimdiki ve gelecek zamanları da yoktur. Yani isim kullandığınızda fiilin tam tersine "daimî ve zamansız" yani zamanın hapsetmediği bir manadan bahsedersiniz. Bu çok önemli bir noktadır. Çünkü Kur'ân'ın İngilizce/Türkçe meallerinde isimler zaman zaman fiil gibi tercüme edilebiliyor. Bunun sebebi Kur'ân dilindeki bazı isimleri, isim olarak bir başka dile aktarmanın zorluğudur. Fakat bu tarz çevirilerde kelimenin hakiki manası ve tesiri kaybolur. Bu yüzden kelimenin aslında isim olduğunu ve Allah'ın (cc) daimî bir şeyden bahsettiğini özellikle açıklamak gerekir.

Allah (cc) "*müttakî*" "korunmak isteyenler, dikkatli olup tedbir alanlar" dediğinde her zaman böyle insanların var olacağından bahseder. Eskiden böyle insanların var olduğunu, ancak şimdi olmadığını söylemez. Kur'ân'ı tertibine göre okuduğumuz zaman Fatihâ Suresi "Nimet verdiğin kimselerin yolu" diyerek iyi insanlar grubundan bahseder ve geçmiş zaman kullanır. "الَّذِينَ أَنعَمْتَ عَلَيهِمْ" Yani, Fatihâ'da "geçmişte nimet verdiğin kimseler" vurgusuyla onlar gibi olmak istediğimizi tekrarlarız. Çünkü Allah'ın (cc) tam anlamıyla nimet verdiği ve hidayet ettiği kimseler bu dinin geçmişteki kahramanlarıydı: "Nebîler, sıddıklar, şehitler ve salihler." (Nîsa, 69) Nebîler ve onları tasdik eden ashap, büyük âlimler ve salihler. Allah (cc) hepsinden razı olsun.

Allah (cc) Kur'ân'da Ashab-ı Kehf gibi iyi insanları da anlatır. Bunlar nebî değildirler; bir nebînin arkadaşı, ashabı da değildirler. Geçmişte yaşamışlardır. Geçmişteki insanları örnek alıyor oluşumuz bu konuyu anlamamız açısından önemlidir. Günümüzde yaşayan bir rol modeliniz, hayranı olduğunuz biri olabilir. Ama bu örneklik her zaman sınırlı kalmaya mahkûmdur, çünkü bu kişilerin, şeytanın vesveselerine hâlâ açık olmaları sebebiyle, ölmeden önce düşme ihtimalleri vardır. Ama vefat etmiş ve Allah'ın (cc) hidayetlerinde başarılı olduklarını tasdik ettiği kişiler gerçekten örnek alınacak insanlardır.

Mesela üniversitenin muhasebe ya da işletme bölümünde okuyan bir öğrenci, alanıyla ilgili tavsiye almak için çok iyi bir öğrenci de olsa sınıf arkadaşı yerine bölümden iyi bir dereceyle mezun olmuş, sektörde söz sahibi olan insanları tercih eder. Çünkü bu kimseler onun geçeceği yollardan geçmiştir ve bu alanda tecrübe sahibidirler. Biz de Fatihâ Suresi'nde geçmişte yaşayan rol modelleri görürüz. Bu durum biraz moralimizi bozar. Çünkü burada belki de tüm iyi insanların yok olduğu, geriye kalanların ise bizim gibi insanlar olduğu iması vardır. Adeta bizim için ümit yok gibidir; çünkü Allah'ın (cc) nimet verdiği kimseler eskiden yaşamıştır ve artık yoktur.

Ancak Bakara Suresi'nin başından beri "*müttakî*" kelimesinin ism-i fail, yani bir isim olarak kullanılması, hidayet kapısının açık kalacağını, takvalı insanların geçmişte olduğu gibi şimdi ve gelecek zamanda da var olacağını gösterir. Zaman ne kadar kötü olsa da Müslümanlar asla "Eski zamanlarda iyi insanlar vardı, şimdiyse sadece biz." gibi kötümser bir zihniyete kapılmamalıdırlar. Bugün maalesef birçok Müslüman kendilerinden ümidi kesmiş, takvalı insanlar olamayacaklarını kabul etmiş durumda. Oysa, tamamen anlamsız olan bu düşünce, Bakara Suresi'nin ilk kısmında kullanılan "*lil müttakîn*" kelimesi ile çürütülüyor.

Kur'ân'da bahsedilen bazı insanlar vardır. Kur'ân'da takva ehli, bilinçli bir tavra sahip ve dinî hassasiyeti olan insanlardan söz edilirken onların Müslüman olduklarından daha sonra bahsedilir. Yani bir kimse Müslüman olup şehadet getiriyor, takvalı olup daha dikkatli yaşıyor; namaza hassasiyet gösteriyor, haram para kazanmama, harama nazar etmeme vs. konusunda özen göstererek takva üzere yaşıyor. Aslında imandan önce de bir çeşit takva hali söz konusudur. Yalan söylememe konusunda dikkatli olanlar vardır. Kimseyi aldatmamaya dikkat edenler, başkalarını incitmekten sakınanlar vardır. Ebu Bekir Es-Sıddîk (ra) buna güzel bir örnektir. İman henüz gönlüne dokunmamışken bile dikkatli yaşıyordu. Allah (cc) bu ayette "*müttakîn*" kelimesini kullanarak Müslüman olanlara ve iyi gayrimüslimlere kapı açmış oluyor.

Kim olursa olsun bir kimsede kendisini kötülükten ve hatadan kurtarma isteği varsa, Hristiyan, Yahudi, Agnostik, ateist olması fark etmez bu Kitap'ta hidayet bulur. Bu kapı hepsine ardına kadar açıktır.

Bu Kitap'taki hidayetten nasıl bir şuura sahip olan insanlar faydalanabilir?

Allah (cc) Medine toplumu ile birlikte tüm dünyaya bir kapı açtı. Medine toplumunda Müslümanlarla birlikte Yahudiler ve Hristiyanlar da vardı. "هُدًى لِلْمُتَّقِينَ" "Müttakîler için hidayettir." diyerek onlara bir çağrı yapıldı. Allah (cc) çağrısını "Müslümanlar için hidayettir." veya "Mü'minler için hidayettir." diyerek sınırlandırmadı, "Müttakîler için hidayettir." dedi. Bu çağrı çok daha kapsamlıdır. Âl-i İmran Suresi'nde kitap ehlinden bazıları için, "İşte bunlar salihlerdendir." (Âl-i İmran, 114) denir. İçlerindeki iyi özelliklerden bahsedilir. Bu Allah'ın (cc) rahmetinin bir numunesidir ve Kur'ân'ın açık bir çağrısıdır. Bazen Mekke'de vahyedilen Kur'ân'ın sadece müşrikleri davet etmek üzere geldiğini zannediyoruz, tıpkı Medine'de vahyedilen Kur'ân'ın sadece Müslümanlara geldiğini zannettiğimiz gibi. Oysa bu kapı Kitab'a samimiyetle yaklaşan herkese açıktır.

Müttakîlerin Sıfatları

«اَلَّذِينَ يُؤْمِنُونَ بِالْغَيْبِ وَيُقِيمُونَ الصَّلٰوةَ وَمِمَّا رَزَقْنَاهُمْ يُنْفِقُونَ»

"(Onlar) gayba iman ederler, namazı kılarlar, kendilerine verdiklerimizden infak ederler."

(Bakara, 2/3)

"اَلَّذِينَ يُؤْمِنُونَ بِالْغَيْبِ"

"Gayba, görülemeyene iman edenler"

Günümüzde "*gayb*" tabiri, tüm dünyayı etkisi altına alan modern ve akademik felsefi akımların da ilgi odağında olması sebebiyle daha önce hiç olmadığı kadar canlı bir terimdir. Gerçekliğin beş duyu organıyla ispatlanabilir olması gerektiğini söyleyen "bilim" bu tartışmalara örnek gösterilebilir. Bilime göre bir veri, maddesel evrende bir alet veya cihazla ölçülemezse tartışılamaz. Mesela ısıyı ölçerek var olduğunu biliriz, yer çekimi kuvvetini ölçebiliriz. Söz yaratıcıya, cennete, cehenneme veya meleklere vs. geldiğinde varlıklarını kanıtlamak için kullanabileceğimiz bilimsel bir alet olmadığı için bunlar tamamen spekülatif ve tartışmaya değmez konular sayılır. İnsanlar için önemli olan tek şey, insanlığı daha ileriye taşıyabilecek bilimsel tartışmalardır. Bu düşünce ve inanış, günümüz gençlerinin düşüncelerini de şekillendirir.

Aslında şunu da belirtmek gerekir ki sadece Müslümanlar, Hristiyanlar ya da Yahudiler değil; kimi filozoflar, akademisyenler, matematikçiler, sosyologlar ve antropologlar da bu konsepti çoktan çürüttü. Doğrunun "sadece" bilimden geldiği fikri artık kabul görmüyor. Bu standarda riayet ederseniz mesela edebiyat ürünü olan eserler için ne diyeceksiniz? Okuduğunuz bir şiirin güzelliğini bilimsel olarak kanıtlayabilir misiniz? Hayır. Fakat pek çok kimse şiirin güzelliğini deneyimliyor. Bazı gençler kulaklıklarını takıp müzik dinlerken hipnoz olacak kadar kendini ritme kaptırabiliyor. Bariz bir şekilde nesnellikten uzak bir insan davranışıdır bu. Şarkının güzelliğiyle ilgili hiçbir bilimsel kanıt yoktur. Bilimsel olarak konuşmak gerekirse, şarkı sadece birtakım ses dalgalarının havadaki titreşiminden ibarettir. Niteliksel olarak hiçbir değeri yoktur. Yani aslında bilimsel olarak açıklanamayan şeylerin bir kıymeti olmadığı fikri kendi kendini çürütmüştür.

İnsan yaşamının görülmeyen elementleri vardır. Mesela annenize "Seni seviyorum." dediğinizde bunu bilimsel olarak kanıtlayabilir misiniz? Hayır. Kalbinizin üzerine koyup birini gerçekten sevip sevmediğinizi ölçebileceğiniz bir alet var mı? Yok... Sevgi, hayatın içinde deneyimlenen bir duygudur. Hayat sevgi ve nefret eksenli olarak devam eder. Hangi muhitte oturmayı sevdiğinizi, hangi arabayı kullanmaktan keyif aldığınızı, bir kadın ve erkeğin severek evlenmesini, bir ebeveynin çocuğuna severek taktığı ismi bilimsel olarak nasıl açıklarsınız? Hayatta sevgiye dayalı olarak alınan ne kadar çok karar vardır! Ve sevgi tamamen "bilim dışı"dır. Sevgiyi "gizemli bir şey" olarak açıklayamazsınız, bunun için gayba, görülenin ötesinde bir gerçekliğin var olduğuna inanmanız gerekir. İnsanlar bu gerçekliği kabul ettiklerinde, işte o zaman bu dinin bahsettiği imana hazır olurlar. Allah (cc) ayette, "Allah'a inananlar" demedi henüz. Burada iman etmeniz gereken, gözünüzün algıladığından öte bir gerçeklik olan "*gayb*"dır.

Bir başka konu ise, Allah'ın (cc) *"yu'minûne"* derken muzari, yani geniş zaman kullanmasıdır. Kur'ân'da *"ellezîne âmenû"* şeklinde geçmiş zaman formunu da kullanır Allah (cc) ama burada *"ellezîne yu'minûne"* şeklinde geniş zaman kullanıyor. Geniş zaman istimrar, yani sürerlik manası içerir. Belagatçılara göre *"muzari"* tamamlanmamış fiildir. Daha basit ifade etmek gerekirse, "Öğle yemeği yedim." dersem artık yeme fiili bitmiştir. "Öğle yemeği yiyorum." dersem fiil daha tamamlanmamıştır. Yani *"yu'minûne"* şeklinde geniş zaman kullanılmasının amacı bu insanların iman etme süreçlerinin henüz tamamlanmamış olmasıdır. Resûlullah'ın (sav) dediği gibi iman zaman zaman artıp azalabilir. Bazen çok yoğun hissedersiniz, bazen o yoğunluğu hissetmezsiniz. Bazen namazda okunan ayetlerle gözünüzden akan yaşlar hayatınızı değiştirir. Bazen de aynı ayet okunur siz sadece rükûyu beklersiniz. İman artıp azalır. Allah (cc) sürekli takva sahibi insanların bile imanlarında iniş çıkış olduğunu vurgular. Bir insanın takva sahibi olması onun mükemmel olduğu anlamına gelmez. Onların da imanları dalgalanır, inip çıkar. Allah (cc) bizi imanında iniş olsa bile orada kalmayıp tekrar çıkış yaşayanlardan eylesin.

Görmediğime Nasıl İnanayım?

Kur'ân'ın bakış açısına göre görülmeyene inanmak, inananların göremedikleri Allah'a, meleklere, kıyamet gününe, cehennem ateşine, cennete vs. inanmalarıdır. Resûlullah (sav) ve Ona (sav) gelen vahiy bizim için gaybdır. Hiçbirini görmedik. Hz. Musa'nın asasıyla denizi ikiye yardığına, ateşin Hz. İbrahim'i yakmadığına şahit olmadık. Bu mucizelerin hiçbirini gözümüzle görmedik ama inanıyoruz. Çünkü gözle görülenin ötesinde, daha derin bir bakışımız var. İman edenler, diğer insanların görmediği bir hakikati görürler. Aynı çağda, aynı yüzyılda yaşayan insanlar hayatı aynı şekilde deneyimlemezler. Çünkü görmek sadece gören gözlerle değil, aynı zamanda görülmeyenin değerini bilmekle olur.

"İnsanlardan gizlerler de Allah'tan gizleyemezler." (Nîsa, 108) İnsanlar bir araya geldiklerinde genellikle dedikodu yapar, birileri hakkında konuşurlar. Çoğu kimse başkası hakkında duyduğu zaman hoşuna gitmeyecek derecede korkunç şeyler söylerken suç işlediğinin farkında olmaz. Dedikodu yapmanın görünen fiziksel bir sonucu yoktur ama imanı olan bir kimse rahatsızlık hisseder ve der ki: "Bu konuşmaya katılamam, bunu yapamam. Çünkü Allah'ın (cc) beni böyle görmesinden utanıyorum." İman edenler, kimsenin sorun olarak görmediği bir konuşmanın arka planındaki görülmeyen hakikatin bilincindedir. Gayba iman budur.

Üniversite öğrencisi bir delikanlı kampüste dolaşırken, önünden bir kız geçtiğinde gözü ona takılabilir, tekrar bakmak ister. Bu sırada "Nerede olsanız O sizinle beraberdir. Allah (cc), bütün yaptıklarınızı hakkıyla görendir." (Hadîd, 4) ayetini hatırlar. Delikanlı kıza bakarken Allah (cc) da ona bakar. Bu durumda hemen gözlerini indirir. Bu, gayba imanın dipdiri hâlidir. Herhangi birine "Yaratıcıya inanıyor musun?" diye sorduğunuzda cevap çok kolay gibi durur. O da "Evet, inanıyorum." der. Ama test edildiği zaman... İnancı davranışlarını, düşüncelerini, tercihlerini etkiledi mi? Cevap "evet" ise bu gayba imandır ve esas cihat budur. İslam'da tevhid inancı, Hz. Muhammed'in (sav) O'nun peygamberi olması, Kur'ân'ın O'nun Kitab'ı olması haktır. Herhangi bir Müslüman'ı gece yarısı 2.00'de uyandırıp bu hakikatleri sorsak aynı cevapları alırız. Çünkü bu cevaplar niceliksel-dir. Ama aynı hakikatleri hayatın içinde tecrübe ettiğimiz zaman, görülmeyen hakikatin bilincinde olup olmadığımıza göre aldığımız cevaplar nitelikseldir. Mesela ticaretini yaptığınız bir ürünü müşterinizin çaresizliğinden faydalanarak ederinden daha yüksek bir fiyata sattınız ve buradan haksız kazanç sağladınız. Oysa insanlardan bu şekilde faydalanmak yasaklanmıştır. Fahiş fiyat uygulamasını faiz olarak görenler de vardır. Herkesin malının fiyatını 10 kat artırmaya çalıştığı bir dönemde siz hâlâ makul fiyatla satış yapıyorsanız Allah'tan (cc) gelecek olan mükâfatın, şimdi elinize geçecek ekstra paradan daha hayırlı olduğunun farkındasınız demektir. "Bu daha hayırlı, sonuç bakımından daha güzeldir." (İsrâ, 35) Gayba iman budur.

Birinin çok fazla dünyevi kazancının olduğunu görürsünüz. Kardeşiniz, arkadaşınız terfi etmiş ve bunu rüşvet vererek yapmıştır. Bunun neticesinde geldiği yerlerde sosyalleşip kendi gibi kişilerin aralarına karışmak ister; Noel partilerine, yeni yıl partilerine gider; alkol alan insanlarla haşır neşir olur. O kimse terfi eder, siz arkada kalırsınız. Bu tam da gayba iman etme zamanıdır. "Belki Rabbim, bana senin bahçenden daha hayırlısını verir." (Kehf, 40) Helale bağlı kalırsam, "Onu beklemediği yerden rızıklandırır." (Talak, 3) ayeti tecelli eder. Allah'ın (cc) bana hiç ummadığım yerden her türlü rızkı göndereceğine inanmam lazım. Bu şekilde Allah'a (cc) karşı takvalı olmaya devam edebilirim.

Aynı şekilde sıkıntılı bir dönemden geçtiğinizde, acı içinde olduğunuzda, ilaçlar ve tedavilerle ayakta duruyorsanız, aile üyelerinizden biri hastaysa ya da siz bir kriz durumu yaşıyorsanız bu hâl hiç bitmeyecek gibi görünür. İnsanlar size gelip "Daha iyi olacaksın." dediklerinde her şey kötüye giderken aklınıza gelen ilk şey, "Ne zaman?" sorusudur. İşte tam gayba inanma zamanı. "Sabredenlere mükâfatları hesapsız verilecektir." (Zümer, 10) Allah (cc) sabır gösterenlere, bunun karşılığının hesapsız olarak geri döneceğini söylüyor. Onlar acılarının sınırsız olduğunu düşünüyorlardı, ancak Allah (cc) onlara sınırsız mükâfat vereceğini söylüyor. Bu hakikati içselleştirdiklerinde hissettikleri sıkıntının derecesi azalır.

Depresyonda olanlar kendilerini yalnız hissederler. Kimsenin onları anlamadığına, takdir etmediğine inanırlar. Kimse onları arayıp sormuyor, mesaj atmıyordur. Sosyal medyada bildirim almazlar, tamamen yalnız kalmışlardırlar. Hâlbuki "Muhakkak Rabbim benimledir." (Şuarâ, 62) Yalnız değilim düşüncesiyle gayba iman, onların iyileşmesine yardım eder. Asla korunmasız olmadığımızı anlamaktır bu.

Allah'ın (cc) muhafaza melekleri vardır. Onların tek işi bizi korumaktır. "Üzerinize koruyucu melekler gönderir." (En'am, 61) Trafikte sarhoş sürücünün üzerinize gelmesine engel olan, her şey tabii seyrinde giderken ters şeride girmiş bir aracın üzerinize gelmesinden sizi koruyan melekler vardır. Örnekleri çoğaltmak mümkündür. Allah (cc) bizi melekleriyle koruyor. "Biz, dünya hayatında da ahirette de sizin velilerinizdiz." (Fussilet, 31) Meleklerin ölen kişiye söylediği sözlerdir bunlar. Görülmeyene iman budur. Siz yüzünüzü Allah'a (cc) döndüğünüzde korunmuş oluyorsunuz.

Batılı toplumlarda genellikle Peygamberle, İslam'la, Müslümanlarla, Kur'ân'la, ahiretle, cennetle, cehennemle dalga geçilir. Dalga geçilmeyen ne var ki? Bu sebeple bazı Müslümanların özgüvenleri çok düşüktür. Hatta liselerde genç kızlar ve erkekler Müslüman olduklarını söylemekten çekinirler. Bu hakikatle kendilerini aşağılanmış hissederler. Bu durum tam da görülmeyene inanma zamanı; her ne kadar üstünlüğü dışarıdaymış gibi görüyor olsanız da "Asıl izzet, ancak Allah'ın, Peygamberinin ve mü'minlerindir." (Münafikûn, 8) Dolayısıyla izzeti veren Allah'tır (cc). İnsanlar bizimle ne kadar dalga geçerse geçsin, biz izzetli insanlarız.

İnsanların sizin dininizle dalga geçtiğini mi düşünüyorsunuz? Peygamberlerle çok daha kötü şekilde alay edildiğini hatırlayın. "Senden önce de birçok peygamber alaya alınmıştı." (En'âm, 10) "Eğer seni yalanlıyorlarsa" (En'âm, 147) önceki peygamberlere de yalancı denilmişti. Yani eğer bizimle dalga geçiliyorsa peygamberlerin tecrübelerini yaşamış oluyoruz. Kur'ân bakış açımızı kimsenin göremediği bir şekilde değiştirir. Biz herkesin göremediği bir şey ile görürüz, bu gaybdır. Gayba iman budur.

Mesela dedikodu gibi başkasının şerefi ya da karakteriyle ilgili konuşmak büyük problemdir. O an imanı olmayanlar, "Bir şey değil, sadece konuşuyorduk!" der. Oysa "İftirayı dilden dile yayıyor, hakkında bilgi sahibi olmadığınız bir şeyi ağızlarınızla söylüyorsunuz; bunu da önemsiz sanıyorsunuz; hâlbuki Allah katında o büyük bir şeydir." (Nur, 15) Allah'a (cc) göre az önce düşünmeden söylediğiniz şey çok ağırdır. Ağzınızdan ne çıktığına çok dikkat etmelisiniz. Gayba iman budur.

Ümit Etmek

Ümmetin kötü bir hâlde olduğunu ve daha da kötü zamanların geleceğini düşündüğümüzde Allah'ın (cc) Kur'ân'da inananlara verdiği sözleri hatırlamak gerekir. Allah (cc) söz verdiğinde benim gözlerimle gördüğümün bir kıymeti yoktur. Kalbimle gördüğüm, gözlerimle gördüğüme ağır basar. Allah (cc) "Gevşemeyin, üzülmeyin; eğer gerçekten inanırsanız, en üst mevkide olacaksınız!" (Âl-i İmran, 139) derken ümmetin yenilgi üstüne yenilgi almasının bir önemi yoktur. Tüm dünyada veya Batı'da Müslümanlar hakkında art arda bunaltıcı haberler alsak bile bunun önemi yoktur. Çünkü nihayetinde "Geceler geçecek; hapisler ve hücreler kırılacak." İman olduğu sürece Allah'ın (cc) mü'minlere zafer vereceği umudu var. Bir mü'minden her şeyini alabilirler ama umudunu kimse alamaz. Bu ümmetin ümitsiz olmasına izin yok! Allah'ın Kitabı'nı okurken, Allah'ın (cc) huzuruna durduğumuzda söylediğimiz ilk şey "*Elhamdülillah*" olan bir ümmetiz. Bu da bizim her zaman işin iyi yanından baktığımız anlamına gelir.

İnsanın aklı ve kalbi şikâyetle dolu olduğunda "*Elhamdülillah*" deyip Allah'a (cc) hamd etmesi zorlaşır. İnsanın nimetlere, iyiliklere, Allah'ın (cc) verdiği fırsatlara hamd etme eğilimi daha güçlüdür. İşin aslına bakarsanız, geçmişteki büyük insanlar, kahramanlarımız, Kur'ân'ın onurlandırdığı peygamberler, salih kimseler Allah'a (cc) şirk koşmanın, inkârın, ahlaki çöküşün ve kötülüğün baskın olduğu en karanlık devirlerde yaşadılar. Onlar hidayetin tek kaynağıydı, azınlıktılar. Ve küfür cephesi onlar işlerine devam ederken de saldırgandı. Karanlığın egemen olduğu zamanlarda küfre karşı verdikleri mücadele onları kahraman yaptı. Allah (cc) o büyük insanların yaşadığı zorlukları bize de yaşatarak bizi onurlandırıyor. Bu, Allah'ın (cc) bize sunduğu büyük bir fırsattır.

"İçinizden, fetihten önce infak eden ve savaşanlar, işte onlar, daha sonra infak eden ve savaşanlarla bir değildir, onlardan daha yüksek derece sahibidirler." (Hadîd, 10) Zor zamanlarda yaşayanlar ile rahat zamanlarda yaşayanlar bir olamaz. Özellikle Batılı ülkelerde yaşayan Müslümanlar, "Keşke rahat bir zamanda yaşasaydım, hiç zorluk olmasaydı, İslam her yere yayılsaydı da dışarıya çıktığımızda ezanı işitip hemen mescide girseydik. Bizi artık rahat bıraksınlar!" diye düşünebilir. Herkes mutlu zamanların özlemini duyar. Hâlbuki o mutlu zamanları yaşayanlar, Allah'ı (cc), zor durumda yaşayan insanların sahip olduğu şekilde razı etme fırsatına sahip değildirler. Sıkıntılı zamanlarda yaşamak başkaları için bir depresyon sebebi olabilir ama mü'min için sıkıntılar Allah'a (cc) hamd etme sebebidir. Allah (cc) bu neslin insanlarını zorlu bir göreve layık gördü. Bizi bugün ve bu çağ için yarattı. Kendinizi küçük görmeyin. Bu da gayba imanın bir parçasıdır.

Gayba İmanı Artıran Güç: Namaz

Gayba iman, hayata bakışımızı şekillendirir. Bu bakışı her daim nasıl canlı tutabiliriz? Gözümle göremediğim şeylere inandığım için gayba imanın içimde işleyen bir mekanizma tarafından sürekli ihya edilmesine ihtiyacım var.

"وَ يُقِيمُونَ الصَّلَاةَ"

"Namazlarını kılarlar."

Gayba imanın güçlendiği yer namazdır. Onlar namazı kalıcı hâle getirirler. Namaz dinin direğidir ve bu direğin asla yere düşmemesi gerekir. "أَقَامَ" "*ekâme*" kelimesi "قَامَ" "*kâme*"den gelir; ayakta durmak demektir. "*Ekâme*" başka bir şeyi ayakta tutmaktır. Allah (cc) "يُصَلُّونَ" "*yusallûne*" "Namaz kılarlar." diyebilirdi ama öyle demedi. "*Ve yukîmûne's salâte*" "Namazı ikame ederler." dedi. Namaz kılmak kelimenin tam anlamıyla ikame etmektir.

Cemaatle namaza başlamadan önce getirilen kamet, herkesin namaza durması için yapılan bir çağrıdır. Allah'ın (cc) "*yukîmûne's salâte*" demesindeki mana namazın "birlikte" kılınmasıdır. Çünkü bu hakikati yalnız sürdüremezsiniz. Mescide gelerek kendi inançlarını korumaya çalışan diğer Müslümanlarla birlikte olmayı bıraktığınızda, her gün sadece işinizle meşgul olup evinizde yalnız kaldığınızda ve aylar boyunca bu şekilde yaşamaya devam ettiğinizde Allah'la (cc) olan ilişkinizde zayıflama fark edersiniz. O'nun emir ve yasaklarını ne kadar az ciddiye aldığınızı ne kadar kolay günah işlediğinizi fark eder, gayba imanın üzerinizdeki etkisinin kaybolmaya başladığını görürsünüz. Eski hâliniz yavaş yavaş yok olup gider. Allah'ın evi olan mescitlerde hissedilen duygular, melekler tarafından kalplere indirilen sekinedir. Bu başka bir yerde değil, sadece Allah'ın evlerinde olur. Resûlullah'ın (sav) da dediği gibi: "Allah'ın evinde toplanan bir gruptan daha hayırlısı yoktur." (Ebû Dâvud, Salât 349, 1455) Allah'ın evlerinden en hayırlısı mescitlerdir. Mü'minler burada toplanıp birlikte Allah'ın Kitabı'nı öğrenmek istediklerinde Melekler onların etrafını sarar ve onların üzerine sekine iner. Huzurlu hissedersiniz, çünkü görülmeyene iman etmek size huzur verir. "Kalpler ancak Allah'ı zikretmekle mutmain olur." (Rad, 28) Gördükleri, göremedikleri tehlikelerden korumak isteyen Müslümanlara verilen bir sonraki hediye budur.

"*Salât*" kelimesi "sıla"dan gelir. Sıla, "ilişki" demektir. Bu dinde Allah'la (cc) kuracağınız ilişki öncelikle namazla olur.

Yahudiler vahyi dinledikleri halde Tevrat'ta pek çok değişiklik yaptılar. En temel değişiklik dinin gittikçe ritüellere ve kurbanlara odaklanmasıydı. Bu sırada namaz ibadeti gittikçe zayıfladı. Aralarından birçok grup namazı terk etti. Bu ayetler indirildiğinde ehl-i kitaba da dolaylı bir atıf vardı. Onlar gayba iman ederler.

Gayba imanlarını nasıl güçlendirirler? Namaz kılarlar.

Sana Verilenden İnfak Etmek

"وَ مِمَّا رَزَقْنَا هُمْ يُنفِقُونَ"

"Kendilerini rızıklandırdığımız şeylerden infak ederler."

Burada "الَّذِي رَزَقْنَاهُمْ" *"ellezî razeknâhum"* denilebilirdi, ama "مِمَّا رَزَقْنَاهُمْ" *"mimmâ razaknâhum"* dendi. İsm-i mevsul olan "ما" *"mâ"*nın daha kapsamlı ve daha ucu açık bir manası vardır. "Onlara her ne verdiysek" demektir. Bazı insanlara sadece sağlık verilir. Bazılarına sadece keskin bir zekâ, bazılarına çok miktarda servet, bazılarına fırsat, bazılarına şöhret verilir. Allah (cc) her insanı farklı nimetlerle rızıklandırır. Kimsenin rızkı diğeriyle aynı olmaz. Allah (cc) bazılarına erkek, bazılarına kız çocuk verir. Allah (cc) sizi her ne ile rızıklandırdıysa bundan infak etmenizi ister.

Arapçada "إِنْفَاق" *"infak"* kelimesi "kişinin durmadan harcama yapması ve sonunda iflas etmesi" demektir. Ayrıca "نَفِق" *"nefika"*, "kertenkele çukuru" manasına gelir. Çölde yaşayan kertenkeleler diğer hayvanların saldırılarından sağ kurtulmak için kumda delik açarlar. Açtıkları deliğin iki girişi vardır. Eğer avcı köpekler deliğin bir tarafından saldırırsa, kertenkele diğer delikten çıkar. Eski zamanlarda kralların devasa kaleleri olurdu. Eğer kale işgal edilecek olursa ocağın arkasında kralı ormana çıkaracak gizli bir tünel bulunurdu. Buna da *"nefika"* denir; iki girişli delik demektir. *"Münafık"* kelimesi de aynı köktendir. Neden? Çünkü ikiyüzlüler iki seçeneği de açık bırakır. Eğer Müslümanlar iyi durumdaysa onlarla ilişkilerini sıcak tutar, değilse deliğin diğer ucundan çıkarlar.

İnfak kelimesiyle ilgili başka bir mana da kelimenin tam anlamıyla bizim bu dünyanın içine para koymamızdır. Kertenkele örneğindeki gibi deliklerden biri paraya, diğeri ahirete çıkıyor. Bu aslında depozito konseptidir. Vadesiz bir mevduatınız varsa paranızı istediğiniz zaman çekebilirsiniz, ama uzun süreli yatırım hesabınız olduğunda paranızı emanet ettiğiniz için hemen geri alamazsınız. Emeklilik hesabı böyledir. Parayı çekmek için belli bir yaşa gelmeniz gerekir. Bu hesaba yatırdığınız parayı harcamış sayılmazsınız, buna harcamak denmez, buna "yatırım" denir; parayı bir hesaba transfer edersiniz. Alacaklı olan sizsinizdir. Allah'ın (cc) rızıklandırdığı şeyden infak etmek, parayı dünya hesabından ahiret hesabına transfer etmektir. Hesap hâlâ sizindir, banka Allah'ın bankasıdır. Bu banka dünyevi bankalardan daha güvenilirdir; birikiminizi artırarak size iade etme garantisi verir. Bunun tek şartı gayba iman etmektir.

Allah (cc) için harcayıp sadaka vermek, birine yardım edip hesabınızda ne kaldığına bakmamak ancak sizin iki şeyden emin olmanızla mümkündür:

Birincisi, "Verdiğinizde paranızın eksilmeyeceğinden emin olmanızdır." Bu Resûlullah'ın (sav) sözüdür. Sadaka verdiğinizde paranız azalmaz. Başka bir deyişle, siz verince Allah (cc) yerini daha iyisiyle doldurur. Terfi etmek mi istiyorsunuz? Sadaka verin! Yeterince tasarruf edemiyor musunuz? Sadaka verin! Allah (cc) size daha fazla kapı açacaktır. Bu Allah'a imanın gereğidir. Bu imanın bir parçasıdır.

İşin diğer boyutu ise daha derindir. Biz verdiğimizde; bir yetime, sel, deprem kurbanlarına, bir mescide vermiyoruz; aslında Allah'a (cc) veriyoruz. Aslında Allah'a (cc) veriyorsunuz. Allah ayette ne demişti: "وَمِمَّا رَزَقْنَاهُمْ يُنفِقُونَ" "Kendilerini rızıklandırdığımız şeylerden infak ederler." "Yetime, mescide, fakire harca." demiyor. Nereye harcayacağımızı söylemedi. Sadece "harca" diyor. Hz. Aişe (r.anha) ne zaman sadaka verecek olsa üzerine güzel koku sürermiş. Sebebini sorduklarında, "Çünkü bunu Allah'a yolluyorum." diye cevap vermiş. Ne zaman sadaka verirseniz bilin ki bu Allah'a (cc) gönderdiğiniz bir ameldir.

Genellikle çocukların kendi oyuncaklarıyla oynadığı yegâne vakit evlerine başka çocukların geldiği zamandır. Oyuncaklarıyla oynamak isteyen arkadaşlarına "bu kıymetli parçaları" vermek istemezler. İzin verseler de çok kısa süre içinde geri almak isterler. Oyuncağı ödünç alan çocuk da onu alıp götürmek ister. İnsanın fıtratı böyledir. Verilen şeylerin bize ait olmadığını kolayca unutur, elimizde tutmak isteriz. Biri istediğinde de "Benim, benim!" deriz. Allah (cc) ne diyor peki? "*Yunfikûn*" "Harcarlar." diyebilirdi, öyle demedi. "*ve mimmâ razeknâhum yunfikûn*" "Bizim rızıklandırdığımızdan harcarlar." dedi. Size veren biziz, size ait olduğunu sanmayın! Giydiğim kıyafetler bana ait değil! Hesabımdaki para bana ait değil! Kullandığım araba bana ait değil! Sürekli "benim arabam", "benim cüzdanım", "benim banka hesabım", "benim evim" diyorum çünkü asıl sahibinin Allah (cc) olduğunu unutuyorum. O kadar ki "benim vücudum", "benim gözlerim", "benim kulaklarım", "benim burnum" vs. diyoruz ve Allah'ın (cc) razı olmadığı şekilde kullanıyoruz.

Hâlbuki "إِنَّا لِلَّهِ وَ إِنَّا إِلَيْهِ رَاجِعُونَ" "Biz Allah'a aidiz! Ve şüphesiz ki O'na döndürüleceğiz." (Bakara, 156) Mülkiyetten bahsetmek ne demektir? Bizim zannettiğimiz mülk esasen Allah'ındır. Bu mülkün bize Allah (cc) tarafından verildiğini kolayca unutuyoruz. Bu yüzden bu ayette bize bu hakikati hatırlatan özel bir "*ihtisas*", bir vurgu vardır.

Allah'ın (cc) "Bizim rızıklandırdığımızdan harcarlar." vurgusuna özellikle dikkat etmemiz gerekiyor. Allah (cc) önceki ayetlerde "inananlar" dedi, geniş zaman kullandı. "Namaz kılarlar." dedi, geniş zaman kullandı. "Harcarlar." dedi, geniş zaman kullandı ama "rızıklandırdığımız" derken geçmiş zaman kullanıyor. Bunun amacı nedir? İnfak etmek için Allah'ın (cc) sizi rızıklandırmasını beklemezsiniz. Bazı insanlar "Sadaka vereceğim, ama Allah bana verdiğinde." der. "Şu an değil, Allah (cc) henüz vermedi. Verince harcayacağım." Allah (cc) her insana "Sana zaten verdim." diyor! Sende zaten bir şeyler var... "İki hurman varsa birini bana ver. Bir elman varsa bir dilimini bana ver. Gençliğin varsa birazını benim için kullan. Enerjin varsa birazını bana harca. Yeteneğin varsa birazını bana ver." Herkese bir şey verilmiştir, eğer size rızık verilmeseydi bu dünyada nefes alıyor olmazdınız. Allah (cc) bu ayeti sadece milyonerlere söylemiyor; ne kadar verdiğinizle de ilgilenmiyor; verdiğinizin niteliğiyle ilgileniyor. Nicelik Allah'a göre hiçbir şeydir. Birisi 20.000 lira bağış yapıyor, bize göre çok iyi bir miktar. Başka biri 20 lira bağış yapıyor, bize göre o kadar da iyi değil... 20.000 lira veren adamın belki 20 milyonu var. 20 lira veren adamın ise 100 lirası var. Bu 20 lira Allah (cc) katında daha değerli olabilir. Biz "20.000 lira! Çok iyi para, çok iş görür!" deriz, 20 lirayı gördüğümüzde ise "Eh, inşallah fazlası da gelir." diye ekleriz. Arkasındaki niyet ve fedakârlıktan dolayı o 20 liranın Allah (cc) katında daha makbul olup olmadığını ve 20.000 lira bağıştan daha fazla iyilik getirip getirmeyeceğini bilemeyiz.

"Allah (cc) bana ne verdiyse gönüllü olarak ben de vereceğim." düşüncesini içselleştirmeliyiz. Bu yüzden Allah (cc) Kur'ân'da "Gerek hafif (teçhizatla) gerekse ağır (teçhizatla) olarak savaşa çıkın." (Tevbe, 41) buyuruyor. Vereceğiniz şeyi asla küçümsemeyin. Çocuklarınıza verme pratikleri yaptırın. Bazı çocuklarımız bozuk para biriktirip sadaka kutusuna atıyor. Size göre o üç beş kuruş pek de değerli değil, zaten bu yüzden çocuğunuza vermiştiniz. Kutuyu açıp paraları topladığınızda bile size değerli gelmeyebilir. "Ah, insanlar hep bozuk para atmış." diyebilirsiniz. Fakat o çocuğa göre bu bozukluklar çok önemliydi; çünkü onun tüm parası oydu ve hepsini Allah için (cc) gönderdi. İster küçük olsun ister büyük verdiklerinizi azımsamayın.

Sana ve Senden Öncekilere Gönderilenler

و الَّذِينَ يُؤْمِنُونَ بِمَا أُنزِلَ إِلَيْكَ وَمَا أُنزِلَ مِن قَبْلِكَ وَبِالآخِرَةِ هُمْ يُوقِنُونَ

"Onlar sana indirilene de senden önce indirilenlere de inanırlar. Ahirete de kesin olarak inanırlar."

(Bakara, 2/4)

"والَّذِينَ يُؤْمِنُونَ بِمَا أُنْزِلَ إِلَيْكَ"

"Onlar sana indirilene inanırlar."

Ayette ilk dikkatimizi çeken nokta "مَا أُنْزِلَ إِلَيْكَ" "Sana indirilen şey" ifadesidir. Allah (cc) burada vahiyden, vahyin inişinden ve Resûlullah'tan (sav) bahsediyor. Resûlullah'a (sav) ne verildiğini ancak yine Ondan (sav) öğrenebiliriz. Çünkü vahyi O (sav) aldı.

"وَمَا أُنْزِلَ مِنْ قَبْلِكَ"

"Senden önce indirilenlere de"

Ayetin devamında geçen "Senden önce indirilenlere de" ifadesinde vahyin kime indirildiğinden bahsedilmiyor. Allah (cc) vahyin çok önceden indirildiğini söylüyor ama kime indirildiğini söylemiyor. Çünkü artık vahyin sahipleri unutulmuş. Esasında vahiy ya sözlü geleneğin bir parçası olarak ya da bir parşömen üzerinde kalmıştı. Nereden geldiğini bile bilmiyorlardı. Biz Kur'ân'ın direkt Resûlullah'a (sav) gelen vahiy olduğunu bilerek ona muhatap oluyoruz.

Modern araştırmacılar Tevrat'ın, yani Eski Ahit'in ya da günümüzdeki yazılı İbranice İncil'in aslının peygamberlere dayandırılamadığı görüşünü savunur. Çünkü arada onlarca asırlık boşluk vardır. Şunu çok iyi anlamak gerekir ki aradan geçen yüzyıllara rağmen, İncil nüshalarının içerisinde hâlâ hakikatin kırıntıları kalmıştır. O kadarı bile kendisine Kur'ân'dan bir parça ulaşan birinin, "Bu tam da önceden okuduğum şey! Bana nesilden nesle aktarılan işte buydu!" demesi için yeterlidir.

Esasen, İbranice İncil ve Yeni Ahit, yani önce Hz. Musa'ya (as) verilen Tevrat ve sonra da Hz. İsa'ya (as) indirilen İncil, iki temel vahiydir.

Tûr Dağı'nda Allah'ın (cc), Hz. Musa'ya (as) ilk nidalarından biri, "Onun vaktini herkesten gizlemiş olsam da her bir kişinin yapıp ettiğinin karşılığını görmesi için kıyamet mutlaka gelecektir." (Tâhâ, 15) ayeti, yani kıyametin yaklaştığı haberiydi. Burada en önemli vurgulardan biri, herkese yaptığının karşılığının verilecek olmasıydı.

Ayeti daha iyi anlamamıza vesile olacağı için bazı bilgiler vermek istiyorum. Hz. İsa'dan yüzyıllarca önceki Yahudi-haham geleneklerine bakılırsa, Yahudi grubunun Sadûkiler ve Ferisîler olmak üzere iki ana mezhebe ayrıldığı görülür.

Sadûkîler esasen kendi kıbleleri olan Kudüs'ten sorumluydu. Ayrıca dindar insanlardı; dinî ritüelleri ve ibadetleri vardı. Sadûkîler dinin tapınağın etrafında şekillendiğine inanıyorlardı. İnançlarını tamamen tapınağa ibadet etmeye odaklı olarak yaşıyor, tapınağa adaklar adıyorlardı ama ahiret inançları yoktu. Ölümle birlikte toprağa karışacaklarına ve bunun sonları olacağına inanıyorlardı. Onlar Allah'ın evinin ahirete inanmayan sorumlularıydılar. Düşman saldırısıyla tapınaklarının tamamen harap edildiğini biliyoruz. Tarihçiler bu grubun soyunun tamamen tükenip tükenmediği konusunda ihtilaf eder.

Ferisîler ise günümüz Ortodoks Yahudiliğindeki haham geleneğinin atasıydı. Yeniden diriliş gününe inanıyorlardı. Onlara göre Tevrat yazılmamıştı; sözlü kültürle yeni nesillere aktarılıyordu. Ayrıca küçük ve önemli olan bu gruba göre bireyler için değil ama milletler için ahiret sorumluluğu söz konusuydu. Bu inanışa göre tek tek fertler değil milletler yargılanacaktı. Ferisîlerin ahiret inancı çok zayıftı ve bu inanç Hz. Musa'ya verilenden çok farklı bir içeriğe sahipti.

İbranice İncil hakkında araştırma yapanlar ahiret, kıyamet, cennet ve cehennem ile ilgili hiçbir şey bulamazlar. Hâlbuki ahiret inancı Kur'ân'da ele alınan en temel konulardan biridir. Kur'ân'ın her bölümü ahiret inancıyla ilgili iken Yahudi geleneğinde bu tamamen yok edilmiştir. Tevrat'ın "Toprağa karışacağız, dirilme olmayacak." diyen kitapları vardır. Kitaplarında geçen "Ahiret diye bir şey yok." ibaresi ile ahiret bütünüyle inkâr edilir.

Ahiret inancı, Hz. İsa'dan (as) birkaç yüzyıl önce tekrar zuhur etmiş ve sözlü gelenekle günümüze kadar ulaşmıştır. Ve zamanla Yahudilerden birkaç grup ahirete tekrar inanmaya başlamıştır.

Yeni Ahit'te, Hz. İsa'nın Sadûkîlerden ahirete inanmayan bir grup gençle ahiretin varlığına dair tartıştığını okursunuz. Başka bir deyişle iman esaslarımızdan en çok unutulan ya da göz ardı edileninin ahirete iman olduğunu söyleyebiliriz.

Ehl-i Kitap'ta Ahiret İnancı

"وَبِالْاٰخِرَةِ هُمْ يُوقِنُونَ"

"Ahirete de kesin olarak inanırlar."

Allah (cc), ayetin kapsamına Allah'a imanı, peygamber kıssalarını, ahkâmı ve ahirete imanı dâhil ediyor. Hz. İsa'dan (as) geriye kalan ve tahrif edilen İncil'de "firdevs" kelimesinden gelen "paradise" kelimesi kullanılır. Hz. İsa'dan birkaç yüzyıl önce ihya edilen inanç sisteminde Kur'ân'a yakın iki terim kullanıldığı dikkatimizi çeker: "*Gehenne*" İbranice cehennem, "*gen*" İbranice cennet demektir. Onlar bu terimleri kullandılar; geri dönüş yaptılar ama Kur'ân'da gördüğümüz "cennet" ve "ateş" kavramlarıyla kıyasladığımızda bu terimler çok yetersiz kalır. Bu sebeple Kitap'ta onları sarsan en büyük hakikat "ahiret"ti. Onlardaki tasvirler tamamen kayıplara karışmış, belirsiz figürlerden ibaretti. Onlara göre vücut dirilmeyecek, sadece ruh dirilecekti. Bu fikrin Eflatun felsefesinin (Platonculuk) onlardaki uzantısı olduğu söylenebilir. Vücudun çürüyüp gittiğini gördüler, "Peki nasıl dirileceğiz?"

diye düşündüler. Birkaç ruhun kurtulacağına ve vücutların sonsuza dek yok olacağına inandılar.

Biz dirilişin beden ve ruh beraber olacağına iman ediyoruz. İstisnasız tüm insanlar ölümü deneyimleyecek. Bu dünyadan sonra başka bir hayat var ve bu hayat kabirde başlıyor. Sûr'un üflenmesiyle birlikte hayat başka bir şekil alacak ve insanlık tekrar diriltilecek; herkes yaptığı her şey için birebir yargılanacak. Sonra bir yoldan geçecekler, bu yol onları ya cennete ya da cehenneme götürecek. İstisnasız her Müslüman'ın inandığı bu yaşam döngüsünü çocuklar dahi bilir. Sorgusuz sualsiz bu şekilde kabul ediyoruz. Bu bilgi bizden öncekiler tarafından unutulmuş, sadece kırıntıları kalmıştı.

Allah (cc) bu inancın tekrar inşası için Kur'ân'ı indirdi.

Ahiret İnancının Kıymeti

Allah (cc) bir önceki ayette "الَّذِينَ يُؤْمِنُونَ بِالْغَيْبِ" "Onlar gayba iman ederler." demişti. Onlar ahireti unuttular. Ahireti unuttuklarında amellerinin değeri kalır mı?

Ahireti unuttuklarında salih amel işlemek, kötü amellerden kaçınmak için bir motivasyon kalır mı? Eğer ahiret yoksa, namazımızı kaçırdığımız takdirde bunun bir karşılığını görmeyeceksek insanların çoğu namaz kılmaya özen gösterebilir mi?

İnfak etmenin hem bu dünyada hem de ahirette bir karşılığı olduğuna inanmayanın infak etmek için motivasyonu kalır mı? Ahirete iman olmayınca takvanın sıkı sıkıya bağlı olduğu gayba iman, namaz ve infak gibi ana esaslar zayıflar.

Bir önceki ayette "*yu'minûn*" "iman ederler" kullanılmıştı. Sonunda da "*yûkinûn*" kullanıldı. "*Yakîn*" Arapçada "mutlak iman" demektir. İnananların asla unutmadıkları tek şey Allah'ın huzurunda hesap verecekleri düşüncesidir.

Bir Kur'ân talebesinin hedeflerinden biri, Allah'ın Kur'ân'da öğrettiği her şeyin bizi öyle ya da böyle Allah'a (cc) döndürüleceğimiz gerçeğine götüreceğini anlamaktır. Bu hayat Allah'a (cc) yakınlaşmak için vardır. Ahiret hayatında ise tamamen yakınlaşıyorsun. Yani bu dünya hayatı O'nunla (cc) gerçekten buluşacağımız ahiret hayatı için bir hazırlıktır.

Her namaz, kıyamet gününün bir provasıdır. Her Cuma, haşr (diriliş) gününün provasıdır. Hac, kıyamet gününde Allah'ın huzurunda duruşumuzun provasıdır. İslam'da yaptığımız her ibadet her zaman Allah'ın huzurunda hesap vereceğimizi hatırlatır. Allah (cc) hepimizi bu duruş için hazırlasın.

Ona (sav) ve Ondan (sav) Öncekilere Verilenlere İman

Şimdiye kadar ele aldığımız ayetlerin sıralaması üzerinde şöyle bir nokta dikkatimizi çeker: Kur'ân "والَّذِينَ يُؤْمِنُونَ بِمَا أُنزِلَ إِلَيْكَ" "Sana indirilene inanırlar." ayetiyle Kur'ân'a referans verir. "وَمَا أُنزِلَ مِنْ قَبْلِكَ" "Senden önce indirilene" ayetiyle Tevrat, İncil ve Zebur'a işaret eder. "وَ بِالآخِرَةِ هُمْ يُوقِنُونَ" "Ahirete de kesin olarak inanırlar." ayetiyle de ahirete vurgu yapar.

Kur'ân'da bu sıralama kronolojik olarak yapılsaydı önce ilk kitapların; yani Tevrat, Zebur ve İncil'in, sonra son kitap olan Kur'ân'ın, en son da ahirete imanın zikredilmesi beklenirdi. Ama Allah (cc) beklediğimiz bu sıralamayı bozarak önce son vahyi, ardından önceki vahiyleri, en son da ahireti zikrediyor. Kur'ân'ın bu kullanımının çok önemli bir manası vardır. Kur'ân'ı incelerken bu hususa dikkat etmek gerekir:

Allah (cc) bazen bir şey hariç her şeyi bir düzene göre sıralar. Burada da Kur'ân'ı ilk sıraya koymuş, bunun dışında kalan hepsini bir sıraya göre dizmiştir.

Bu dizilim ne manaya gelir?

Peygamberimiz (sav) Medine'ye hicret ettiğinde orada yaşayan ve Tevrat'a inanan Yahudiler de vardı. Bunlardan bir kısmı Müslüman oldu. İnsanın ilk inancı hayata karşı ona bir perspektif verir. Mesela Müslüman olarak yetiştirilen biriyseniz ebeveynlerinizden öğrendiğiniz hâl, hareket, tavır ve davranışlar bilinçli ya da bilinçsiz olarak İslam anlayışınızın bir parçası olur. İslam hakkında öğrendiğiniz her yeni şey bildikleriniz üzerine inşa edilir; sorgulamazsınız.

Tevrat'a veya İncil'e inanan insanlar için de aynı durum söz konusudur. Onların Allah'a (cc) olan dinî yakınlıkları Tevrat ve İncil eksenli olarak inşa edilmiş, Kur'ân onların hayatına sonradan girmişti. Allah (cc) ayette bu bilinçaltı sıralamasını da bozarak ayette, "Hayır, bundan sonra öncelikli olarak Tevrat ve İncil'e bakamazsınız. Kur'ân'ı okuyarak her şeyi yeniden düşünmelisiniz." diyor. İncil ve Tevrat'ın ışığında Kur'ân'a bakmak yerine, Kur'ân'ın ışığında Tevrat ve İncil'e bakacaksınız. Kronolojik olarak son gönderilmiş kitap olmasına rağmen, sizin dünyanızda Kur'ân ilk sırada yer alacak ve önceki kitapları nasıl değerlendireceğinize o karar verecek. Allah (cc) Kur'ân için "*müheyminen aleyh*" "diğer kitapları koruyucu ve gözetici" (Maide, 48) diyor.

İbranice İncil'i inceleyecek olursanız Hz. Musa (as), Hz. İbrahim (as), Hz. İshak (as) hakkında çok bahis olduğunu görürsünüz, bu peygamberlerle ilgili asla kabul edemeyeceğiniz ifadeler okursunuz. Hz. Nuh (as) hakkında hiçbir insan için gelişigüzel bir şekilde söylenemeyecek ifadeler kullanılmıştır. En büyük değişiklik ise imanın en temel esaslarından biri olan, öldükten sonraki hayatın, ahiret inancının bu metinde yer almamasıdır. Muhafazakâr bir Yahudi'ye ahiret hakkındaki inancını sorarsanız, "Dinimizde bunun pek bir önemi yok. Biz yalnızca bu dünyayı daha iyi bir hâle getirmek için çabalıyoruz." cevabını alırsınız. Aynı soruya hahamların verdiği cevap ise "Emin değiliz." olacaktır. Ortodoks Yahudilik de dâhil olmak üzere bugün alacağınız en yaygın cevap budur.

Allah (cc) Kur'ân'da zikrettiği sıralama ile diyor ki: "Şimdi Kur'ân'a bakacaksınız, onun ışığında sizden önce vahyedilenlerde gördüklerinizi kabul edecek veya reddedeceksiniz. Sonuç olarak ahirete olan imanınız güçlenecek."

Sıralama, beklenen kronolojiye göre yapılmış olsaydı Kur'ân'ı inceleyen modern Batılı akademisyenlerin aralarında şu sözleri söylediklerini duyacaktınız: "Eski kitaplar kıyamet gününden bahsetmiyor. Kur'ân ahiret hayatını icat etmiş olmalı, çünkü İncil'de buna bir vurgu yok." Çünkü onlara göre Kur'ân, Allah'tan (cc) indirilen bir vahiy değildir. İncil'den, Eski ve Yeni Ahit'ten intihal edilmiş bir yan üründür. İçerisinde hepsinden birer parça barındırır. Onlara göre Kur'ân'daki en orijinal meselelerden biri ahirettir. O yüzden Kur'ân'da nasıl böyle bir konsept olduğuyla ilgili kendilerine göre başka referanslar bulurlar. Bunun sebebi Kur'ân'a ikincil ve ondan önce indirilenlere birincil olarak bakmalarıdır. Allah (cc) bunu tersine çeviriyor. Kur'ân'ı incelerken önceliğiniz daima Kur'ân olmalıdır, kalan her şey ikincildir.

Yahudilerde Ahiret İnancı

İkinci önemli nokta Arapçada kullanılan *"yûkinûn"* kelimesidir. "Tamamen ikna olmuş" demektir. Allah (cc) *"yûkinûn"* ifadesini kullanıyor, *"yakinûn"* demiyor. Arapçada kelimedeki harf sayısı artırılınca mana derinleşir; bu ifade "ahirete dair tam, mutlak ve bütün bir iman" anlamına gelir. Ahirete inançları tamamına ermiştir. Önceden onlara ahiretle ilgili bazı bilgiler verilmişti ama şimdi Kur'ân perspektifli baktıkları için dirilecekleri gün tam olarak ne olacağı ve hangi esaslara göre yargılanacaklarıyla ilgili zihinlerindeki tüm boşluklar dolmuş oldu.

Üniversitede karşılaştırmalı din ve felsefe eğitimi aldığım sıralarda gördüm ki Hristiyan ilahiyatçıların en büyük problemi Hz. İsa'dan (as) önceki insanlara ne olacağı meselesidir. Çünkü onlar Hz. İsa (as) aracılığıyla cennete gireceklerine inanırlar. Fakat İncil'de Hz. İsa'dan (as) önceki iyi insanlardan da bahsedilmektedir. O zaman "Peki, onlar nereye gidecek?" sorusu gündeme gelir. Hristiyanlık tarihinde farklı filozoflar bu soruya farklı şekillerde cevap vermiş, "a'râf" gibi farklı teoriler üretmişlerdir. Onlara göre bu insanlar cennet ve cehennem arasında bir yerde kalacaklar. Hz. İsa'nın (as) gelişinden sonra Hristiyanların onunla beraber cennete gideceklerine inanırlar ama "Hz. İsa'dan önce gelen iyi insanlara ahirette ne olacak?" sorusuna ikna edici bir cevap veremezler.

Aynı sorun Yahudiler için de geçerlidir. Birçok Yahudi âlimin ahirette ne olacağına dair ürettiği bir felsefe vardır ama hiçbiri net değildir. Bu konuda ihtilaflar vardır. Yahudi filozof ve akademisyenlerin bazıları, cenneti Tanrı'nın Yahudi olmayanları öldürdüğü yer olarak tanımlar. Onlara göre geriye sadece İsrailoğulları kalacak ve onlar cenneti bu dünyada yaşayacaklar. Bazıları yeniden dirilişe inanmaz, inananlar da bunun o kadar önemli olmadığını söyler.

Müslümanlar arasında kıyamet günü, cennet ve cehennem gibi temel ilkeler konusunda hiçbir ihtilaf yoktur. Bunlar mutlak surette açık ve nettir. Müslümanların arasındaki ihtilaflı meseleler "Rükûya gitmeden önce ellerimizi kaldırmalı mıyız?" "Teravih namazını 8 rekât mı, 20 rekât mı kılmalıyız?" gibi mevzulardır.

Bu sıralama "*îkân*" kelimesini kullanarak meseleyi açıklığa kavuşturur, bunun ne kadar önemli bir konu olduğunu gösterir. Bugün bile Kur'ân'ı inceleyen gayrimüslim Batılı akademisyenlerin ahiret inancına yaklaşımlarındaki sorun, kendi söylemleriyle ilgilidir. Neden Eski ve Yeni Ahit aksini söylerken Kur'ân ahiret konusunda bu kadar ısrarlıdır?

Hz. Muhammed'den (sav) Sonra Peygamberlik

Önceki kitaplarda da bahsedildiği gibi her zaman peygamberlik iddiasında bulunan insanlar olmuştur. Bunlar peygamber olduklarını, vahiy aldıklarını söylerler ama bu, asılsız bir iddiadan ibarettir. Peygamberlik iddiasında bulunan kişilerin çevresinde her zaman onları destekleyen bir grup insan da toplanır. Hristiyan ve Yahudi geleneğinde de benzerlerine rastlarız. Mormon Kilisesi buna örnektir. Mormon, Hz. İsa'dan sonra vahiy aldığını ve peygamber olduğunu iddia etmişti. Kitabı da İncil'e ilave edildi. İslam geleneğinde de Resûlullah'ın (sav) vefatından hemen sonra Müseylemetü'l Kezzab gibi peygamberlik iddiasında bulunanlar oldu. Gülünç şiirler yazarak "Bu bizim Kur'ân'ımız." dediler ve dine ekleme yapmaya çalıştılar. Elbette bunu başaramadılar. Bugün bile bazı bireyler ya da felsefî gruplar, peygamberlik iddia edebiliyorlar.

Burada önemli olan, Kur'ân'ın ilk nesilden kıyamete kadar başka hiçbir peygamber ya da vahye fırsat vermeden nasıl korunduğu meselesidir.

Kur'ân bunu nasıl yapmıştır?

Allah (cc) en başta Kur'ân'ın takva sahipleri için bir rehber olduğunu söyler. Takva sahiplerinin ikinci özelliği "Sana gönderilene" yani Kur'ân'a ve "Sana indirilenden öncekiler"e yani Tevrat ve İncil'e inanmalarıdır. Başka bir şeye inanmaları gerekseydi "Senden sonra gönderilecek olana" denirdi ama denilmemiştir. Bu Kitap'tan sonra inanılacak tek şey "وَبِالْآخِرَةِ هُمْ يُوقِنُونَ" ayetiyle ifade edilen ahirettir. Geriye kalan tek şey ahirete imandır.

"Resûlullah'tan (sav) sonra başka peygamber gelmeyeceğini nasıl kanıtlarsınız?" sorusunun cevabı Bakara Suresi'nin ilk sayfasındadır. İnanmamız gereken tek şey Ona (sav) verilen ve Ondan (sav) öncekilere verilenlerdir. Ondan (sav) sonrakilere inanmaya dair hiçbir beyan yoktur. Başka hiçbir şeye ihtiyaç yoktur. Allah (cc) bazılarına çok derin bir sorun gibi gelen bu konuyu çok basit bir dille ve kesin olarak ayetlerle çözer.

Bir peygamberin gelmesi muazzam bir olaydır. Yahudiler hâlâ son peygamberi, Hz. İsa'nın (as) takipçileri ise hâlâ Mesih'in geri gelmesini beklerler. Müslümanlar için ise ahiret inanılması gereken büyük bir meseledir. Bu çok büyük bir hakikattir. Son Peygamber'e iman ve ondan sonra geriye kalan tek muazzam vaka, kıyamet gününe imandır.

Kurtuluşa Erenler Kimlerdir?

أُولَٰئِكَ عَلَىٰ هُدًى مِنْ رَبِّهِمْ وَأُولَٰئِكَ هُمُ الْمُفْلِحُونَ

"İşte bunlar, Rablerinden olan bir hidayet üzeredirler. Kurtuluşa erenler de işte onlardır."

(Bakara, 2/5)

"أُولَئِكَ عَلَى هُدًى مِنْ رَبِّهِمْ

"İşte bunlar, Rablerinden olan bir hidayet üzeredirler."

Allah (cc) Kur'ân'ın takva sahipleri için bir hidayet olduğunu söylemişti önceki ayetlerde. Takva sahipleri Rablerinden gelen hidayete bağlıdır. İşte onlar kurtuluşa erenlerdir.

Bu ayetle ilgili burada önemli birkaç noktayı zikretmemiz gerekiyor:

Öncelikle ayette ifade edilen "هُدًى" "*huden*" kelimesi neden nekre, yani belirsiz olarak kullanılmış da "*el-hudâ*" şeklinde marife, yani belirli olarak gelmemiştir?

El-Keşşaf, nekre kullanılmasının sebebinin, onların tam bir kesinlikle rehber olarak edindikleri şeye tutunuşlarını ifade etmek olabileceğini söyler. Bu hidayetin eşi benzeri yok demektir. Arapçada bir kelime nekre ya da tenvinli kullanıldığında manasına "تفخيم" "*tefhîm*" yani "kuvvet, görkem" katılır; vurgu katmak "İşte 'hidayet' budur." demek gibidir. Diğer bir deyişle, önceki kitaplara son Kitab'ın ışığında bakmak ve ahirete iman etmektir. İşte Rablerinden gelen muazzam hidayet budur ve kurtuluşa erecek olanlar da bu kimselerdir.

"وَأُولَئِكَ هُمُ الْمُفْلِحُونَ

"Kurtuluşa erenler de işte onlardır."

"أَفْلَحَ" *"eflaha"*dan türetilmiş bir kelime olan "فَلَّاح" *"fellâh"* çiftçi demektir. Çiftçi toprağı kazdığında mahsulü hazır bulur ama aslında çiftçinin vakti gelince bulduğu, bir yıl boyunca sarf ettiği gayretin neticesidir. Toprağa emek verir; tohumu eker, sular, bakımını yapar ama yılın büyük bir kısmında sonucu görmez. Bu nedenle pek çok toplumda hasat zamanı geldiğinde festivaller ve şenlikler düzenlenir. Çünkü genellikle insanlar haftalık gelir ya da aylık maaşla çalışırken çiftçiler yılda bir, hasat mevsimi geldiğinde ücret alır. Yani topraktan mahsulü aldıkları mevsim, maaş zamanıdır onlar için, bu sebeple kutlamaya değerdir. Tam o zamanda onlara "فَلَّاح" *"fellâh"* ya da "مُفْلِحْ" *"muflih"* denir.

"أَفْلَحَ" *"eflaha"* "başarı, kurtuluş, hayır ve nimette baki kalmak", "الْمُفْلِحُونَ" *"el-muflihûn"* ise "kendilerini baki edecek olanlar" demektir. Diğer bir deyişle sonsuza dek, her zaman sürecek başarı ve nimetlerle dolu bir yaşamları olacak, manasına gelir. Bu kelime sadece "başarı" manasına gelmez. Sadece başarıdan bahsedilecekse "فَائِزُونَ" *"fâizûn"* ifadesi kullanılır. Kur'ân onu da kullanır. "أُولَئِكَ هُمُ الْفَائِزُونَ" (Tevbe, 20) "الْمُفْلِحُونَ" *"El-muflihûn"* kullanıldığında ise her zaman başarılı olarak kalacak insanlardan bahsediyorsunuz demektir.

Allah (cc) Kur'ân'da *"el-muflihûn"* kelimesini kullanarak ne demek ister?

Allah (cc), bu kelime ile sadece kalıcı ve sonsuz bir başarıyı vurgulamaz, aynı zamanda insanların çok çalışması gerektiğini ve ne ekerlerse vakti geldiğinde bir çiftçi gibi onu biçeceklerini ifade eder. Diğer bir deyişle İslam felsefesi; imanın hikmetine ulaşmak, Allah'ın rahmetini celbetmek ve sonsuz bir mükâfat kazanmak için çok çalışmamız gerektiğini söyler. Ancak bu şekilde Allah (cc) yaptığınız işin meyvesini görmenize izin verir. "أُولَئِكَ هُمُ الْمُفْلِحُونَ" ayetinden çıkarılabilecek bir mana da budur.

Müflihûn Kimdir?

Allah (cc) ikinci ayette bu Kitab'ın takva sahibi olan müttakîler için bir rehber olduğunu söylediğinde iki grup insandan bahseder:

Birinci gruptakiler gayba; yani göremediklerine iman eder, namazı ikame eder ve kendilerine verilenden infak ederler. İman eden ve salih amel işleyen herkes bu gruba dâhildir. En temel salih ameller nedir, sorusunun cevabını "Onlar namaz kılar ve zekât verirler." ayetlerinde buluruz. Temel olan, Allah'a (cc) inanmak ve iyi insan olmaktır.

İkinci gruptakilerin ise Hz. Peygamber'e (sav) indirilene, Hz. Peygamber'den (sav) önce indirilene ve ahirete mutlak imanları vardır. Kısaca ifade etmek gerekirse ayet, Kitap hakkında bilgisi olanlar içindir. Bunların Kur'ân ve önce gelen kitaplar hakkında bilgileri vardır.

Bir örnek üzerinden konu daha iyi anlaşılabilir: Ailesinin geçimini sağlamak için günde on dokuz saat çalışan bir taksi şoförü düşünelim. Din üzerine inceleme yapacak vakti yok. Hayatı boyunca Arapça ve tecvit öğrenecek, mahrecini düzeltecek, icazet alacak, hadis çalışacak fırsatı olmamış.

Güçlükle bir mescide uğrayıp namazını kılıyor, sonra hemen çalışmaya devam ediyor. Haftada altı gün yaptığı tek şey bu. Tatil gününde de dinlenmeye çalışıyor. Hayatı bundan ibaret. Diğer tarafta Allah'ın (cc) kendisine fırsat kapılarını açtığı birini düşünelim. Kur'ân ve din üzerine çalışıyor. Daha fazla öğrenmek için başka ülkelere gidiyor, İslâmî üniversitelerden eğitim alıyor. Mastır, doktora yapıyor. İkisi de Müslüman. Burada akla şöyle bir düşünce gelebilir: "Daha çok bilen, bu kadar öğrenme fırsatı olan, taksi şoföründen daha iyi durumda olmalı. Taksi şoförü daha düşük seviyede. Âlim daha yüksek mertebede."

Dikkat edilecek olursa ilk ayet; gayba iman eden, namaz kılan ve infak eden herkesi kapsıyor. Bir sonraki ayet ise Kitap'la ilgili bilgisi olan insanlara işaret ediyor. Bir sonraki ayette görüyoruz ki Allah (cc) hepsini toparlıyor ve "Hepsi, Rablerinden gelen hidayete bağlıdır." diyerek hepsinin "muflihûn" grubuna dâhil olduğunu söylüyor.

Bu nedenle Allah'ın (cc) bizleri yerleştirdiği pozisyondan dolayı hiçbirimiz kendimizi Allah'ın indinde küçük görmemeliyiz. Çünkü öğrenme, ilim talep etme, âlim olma yolu sadece kitap okumaktan ibaret değildir. Öte yandan kiranızın, yemeğinizin, harcamalarınızın, ailenizin ihtiyaçlarının da karşılanması gerekir. Bunlarla ilgili sorun olmaması gerekir ki siz de vakit ayırıp ilim tahsil edebilesiniz. Sadece kitap okuyarak "Allah beni ve ailemi rızıklandırır." diyemezsiniz. Bazıları tüm hayatını feda edip zar zor yeterli miktarda kazanıp ailesini geçindirmek için uğraşır, tek yaptıkları budur. Böyle kimselerin imana tutunması, namaz kılıp infak etmesi çok kıymetlidir.

Günümüzde ilim öğrenme imkânları artık çok çeşitli. Bir ders grubuna devam etmenin bir imkân olması gibi internete bağlı telefonunuzun olması da bir imkândır. İstediğiniz zaman, istediğiniz konuda, istediğiniz âlimden video izlemek bir imkândır. Durdurup yavaşlatabilir ya da başka bir konuya geçebilirsiniz. İmkânların sınırı yok. İlim beraberinde sorumluluk da getirir. Allah (cc) size ilim kapılarını açtığında sorumluluk alanınız genişler. Bunu iyi anlamak gerekir. Artık sizin işiniz, Allah'ın (cc) bu kapıyı açmadığı insanlar için kolaylaştırıcı olmaktır. Onlar için uygun ortamı ve kolaylığı siz sağlamalısınız. Onları küçük görüp "Bakın, dinî bir sohbete bile katılmıyorlar! Öğrenmiyorlar! Sadece dünya için çalışmakla meşguller!" diyerek eleştirmek, onların gelmesini beklemek yerine siz onlara gitmeli, onlar için Allah'a (cc) giden yolları kolaylaştırmalısınız. Bu aileniz ve toplumunuz için de bir sorumluluktur. Dinini öğrenen herkesin etrafındaki insanlar için gayret etmesi gerekir. Sonunda başarı kazanacak olanlar, işte onlardır.

Ayrıca dikkat edilirse Allah (cc), önceki kitaplara inananlardan sonra Kur'ân'a iman edenlerin, ahirete iman etme zorunluluğunu da durmadan vurgular. "وَبِالْاٰخِرَةِ هُمْ يُوقِنُونَ" ayetiyle açık bir şekilde vurguladığı hakikati "مُفْلِحُونَ" "*muflihûn*" kelimesiyle de işarî olarak tekrar vurgular.

Ayetler Arasındaki Simetri

Bakara Suresi'nin ilk beş ayeti inanan insanları anlatır. Sonra gelen iki ayet ise ilk beş ayette bahsedilen mü'minlerin tam zıt kutbu olan kâfirlerden bahseder. Oraya geçmeden önce mü'minlerin anlatıldığı ilk beş ayetteki simetri mucizesini sizinle paylaşmak istiyorum.

İlk ayet bildiğiniz gibi hurûf-u mukattaa ile başlar. İkinci ayet hidayetten bahseder ve der ki: ذٰلِكَ الْكِتَابُ لَا رَيْبَ فِيهِ هُدًى لِلْمُتَّقِينَ Beşinci ayet ise tekrar hidayetten bahseder ve أُولٰٓئِكَ عَلٰى هُدًى مِنْ رَبِّهِمْ وَأُولٰٓئِكَ هُمُ الْمُفْلِحُونَ der.

Üçüncü ayet olan اَلَّذِينَ يُؤْمِنُونَ بِالْغَيْبِ وَيُقِيمُونَ الصَّلٰوةَ وَمِمَّا رَزَقْنَاهُمْ يُنْفِقُونَ ve dördüncü ayet وَالَّذِينَ يُؤْمِنُونَ بِمَٓا أُنْزِلَ اِلَيْكَ وَمَٓا أُنْزِلَ مِنْ قَبْلِكَ وَبِالْاٰخِرَةِ هُمْ يُوقِنُونَ ise imandan bahseder. İkinci ve beşinci ayetlerdeki anlam korelasyonu hidayetle ilgili iken üçüncü ve dördüncü ayetlerdeki imanla alakalıdır.

İkinci ayetteki "هُدًى" ve beşinci ayetteki "هُدًى" kelimesini karşılaştıralım:

Bu Kitap kime rehberdir?

Takvalı inananlara.

Burada zihinlerde şöyle bir soru işareti oluşabilir: "Kur'ân herkes için bir hidayet rehberi değil mi? Hidayet sadece takvalı insanlar için mi geçerli?"

Bakara Suresi'nde Ramazan ayetinde (Bakara, 185) Allah (cc) "هُدًى لِلنَّاسِ" "*huden linnâs*" "Kur'ân tüm insanlar için hidayettir." diyor. Bu yüzden sanki iki ayet arasında bir çelişki varmış gibi algılanabilir. Kur'ân bir taraftan bunun takvalı, dikkatli, bilinçli insanlar için hidayet olduğunu söylerken diğer taraftan tüm insanlık için hidayet olduğunu söylüyor. İkisini nasıl bağdaştırabiliriz?

Kur'ân derin düşünmeyi talep eder, onu yüzeysel bir şekilde okuyamazsınız. Çünkü Allah (cc) kafanızda bu soruları oluşturur. Maksadı anlamak için derin düşünmek gerekir.

Bir başka yönden düşünelim: Kur'ân, Allah'ın (cc) tüm insanlığa gönderdiği faydalı bir mesajdır. Bu faydayı elde etmek için zaman harcayanlar kim? Takvalı insanlar...

Bir profesörün öğrencilerine bir kitap tavsiye ederken "Bu kitabı hepinize tavsiye ediyorum. Ancak aranızda ciddi düşünenler ondan faydalanabilecek." dediğini düşünelim. Bu tavsiye, söz konusu kitaptan faydalanmak isteyen tüm öğrenciler için açık bir davettir. Seçerseniz "هُدًى لِلنَّاسِ" "*huden linnâs*" açık bir davettir. Ancak bu konuda bir tercih yaparak gayret edenler, kitaptan gerçek manada istifade edecek olanlardır. Bu hidayetteki faydayı, "هُدًى لِلْمُتَّقِينَ" "*huden lilmuttakîn*" olan takvalı insanlar elde edecek. Bu, Allah'ın (cc) "Tüm insanlığın müttakîn olma fırsatı var." demesi gibidir.

Gerçekten ilerlemek isteyenler müttakîn olmalılar.

Allah (cc) bizi onlardan kılsın.

İKİNCİ BÖLÜM

اِنَّ الَّذِينَ كَفَرُوا سَوَٓاءٌ عَلَيْهِمْ ءَاَنْذَرْتَهُمْ اَمْ لَمْ تُنْذِرْهُمْ لَا يُؤْمِنُونَ ﴿٦﴾
خَتَمَ اللّٰهُ عَلٰى قُلُوبِهِمْ وَعَلٰى سَمْعِهِمْ وَعَلٰٓى اَبْصَارِهِمْ غِشَاوَةٌ وَلَهُمْ
عَذَابٌ عَظِيمٌ ﴿٧﴾

"Şüphesiz ki inkâr edenleri uyarsan da uyarmasan da onlar için birdir, asla iman etmezler." (6)

"Allah onların kalplerini ve kulaklarını mühürlemiştir. Onların gözlerine de bir çeşit perde gerilmiştir ve onlar için (dünya ve ahirette) büyük bir azap vardır." (7)

(Bakara, 2/ 6-7)

Onları Uyarsan da Uyarmasan da Birdir!

اِنَّ الَّذِينَ كَفَرُوا سَوَٓاءٌ عَلَيْهِمْ ءَاَنْذَرْتَهُمْ اَمْ لَمْ تُنْذِرْهُمْ لَا يُؤْمِنُونَ

"Şüphesiz ki inkâr edenleri uyarsan da uyarmasan da onlar için birdir, asla iman etmezler."

(Bakara, 2/6)

"اِنَّ الَّذِينَ كَفَرُوا"

"Şüphesiz ki inkar edenler"

Kur'ân ayetleri kullanıldığı konunun bağlamına çok duyarlıdır. Bu inanılmaz bir bakıştır. Öte yandan Kur'ân'ın maruz kaldığı trajedilerden biri ona yaklaşım tarzımızın sığ oluşudur. Mesela "اِنَّ الَّذِينَ كَفَرُوا" "Şüphesiz ki inkâr edenler" ayetinden sığ bir yaklaşımla, Allah'ın (cc) gayrimüslimlere hitap ettiği anlaşılabilir.

"سَوَاءٌ عَلَيْهِمْ"

"Onlar için fark etmez."

Onlara göre aynıdır.

"ءَاَنْذَرْتَهُمْ اَمْ لَمْ تُنْذِرْهُمْ"

"Onları uyarsan da uyarmasan da fark etmez."

Resûlullah'a (sav) hitaben "Sen bir peygamber olarak onları uyarsan da uyarmasan da inanmazlar." ifadesinden yüzeysel bir bakışla, Müslüman olmayanlar inanmayacaklar. Onlar ümitsiz vaka, manası çıkartılabilir...

Bu anlayış doğru mudur?

Ayetten Müslüman olmayanların inanmayacakları neticesi çıkıyor ama her gün İslam yolunu seçen gayrimüslimler var. Hâlbuki Allah (cc) "Şüphesiz ki onlar inanmazlar." diyor.

Bunu nasıl anlayabiliriz?

Ayetin başında bulunan "إِنَّ" "*inne*" harfi cümleye "şüphesiz" manası verir: "Kesinlikle inanmazlar." Dikkat edersek ayette çoğul kullanılıyor. "Onlar kesinlikle inanmazlar." Ayet ilk bakışta adeta bize "inanmayan herkes için bu böyledir." der. Dikkat edilmez ise ayet böyle anlaşılır. Oysa başta İmam Razi, Keşşaf, İbn Kesir ve diğer pek çok tefsir âlimimiz bu ayette inanmayanların tamamının kastedilmediği yönünde görüş birliği etmiştir. Yani çoğul kullanılması ayetin inanmayanların tamamına hitap ettiği anlamına gelmez. Mesela "İnsanlar beni incitti." dediğimizde bu cümleyle dünyadaki tüm insanları mı, yoksa bazılarını mı kastederiz? Bazılarını kastederiz ama "insanlar" deriz. Ya da bir öğretmen, öğrencilerine sinirlenip "Öğrenciler çok yaramaz!" dediğinde dünyadaki tüm öğrencileri mi, yoksa o sırada sınıfta bulunan öğrencileri mi kasteder? Sadece sınıftaki öğrencileri kastetmesine rağmen genel bir ifade kullanır. Bu aslında kişinin öfkesini veya başka bir duygusunu ifade etme yoludur. Allah (cc) da celalini açıkça gösteriyor: "Kâfirler içinde özel bir gruptan bahsediyorum." diyor. Küfürlerini açıkça belli edenler için böyledir. İbn Kesir (ra) der ki: "Sahabe Efendilerimiz arasında bu ayetin küfürlerinde ileri giden Yahudi topluluğunun liderlerine atıf yaptığı fikri vardı."

Bu topluluk, hakikati bilmelerine rağmen gizleyen, reddeden en şiddetli kâfir topluluğuydu. Kur'ân müfessiri olan İbni Abbas (ra) da ayetin tüm kâfirlerle ilgili olmadığını söyler. Ona göre ayet Medine'deki Yahudi topluluğu içindir. Onlara atıf vardır, bunu anlamak çok önemlidir. Sadece Kur'ân meali okuduğunuzda sizde "Allah (cc) resmen her kâfiri bir kalemde silmiş!" fikri uyanabilir. Oysaki Kitab'ı anlamak için hem tarihsel hem de konu bağlamında inceleyip düşünmek gerekir.

Mekke ve Medine'deki kâfirlerin karakter özellikleri farklıydı. Bu farkı anlamak gerçekten önemlidir. Mekke döneminde müşrik Kureyş kabilesi o kadar küfre girmişti ki neredeyse Resûlullah'ı (sav) öldüreceklerdi. Yapılan zulüm ve baskılar sebebiyle Resûlullah (sav) Medine'ye hicret etti.

Allah'ın (cc) bahsettiği ikinci kâfir grubu ise, İbn Abbas'ın da ifade ettiği gibi Medine'deki Yahudilerdi. Bunlar Kur'ân'ın mesajını anladılar, içselleştirdiler, Kur'ân'ı kendi çocuklarını tanıdıkları gibi bildikleri hâlde Müslümanların en azılı düşmanı hâline geldiler. Hatta Mekke'deki İslam düşmanlarıyla birlik oldular. Onlar da inkâr edenlerden oldu.

Bu iki kâfir grubunu farklı kategorilerde ele almak zorundayız.

Mekke'deki kâfirler, önceden vahyi bilmiyorlardı. Vahyi, ahireti, imanı reddetmelerinin sebebi cehâlet ve kibirleriydi.

Medine'deki kâfirler ise önceden vahyi biliyorlardı ama kendi kitaplarındaki ahiret inancını, gönderilen peygamberleri bile reddetmişlerdi. Resûlullah'ın (sav) getirdiği Kur'ân'ı açıp bakmaları nasıl beklenebilirdi ki? Kur'ân, Bakara Suresi'nin ilerleyen ayetlerinde onların kendi kitaplarına ne yaptıklarını da anlatır. Resûlullah (sav) kendi ırklarından olmadığı için Ondan (sav) nefret ediyorlardı. Yani ırkçılık kendini açıkça göstermişti.

Allah (cc), "اِنَّ الَّذِينَ كَفَرُوا" diyerek bu ayette onların sadece Resûlullah'ın (sav) döneminde küfre girmediğini, küfürlerinin önceden beri süregelen bir tavır olduğunu ifade eder. Bunların çoğu önceden de inkâr etmişlerdi. Yani tasdik edici bir Kitab'ın gelmesi onlar için sürpriz değildi, "Onları uyarsan da uyarmasan da birdir, inanmazlar." ayetinin kapsamına girmişlerdi. Kendi düzenlerini kurmuşlardı, kendilerini rahatsız eden birçok hükmü kendi kitaplarından da çıkarmışlardı. Ahiret hayatını silmek için çok uğraşmışlardı ve Kur'ân da onlara durmadan ahireti hatırlatıyordu.

Allah (cc), Bakara Suresi'nin 96. ayetinde, "Onların her biri bin yıl yaşamak ister. Oysa çok yaşatılması hiç kimseyi azaptan kurtaramaz." diyor. Allah (cc) yok saymaya çalıştıkları konuya tekrar tekrar değinerek onları daha fazla vuruyor.

Allah (cc) şöyle buyuruyor: "ءَاَنْذَرْتَهُمْ اَمْ لَمْ تُنْذِرْهُمْ" "Sen uyarsan da uyarmasan da." Hâlbuki Resûlullah (sav) sadece uyarıda bulunmuyor, onlara iyi haberler veriyor, öğretiyor, vaaz veriyor, müjdeliyordu. Uyarmak kelimesinin manası cezayı çağrıştırır ve sonuca gönderme yapar. İnananlar için en büyük sonuç ise ahirettedir. Ayet mükemmel bir şekilde biçimlendirilerek ahireti inkâr edenlere gönderme yapıyor.

Mekkeliler, Kur'ân'ın ilk muhataplarıydı. Kur'ân'ın üçte ikisi Mekke'de nazil olmuştu. Resûlullah'ın (sav) peygamber olmadan önceki hayatının büyük bir kısmı da burada geçmişti. Mekkelilere İslam'ı kabul etmeleri için çok büyük bir fırsat verilmişti ama onlar peygamberlerini öldürmeye teşebbüs edecek kadar ileri gitmişlerdi.

"لَا يُؤْمِنُونَ"

"İman etmezler."

Allah'ın (cc) o kâfirlerin iman etmeyeceklerini söylemesi bu zaviyeden bakınca anlaşılabiliyor.

Resûlullah (sav) Mekke'yi terk ettikten 6-7 yıl sonra ilk defa Hudeybiye olayında, huzurlu bir hac yapmak için Mekke'ye kadar geldi. O zaman bile Resûlullah'a (sav) suikast girişiminde bulundular ama başarısızlıkla sonuçlandı. Müslümanlar bu duruma çok öfkelendiler. Yapılan müzakerelerden sonra Hz. Osman (ra) çözüm bulmak için Mekke'ye gitti fakat onu ev hapsine mahkûm ettiler, bu sırada da Hz. Osman'ın (ra) öldürüldüğüyle ilgili bir söylenti yaydılar. Müslümanlar umre yapmak için geldikleri Hudeybiye'de önce Resûlullah'a (sav) suikast girişimiyle karşılaşmış, ardından da elçilerinin öldürüldüğü haberini almışlardı. Artık Müslümanlar için savaşmaktan başka bir çare kalmamıştı. Resûlullah (sav) onlardan savaşacaklarına dair yemin almıştı. Savaşıp Hz. Osman'ın (ra) intikamını alacaklardı. O sırada Hz. Osman'ın (ra) yürüyerek çadıra girdiğini gören Müslümanlar savaşmaktan vazgeçti.

Müslümanlar İslam'ın en azılı düşmanlarının bulunduğu Mekke'ye saldıracaklardı. Mekke, Kur'ân'ın büyük bir kısmının nazil olduğu yer, Mekkeliler ise peygamberlerini sınır dışı eden, ona suikast düzenleyen müşriklerdi. Bu sırada nazil olan ayette Allah (cc) şöyle diyor: "Eğer Mekke'de yaşayan iman etmiş erkekler ve iman etmiş kadınlar olmasaydı ve bunları bilmeden ezmeniz sebebiyle üzüntüye kapılma ihtimali olmasaydı, Allah savaşmanıza müsaade ederdi." (Fetih, 25)

Mekke'de İslam düşmanlarının ailelerinden bazı kişiler sessizce Müslüman olmuş ve kimseye söylememişlerdi. Onlar, zarara uğramaktan endişe ettikleri için iman ettiklerini gizleyen kimselerdi. Allah'a (cc) inanmışlar, şirki bırakmışlar ama bunu kimseye söylememişlerdi. Resûlullah'la (sav) hicret etmemişlerdi. Müslümanlara karşı yapılan Bedir, Uhud ya da Ahzab savaşlarına katılmamışlardı. Erkekleriyle ve kadınlarıyla onlar Müslüman'dı. Ve öldürülme korkusuyla İslam'ı kabul ettiklerini saklı tutmuşlardı. Bu sebeple Müslümanlar bile onların iman ettiğini bilmiyordu. Müslümanların Mekke'ye saldıracakları sırada nazil olan ayette Allah (cc), Mekkeli müşriklerin içinde kimsenin bilemeyeceği gizli Müslümanların olabileceğini haber verir.

Niçin?

"Allah'ın dilediğini rahmetine dâhil etmesi için." (Fetih, 25)

Bu arka planla beraber düşündüğümüzde ne görürüz?

Mekke gibi "Onların hepsi kâfir! Allah (cc) onlara asla hidayet etmeyecek! Cezayı hak ediyorlar!" denilip bir kalemde silinebilecek bir beldede bile Allah (cc), kendi rahmetine dâhil ettiği insanlar olabileceğini haber veriyor. Buradan hareketle şunu söyleyebiliriz: Kur'ân'da geçen "*ellezîne keferû*" ifadesi genellikle gayrimüslimlerin hepsi için kullanılmaz. Bu ifade ile gayrimüslimlerin en kötüleri ve hâllerini değiştirme konusunda en inatçı olanlar kastedilir. Onları uyarsan da uyarmasan da duymak istemezler. Bu ayette sorumlu tutulanlar uyarılmış, fakat uyarılıp uyarılmamak onlar için hiçbir şey ifade etmemişti. Onlar inatla kendi yollarında devam ettiler. Allah (cc) bu tür insanlara "*ellezîne keferû*" "*küfredenler*" der. Allah'ın (cc) biri hakkında "kâfir" demesi kadar kötü bir şey yoktur.

Bakara Suresi'nin ilk ayetlerinde sözü edilenler, inananlar ve inanma potansiyeli olanlardır. İçlerinde takvalı insanlar ve Kur'ân'la henüz ilişkisi olmayanlar olduğu gibi daha önce Yahudi veya Hristiyan olduğu hâlde şehadet getirip İslam'ı seçenler de vardı. Kur'ân onların şehadetini aktarır. Onlar, "Biz zaten bundan önce de Müslümanlardandık." (Kasas, 53) derler. Kur'ân onların Müslüman olduğunu söyler. Çünkü onlarda Müslümanlık potansiyeli vardı ve İslam hep kalplerindeydi.

"*Ellezîne keferû*" ifadesini Kur'ân'da gördüğümüzde, konuyu basitleştirerek tüm gayrimüslimlere her bağlamda genellersek ciddi bir sorun ortaya çıkar. Bu nedenle sahabe, "Bu ayet Yahudilerin liderlerine, dine karşı en inatçı olanlaradır." demiştir. Biz bu meseleyi basitleştirip anlamını çarpıttığımız için problem oluyor. Mesela Batılı toplumlarda biri Müslüman olduğu zaman ailesi hakkında endişe duyuyor ve ona "Onlar için fazla endişelenme. Onları davet etsen de inanmazlar, bırak onları! Annen bir Hristiyan, Allah'a karşı geliyor, onu sevmemelisin." deniyor.

İslam bunu mu öğretiyor? Hayır.

İbrahim (as) babasını sevmiyor muydu? Allah (cc) ondan babasından uzak durmasını ve artık onun için af dilememesini söyleyinceye kadar ne yaptı? Babası için dua etmeye ve onu davet etmeye devam etti. Nuh (as) oğlunu sevmiyor muydu? 950 yıl boyunca ailesini sevmedi mi? Allah (cc) "O senin ailenden değildir." (Hud, 46) diye vahyedene kadar oğlunu ve ailesini sevmeye ve onları Allah'ın (cc) dinine davet etmeye devam etti.

Henüz inanmayanlarla ilişkimizi kesecek olursak Allah'ın (cc) dini insanlığa nasıl yayılacak? İslam'ı kabul eden biri, inançlarını bulamamış insanlarla ilişkisini keserse bu nasıl olacak? Hidayet hediyesi herkese verildi. Hindulara, Budistlere, ateistlere, Yahudilere, Hristiyanlara... ve hidayetle tek ilişkide olanlar Müslümanlar. Müslümanlar da onlardan nefret ederse nasıl olacak? Allah'ın (cc) dini insanlığa nasıl yayılacak o zaman?

Resûlullah (sav) bir Yahudi'nin cenazesi geçerken ayağa kalktı! Sahabe, "Ya Resûlallah! O bir Yahudi'dir, neden ayağa kalktınız?" dedi. O da (sav) "O Âdem'in (as) oğlu değil midir?" buyurdu. Allah (cc) "Andolsun, biz insanoğlunu şerefli kıldık." (İsrâ, 70) buyurdu. (Müslim, Cenaiz, 78, Hadis no:1593)

Evet, müşrikler aşağılanmıştır... Evet, kâfirler Kur'ân'da sevilmez.

Ama hepsi değil...

Bu dinin en kötü düşmanları, İslam'a karşı nefret ve zehirlerini açığa vuranlardır; biz onlara karşı dik dururuz. Ama onlar bile şehadet getirdikleri andan itibaren bizim din kardeşimizdir.

Geçmiş yıllarda Resûlullah'a (sav) zehir saçan İsviçreli bir siyasetçi olan Daniel Astrich ülkesindeki azınlıklara karşı mücadele veren biriydi. Sonradan İslam'ı seçti, şehadet getirdi. Oğlu da yanındaydı. O da konferansta şehadet getirdi. Onlar artık bizim din kardeşlerimiz. YouTube'da geçmişte yayınlanmış videolarını izlerseniz Müslümanların "Allah ona lanet etsin, Allah onu cehennemine atsın, cehennemde yanacak!" diye yorum yaptıklarını görürsünüz. Allah (cc) aynı insanı aldı, İslam'dan önceki Ömer'i alıp İslam'dan sonraki Ömer yaptığı gibi onu da İslam'la tanıştırdı. Allah'ın yaptığı işte budur.

Mühürlenmiş Kalpler, Kulaklar, Gözler...

خَتَمَ اللّٰهُ عَلٰى قُلُوبِهِمْ وَعَلٰى سَمْعِهِمْ وَعَلٰٓى اَبْصَارِهِمْ غِشَاوَةٌ وَلَهُمْ عَذَابٌ عَظِيمٌ

"Allah onların kalplerini ve kulaklarını mühürlemiştir, gözlerinde de kalın bir perde bulunmaktadır ve onlar için büyük bir azap vardır."

(Bakara, 2/7)

"خَتَمَ اللّٰهُ عَلٰى قُلُوبِهِمْ"

"Allah onların kalplerini mühürlemiştir."

Mühür için Allah (cc) Kur'ân'da iki kelime kullanmıştır: "خَتَمَ" "*hateme*" ve "طَبَعَ" "*tabea*".

"*Tabea*" nehrin daha fazla su alamayıp ağzına kadar dolması demektir. Mesela şişe tamamen sıvıyla dolmuştur, daha fazla doldurursanız taşar, kapağını kapatırsınız ve içerisinde hiç yer kalmaz. Buna "*tabea*" denir.

"*Hateme*" ise birçok manada kullanılır. Mesela yüzükteki mühür ya da damga bunlardan biridir. Eskiden insanlar el yazısıyla mektup yazar ve zarfı eritilmiş mumla mühürlerdi. Bu mühre de "*hateme*" denir. Mektup tamamıyla yazılmadan mühür koyulmaz. Değil mi? Kelimenin kökü, bir kaba kapak koymaktan geliyor. Mesela pilav pişiriyorsunuz ve soğumasın diye tencerenin ağzına kapak koyuyorsunuz. Kapak onun dolu olduğunu göstermiyor ancak piştiğini gösteriyor. Başka bir ilaveye gerek yok, çoktan pişmiş, artık kapatmanız gerek. Mektubu tamamen yazıp bitirdiğinizde 'kapağı' üzerine koyuyorsunuz.

Allah (cc) "خَتَمَ اللّٰهُ عَلٰى قُلُوبِهِمْ" "Allah onların kalbine mühür koymuştur."

Bunlar, Allah'ın (cc) kalplerine koyduğu hiçbir iyiliği geliştirip kullanmamış kimselerdir. Böylece onlara bir şans daha verilmesinin bir anlamı kalmadığı için Allah (cc) kalplerine mühür koyar. Allah (cc), kimsenin kalbini, inatçılık göstermediği takdirde mühürlemez. Allah (cc) kimse için rastgele "Onun kalbi mühürlenmiştir." diye karar vermez. Allah (cc) rastgele seçip istediğini cehenneme, istediğini cennete atmaz. İnsanlar yaptıklarından sorumludur. Sonunda Allah (cc) onların kalplerinin mühürlenmesine izin verir. Günümüz Kur'ân hocalarından Muhammed Ratib Nablûsi şöyle diyor: "Bir arabanın çalışması için benzine ihtiyacı vardır. Benzin yerine yemeklik yağ ve tuz koyduğunuzda çalışmaz. Siz de 'Allah çalışmasını istemedi.' dersiniz. Hâlbuki Allah (cc) bir şeylerin olması için bazı şartlar koyar, o şartlara, sebeplere uyduğunuz zaman o şeyler gerçekleşir. Bu örnekle açıkça görülüyor ki araba, gerekli sebeplere, şartlara uymadığınız için çalışmadı. Siz arabayı bozdunuz. Direkt ilahi bir müdahale ile arabaya yıldırım çarpmadı, arabanın bozulmasında sizin dahliniz var. Allah (cc) sebepleri, neticeleri yaratan Müsebbibu'l Esbab'dır, fakat o sebeplere uymamayı siz tercih ettiniz, bu sizin sorumluluğunuz.

Kolesterolüne dikkat etmeyip, sağlıklı beslenmeyip, egzersiz yapmadığı için kalp krizi geçiren, sonra da "Allah'ın kaderi bizi test ediyor." diyenler var. Fiziksel olarak arabanın bakımıyla ilgilenmezseniz Allah (cc) arabanın bozulmasına izin verir. Sağlığınıza dikkat etmezseniz Allah (cc) hastalanmanıza izin verir. Aynı prensipler uhrevi hayatımız için de geçerlidir. Kalbinizin iyi mesajlar almasına izin vermezseniz, Allah'ı hatırlamaya çalışmazsanız, O'nun (cc) kanunlarına uymazsanız, Allah'ı unutmaya devam ederseniz bunun kalbinizde bir karşılığı olacaktır. Eninde sonunda Allah (cc) kalbinizin mühürlenmesine izin verir. Bu durumda kimse Allah'ı (cc) suçlayamaz. Yaptığı yanlışlarda ısrarlı olanların kalpleri mühürlenir.

Kalpte ne vardır?

Kalp sevginin olduğu yerdir. Allah'ın (cc) kalplerini mühürlediği kimseler sevme yetilerini kaybeder. Sevilmeyi hak eden şeylerden nefret ederler. İnananlardan nefret ederler. Hakikati, adaleti sevmeleri gerekirken bunlara karşı nefret beslerler. Kalp merhametin, rahmetin mekânı olduğu için mühürlendiğinde onlar da yok olur. Bu insanlar en zalimce şeyleri yapabilir ve söyleyebilirler.

Kalp, minnetin yeridir. Şükür kalpten gelir. Kalp, mühürlendiğinde minnet hissetmez, kimseye teşekkür etme gereği duymaz.

Kalp, korkunun yeridir. Kalp, mühürlenince insan yaptıklarından ve onların sonuçlarından korkmaz.

Kalp, umudun yeridir. Kalpleri mühürlenenler tamamen umutsuzdurlar. Ahirete, insanların iyiliğine ve kendilerine dair umutları yoktur. Kaderi bir zorunluluk olarak düşünürler. Neyi, nasıl istersen yap; zaten hayat her türlü berbattır. Onların zihniyeti budur.

Kalp, suçluluğun yeridir. Yanlış bir şey yaparsanız Allah'ın (cc) fıtrata koyduğu "nefs-i levvâme" (Kıyamet, 2) sebebiyle kötü hissedersiniz. Ama kalp mühürlendiğinde en korkunç şeyleri yapıp yine de yaptıklarınızdan gurur duyarsınız. Kalp böyle mühürlenir. "Şeytan onlara amellerini güzelleştirir." (Enfâl, 48)

Kalp, utancın, hayânın yeridir. Bu insanlarda hiç hayâ kalmamıştır! Kalpleri ölünce ne kadar kaba, alçak, müstehcen olduklarını fark etmezler; konuşmaları, hareketleri, kıyafetleri onlar için önemli değildir, Allah'ın (cc) insanlara koyduğu fıtratı çirkin görüp kendilerini güzel sayarlar.

Kalp, sorumluluğun yeridir. Kalp mühürlendiğinde ailelerine, çocuklarına, komşularına, eşlerine karşı bir sorumluluk hissetmezler.

En önemlisi kalp, saygınlığın yeridir. Allah (cc) insanları şereflendirmiştir. Bu his de kalptedir. Öğretmeninize duyduğunuz saygı kalbinizdendir. İslam'a, Resûlullah'a (sav) olan saygınız kalbinizdendir. Kendinize olan saygınız kalbinizdedir. Kalp mühürlendiğinde insanın ne başkalarına ne de kendisine saygısı kalır. Allah'ın (cc) onların kalplerini mühürlemesi küçük bir sorun değildir. Kalpten gelen her güzel şey gitmiştir artık. İnsanın fıtratı kilitlenmiş ve ondan alınmıştır. İnanmayan herkes için denmiyor bu. Ayet; değersiz, aşağılık insanlardan bahsediyor.

"وَعَلَى سَمْعِهِمْ"

"Kulaklarını mühürlemiştir."

Ayetteki sıralamaya dikkat edersek önce "kalplerini", sonra "kulaklarını" ifadesi kullanılıyor. Kalp çoktan mühürlenmişti, ardından kulak da mühürleniyor.

Ne duyduklarının bir önemi yoktur, çünkü ne duyarsa duysunlar kalplerine tesir etmeyecektir. Bazı insanlar, kalpleri tamamen mühürlendiğinde, iyi bir şey duyduklarında rahatsız olurlar. "Kanalı değiştirebilir miyiz? Başka bir şey dinleyebilir miyiz?" veya "Konuyu değiştirebilir miyiz?" derler. En güzel şeylerin konuşulduğu toplantılarda bulunabilirler, ama herkes Allah (cc) aşkından, korkusundan, umut ve merhametten gözyaşlarına boğulurken onlar "Niye gitmiyoruz? Burada ne yapıyoruz?" derler. Hiçbir şey onların kalplerini ve kulaklarını etkilemez. Çünkü kulakları direkt olarak kalpleriyle bağlantılıdır. Ayette bu yüzden kalp ve kulak yan yana zikredilmiştir.

Kalp ve hemen ardından kulaklar mühürlenmiştir. Ve sonra,

"وَعَلَى أَبْصَارِهِمْ غِشَاوَةٌ"

"Gözlerinde de kalın bir perde bulunmaktadır."

Yani onların kör oldukları söylenir. Allah (cc) onların gözlerini örtmüştür. Hakikati görmeyi reddettiklerinde, hidayeti olduğu gibi görmeyi reddettiklerinde, etraflarındaki dünya hakkında düşünmeyi reddettiklerinde ne olur?

Allah (cc) bu güzel gözleri O'nun mahlûkatını görüp düşünelim diye verdi. Bu yetiyi çalıştırmakta başarısız olursak Allah (cc) dünyayı görmemize izin verecek ama içindeki işareti görmemize izin vermeyecektir. Allah (cc) etrafımızda yarattığı her şey için "Şüphesiz bunda ayetler vardır." (Casiye, 13) diyor.

Ağaç, gökyüzü, kuş, bir ayettir. Gözlere perde inince insan kuşları, gökyüzünü, ağaçları gördüğü hâlde ayeti ve ayetin işaret ettiği manayı göremez. Allah (cc) Kur'ân'da farklı yerlerde bu kimselerin kör olarak diriltileceklerinden de bahseder. Bu kişiler, diriltildiklerinde "Neden beni kör olarak dirilttin? Görebiliyordum!" (Tâhâ, 125) diye şikâyet edecekler. Kur'ân bu üslupla, bahsettiğimiz kişilerin hidayeti kabul edememe yetilerini betimler.

Ayette "gözler" ve "kalpler" kelimeleri çoğul, fakat "kulak" kelimesi tekil kullanılmıştır. Kur'ân'ın bu betimlemesi o kadar harikuladedir ki! Bir salondaki tüm misafirlerin gözleri konuşmacıya bakar ama bu sırada her bir kalp farklı hisseder. Bazı kalpler dinlemek için çok istekli iken bazıları değildir. Bazıları konuşmayı dikkatle dinlerken bazıları uyuklayabilir.

Duymaya gelince... Kulaklarımız tamamıyla aynı sesi deneyimler. Herkese aynı ses dalgaları gider. Ortak bir seste birleşiriz. Bu Kur'ân'ın gücüdür. Farklı insanlara, farklı bakış açılarına dokunur. Farklı durumdaki kalplere dokunur ama kendi mesajı hep aynıdır, farklı şekilde etkiler. Yağmur aynıdır ama yağmur vesilesiyle topraktan farklı farklı bitkiler büyür. Biz de aynı sesi duyarız ama bize ilham olunan farklıdır.

Bu dersi dinleyen herkes bu ayetleri düşünsün, yanınızdaki kişiden farklı olarak bu ayetlerdeki bazı şeyler size dokundu bile. Namaz kılıp ayetler üzerine düşündükçe bu ayetlerdeki hazineyi, mücevheri göreceksiniz. Aynı şeyi duymanıza rağmen başkası da başka bir hazineyi düşünecek... Kalbinize işleyiş şekli farklıdır. Benim kalbime geliş şekli de farklıdır. Kur'ân'ın betimlemesindeki muhteşemliktir bu.

"وَلَهُمْ عَذَابٌ عَظِيمٌ"

"Onları bekleyen büyük bir azap vardır."

Allah (cc) insanları cezalandırmayı sevmez. "Allah size neden azap etsin?" (Nîsa, 147) Allah (cc) insanları onlara merhamet etmek için yarattı. Ama kötü ve aşağılık insanlar büyük azabı hak eder. Azapların en büyüğü kalbinizin mühürlenmesinden başkası olamaz.

Kulaklar Kur'ân'dan istifade edemiyorsa bundan büyük bir azap olamaz. Bu ayetleri ilk duyan insanların sadece kalplerini, kulaklarını temizleme fırsatı yoktu, ayrıca Resûlullah'ı (sav) kendi gözleriyle görme fırsatına sahip oldukları hâlde hâlâ kördüler.

Bu dünyada görebileceğimiz her şeyi hayal edelim... Onlar Resûlullah'ı (sav) gördükleri halde hâlâ gözlerinde "bir perde" vardı. Bundan daha büyük bir trajedi olabilir mi! Allah (cc) bizi benzer trajedilerden korusun.

ÜÇÜNCÜ BÖLÜM

وَمِنَ النَّاسِ مَنْ يَقُولُ اٰمَنَّا بِاللّٰهِ وَبِالْيَوْمِ الْاٰخِرِ وَمَا هُمْ بِمُؤْمِنٖينَ ﴿٨﴾
يُخَادِعُونَ اللّٰهَ وَالَّذٖينَ اٰمَنُوا وَمَا يَخْدَعُونَ اِلَّٓا اَنْفُسَهُمْ وَمَا يَشْعُرُونَ ﴿٩﴾
فٖي قُلُوبِهِمْ مَرَضٌ فَزَادَهُمُ اللّٰهُ مَرَضاً وَلَهُمْ عَذَابٌ اَلٖيمٌ بِمَا كَانُوا يَكْذِبُونَ ﴿١٠﴾
وَاِذَا قٖيلَ لَهُمْ لَا تُفْسِدُوا فِي الْاَرْضِ قَالُٓوا اِنَّمَا نَحْنُ مُصْلِحُونَ ﴿١١﴾
اَلَٓا اِنَّهُمْ هُمُ الْمُفْسِدُونَ وَلٰكِنْ لَا يَشْعُرُونَ ﴿١٢﴾

"İnsanlardan bazıları da vardır ki, 'Allah'a ve ahiret gününe inandık.' derler. Onlar iman etmemişlerdir." (8)

"Onlar Allah'ı ve mü'minleri aldatmaya çalışırlar. Oysa sadece kendilerini aldatırlar da farkında değillerdir." (9)

"Onların kalplerinde bir hastalık vardır. Allah da onların hastalığını artırmıştır." (10)

"Yalan söyleyip durmalarına karşılık onlara elîm bir azap vardır." (11)

"Onlara, 'Yeryüzünde fesat çıkarmayın.' denildiğinde, 'Biz ancak ıslah edicileriz!' derler. İyi bilin ki, esas fesat çıkaranlar onlardır, fakat farkında değillerdir." (12)

(Bakara, 2/8-12)

Kalp ve Kafa Karışıklığı: Münafıklık

Bakara Suresi'nin 8-10. ayetlerinde ele alınan münafıklar, mü'min ve kâfir kategorisinden farklı bir yerde duruyor gibi görünse de derinlemesine incelediğimizde, onların Allah (cc) katında kâfir kategorisindeki başka bir grup olduklarını görürüz. Onlar Müslüman topluluklarda bilinen isimleriyle "münafık"tır. Münafıkların sözleri başka, fiilleri başkadır. Bu sebeple anlaşılmaları kolay değildir. Bakara Suresi'nin başında iman edenlerin durumu sadece beş ayetle açıklanmış, sonraki birkaç ayette de küfürlerinde inat edenlerin özellikleri anlatılmıştır.

Kur'ân münafıklarla ilgili ayetlere ise çok geniş yer verir. Bakara Suresi'nde münafıklarla ilgili birçok ayet vardır. Ayrıca Âl-i İmran Suresi'nin çok büyük bir kısmı münafıklara ayrılmıştır. Nîsa Suresi'nde, Maide Suresi'nde, Enfâl Suresi'nde, Tevbe Suresi'nde, Nûr Suresi'nde, Münafikûn Suresi'nde de münafıklardan tekrar tekrar bahsedilir. Münafıklık konusunun kolay bir konu olmadığını vurgulamamız gerekir.

Nifak konusunu, Kur'ân ışığında biraz açmak istiyorum. Karışık bir konu olsa da üzerinde durmakta fayda var. Bakara Suresi'nin 8-10. ayetleri Allah'ın (cc) Kur'ân'da münafıklıktan ilk bahsettiği yerdir. Biz Müslümanlar olarak münafık gibi terimleri çok basit sebeplerle kullanabiliyoruz. Allah (cc) bu kelimeyi ciddi bir şekilde, bir maksatla kullanırken biz kafamızda belirlediğimiz herhangi bir kişi için kolayca bu tür kelimeleri sarf edebiliyoruz. Bu konuda ifade etmek istediğim birkaç önemli nokta var.

Münafıkların kalpleri ve kafaları karmakarışıktır. "Onlar küfür ile iman arasında bocalayıp dururlar. Ne onlara ne bunlara." (Nîsa, 143) Adeta iman ve küfür arasında tutsak kalmış gibidirler. Tıpkı bir hastanın hastalığının bazen zuhur edip bazen gizli kalması gibi günleri bazen iyi bazen kötüdür. Sürekli bir dalgalanma yaşarlar.

Bakara Suresi'ndeki ayetlerin Kur'ân'da münafıklardan bahseden ilk ayetler olduğunu söylemiştik. Kur'ân'da Allah'ın (cc) bu kadar öfkesini kazanan başka bir gruptan bahsedilmemiştir. Ve yine Kur'ân'da bu kadar ağır cezaya çarptırılacağı söylenen başka bir grup da yoktur. "Şüphesiz ki münafıklar, cehennem ateşinin en aşağı tabakasındadırlar." (Nîsa, 145) ayetinden de biliyoruz ki cehennem aşağı doğru indikçe daha dayanılmaz hâle gelir. Cehennemin en aşağı tabakası münafıklar için ayrılmıştır. Bu sebeple öncelikle bilmemiz gereken mevzu, birine kolaylıkla "münafık" diyemeyeceğimiz olmalıdır.

Şunu da ilave etmek gerekir ki imanı zayıf olduğu, iyi kulluk edemediği ve Allah'a (cc) tam itaat edemediği hâlde daha iyi olmaya gayret eden kimse münafık değildir.

İkinci önemli nokta, Resûlullah (sav) zamanındaki nifak ile günümüzdeki nifak arasındaki farktır. İkisi arasında ayırım yapmak zorundayız. Mesela bizim imanımızla Hz. Ebu Bekir'in (ra) imanını kıyaslayabilir miyiz? Kesinlikle kıyas kabul etmez. Hz. Ebu Bekir'in (ra), Hz. Ömer'in (ra), Hz. Osman'ın (ra), Hz. Ali'nin (ra), Usame b. Zeyd'in (ra), sahabelerin fedakârlıklarını, onların neler yaşadıklarını, neler başardıklarını bizler hayal bile edemeyiz.

Resûllulah'ın (sav) "Ashabım yıldızlar gibidir, hangisine tutunursanız kurtuluşa erersiniz." (Kenzu'l-Ummal, 1002) demesinin çok çeşitli sebepleri vardır. Resûllulah'a (sav) en zor görevler verildiğinde sahabe bu görevi yüklenmede Ona (sav) yardımcı oldu. Her neslin bir "sâbikūn"u (öne geçeni) vardır. İnananların öne geçenleri de sahabe neslidir. Bir daha sahabe nesli gibi bir nesil görmeyeceğiz. Aynı şekilde, o neslin Ebu Cehil, Ebu Leheb gibi küffarlarını, yine Kur'ân'da bahsedilen Firavun'u da bir daha görmeyeceğiz. Onlara yakın kişilik özelliklerine sahip kişiler gelecek ama bir Firavun daha gelmeyecek. Bir daha "Ben, sizin en yüce Rabbinizim!" (Nâziât, 24) diyen birileri olmayacak. Firavun şeytanın bile imreneceği türden işler yapıyordu. O en üst seviyede kâfirdi.

Ebu Leheb Resûlullah'ın (sav) amcasıydı ve kötülükte haddi aşmıştı. Yine kötü insanlar olacak, İslam düşmanları olacak ama hiç kimse kötülükte kendisi hakkında bir sure indirilen Ebu Leheb'e yanaşamayacak bile. Onların en iyileri olan sahabe ise bizim en iyilerimizden çok daha üst seviyededir; biz onlara yetişemeyiz. Onların en kötüsü, bizim en kötülerimizden çok daha aşağıdadır. Mukayese edilmez. Aynı şekilde onların içlerindeki münafıklar, onlardan sonra gelecek olan münafıklardan hep daha kötü olacaktır. Çünkü onların Resûlullah'a (sav) direkt olarak erişme fırsatları vardı. Onlar gelmiş geçmiş en iyi neslin arasındaydılar ama yine de hidayete ulaşamadılar. Biz Kur'ân'ı kitap olarak okuyoruz. Onlar Kur'ân'ı bizzat kendisine nazil olan Resûlullah'tan (sav) duydular ama bu fırsatı kullanamadılar. Münafıklık ölmedi, nifak günümüzde de devam ediyor ama onların münafıklık seviyesine kimse ulaşamayacak. Çünkü münafıklığın da dereceleri var.

Münafık Siyaseti

Münafıkların gizli tutulup ilan edilmemesi sünnetullahtır. Bunların en kötüsü Abdullah ibn Ubeyy bin Selûl'dü. O sadece münafık değil, apaçık bir düşmandı, bunu herkes biliyordu fakat alenen ilan edilmiş değildi. Kur'ân'da münafıklarla ilgili ayetleri anlayabilmek için bir örnek olarak onu bilmek zorundayız.

Abdullah ibn Ubeyy bin Selûl Medineli'ydi. O sırada Medine'de Evs ve Hazrec olmak üzere iki kabile vardı. Bu iki kabilenin yaşadıkları yerler toplam on iki vilayetten oluşuyordu. Abdullah ibn Ubeyy bin Selûl on iki vilayetin en büyük idarecisiydi. Bu iki kabilenin önde gelenleri Hz. Peygamber'in (sav) hicretinden hemen önce bu on iki vilayeti birleştirip Medine'de bir krallık oluşturmak istiyorlardı ve Abdullah ibn Ubeyy bin Selûl'u kral seçmeye karar vermişlerdi. Bunun için hazırlık yapıyorlardı. Medine'de durum böyle iken Resûlullah (sav) Medine'ye hicret etti. Onun gelişiyle beraber Abdullah ibn Ubeyy bin Selûl için siyasi idarecilik kapısı kapanmış oldu.

Resûlullah (sav), oy birliğiyle Müslüman olanların da olmayanların da idarecisi seçildi. Bu sebeple Abdullah ibn Ubeyy bin Selûl'un tüm siyasi kariyeri yıldırım hızıyla yerle bir oldu. Önünde iki seçenek vardı, bunlardan biri, direkt Resûlullah'a (sav) düşman olup kendi idaresini ilan ederek taraftar toplamaktı. Fakat çoğunluk Resûlullah'la (sav) beraber olduğu için onun karşısında yer almak kaybetmeyi baştan göze almak demekti. İkinci seçenek, Müslüman olarak Resûlullah'ın (sav) safına katılmaktı. Bu şekilde başkan olamasa da yardımcısı olma ihtimali vardı.

Bu planın işlemesi açısından en büyük problem ise Resûlullah'ın (sav) yakınında bulunanların, kendilerinden en çok ödün verenlerden, yaptıkları fedakârlıklarla öne çıkmış Hz. Ebu Bekir (ra), Hz. Ömer (ra), Hz. Ali (ra) gibi sahabilerden oluşmasıydı. Hepsi Mekkeli'ydi. Hâlbuki o zamanki Araplar siyasi liderlerin o bölge insanı arasından gelmesini önemsiyorlardı. Günümüzdeki siyasetçiler de yönettikleri bölgelerin yerlisi olduklarını özellikle vurgularlar. Oysa Medine'de durum beklenenden farklıydı; Medine'nin lideri de yakın çevresi de muhacir denilen göçmenlerden oluşuyordu. Bu sebeple Abdullah ibn Ubeyy bin Selûl'un başkan yardımcısı olma çabaları sonuç vermedi. Çünkü Resûlullah'a (sav) yaklaşmanın tek yolu çok fazla fedakârlık yapmak, kendini ortaya koyup kanıtlamaktı. Onun yakınındaki insanlar 13 senedir kendilerini ispat etmiş kişilerdi. Medine yeni bir başlangıçtı, her şey çok yeniydi. Henüz Bedir Gazvesi bile olmamıştı. Abdullah ibn Ubeyy bin Selûl kendini ortaya koyamamıştı.

Peki o ne yapıyordu?

Her zaman namaza erkenden geliyor, her vakit en ön safta yerini alıyordu. Resûlullah (sav) ne zaman bir duyuru yapacak olsa Ondan (sav) önce kalkıp insanları ikaz ediyor, "Herkes dinlesin, şimdi Resûlullah (sav) konuşacak." diyor, bu şekilde göz önünde olarak dikkat çekmek istiyordu. Aslında Resûlullah'tan (sav) nefret ediyordu. Çünkü siyasi kariyeri Onun (sav) eliyle sona ermişti.

Siyasetçiler meydanlarda nutuk atmayı severler ama bir savaş durumu söz konusu olduğunda ne onları ne de yakınlarını savaş meydanlarında görebilirsiniz. Bedir Gazvesi başlamak üzereydi. Bu sırada Abdullah ibn Ubeyy bin Selûl fedakârlık yapmak yerine siyaset yapmayı tercih etti. Çünkü fedakârlığı alt sınıflar yapardı, o ise toplumun elit tabakasına mensup bir soyluydu.

Hâlbuki İslam, toplumda alt sınıf-üst sınıf ayrımı yapılmasını istemiyordu. Müslüman olmaları sebebiyle herkes eşitti. Eskiden kabile liderlerine özel önem verilir, onlara saygıda kusur edilmezdi. Oturacakları yerler bile özeldi. Aslında günümüzde de bu zihniyet devam ediyor. Bugün biz de bir kamyon şoförü ile bir CEO'nun aynı yerde oturduğunu görmeyiz. Toplum içerisindeki sınıf farklılıkları bugün de açıkça gözümüze çarpıyor. İnsanlar artık kimseye selam bile vermiyor. VIP uygulamalarıyla tamamen bir ayrışma söz konusu oluyor. Hâlbuki namazda aynı safta bulunmanın amacı siyah-beyaz, hür-köle, fakir-zengin, genç-yaşlı herkesin sınıf farkı olmaksızın kardeşçe yan yana durmasıdır. Onlar her şeyi arkada bırakanlardır.

Sınıf sistemini zihinlerinden çıkarmak bazıları için oldukça zordur. Bu Abdullah ibn Ubeyy bin Selûl için olduğu kadar etrafındaki insanlar için de zordu. Çünkü İslam'ın inananları eşitleyici öğretisiyle namaz saflarında yanlarında bir gün Hz. Bilal (ra), başka gün bir köle duruyordu.

Neden?

Kur'ân diyor ki: "Ve bizden aşağı olan kimselerden başkasının da sana tâbî olduğunu görmüyoruz." (Hûd, 27)

"Bunlar ikinci sınıf, neden yanımızda saf tutuyorlar?"

Bunlar o zamanki kâfirlerin Hz. Nuh'a (as), Hz. Salih'e (as) söylediği sözlerdi: "Biz ne dediğini dinlemek istiyoruz, ama sorun şu ki her zaman etrafında alt tabakadan insanlar var." Onların da peygamberlere karşı tutumları aynıydı.

Bunun günümüzdeki versiyonu; "Lüks bir restoranda ya da güzel, zarif bir ortamda görüşebiliriz. Ben senin yoksul mahallene gelip oralarda görünmek istemem. Bu bana yakışmaz." şeklindedir.

Bunlar birinci tür münafık kategorisinde yer alan insanlardı. İslam'dan emin oldukları, İslam'ı sevdikleri için değil, siyasi kariyerlerini korumalarının tek yolu bu olduğu için ve eninde sonunda işler belki tersine döner umuduyla İslam olmuşlardı. Şöyle diyorlardı: "Dostlarını yakın, düşmanlarını daha yakın tut." Düşünce buydu. Bu sebeple düşmanları olan Resûlullah'ı (sav) kendilerine daha yakın tutmak istemişlerdi. Evet, münafıklığın kategorilerinden biri buydu.

Allah'ın (cc) beyânâtı muazzam ve geniş kapsamlıdır. O kadar ayrıntılıdır ki aynı beyânla birçok grup hedeflenir. Bu Kur'ân'ın güzelliklerindendir. Bir öğretmen düşünelim. Çeşitli hatalar yapan öğrencileri olsun. Bir öğrencisi sıfır almış, diğeri ödevini yapmamış, diğeri derse geç kalmış, diğeri çok konuşarak sınıfı rahatsız etmiş olsun. Öğretmen, "Bazılarınızın başı fena hâlde dertte!" diyor. Öğretmen bu cümleyle kimi kastediyor olabilir? Hata yapıp suç işleyen herkes, "Aman Allah'ım, kesin benim başım dertte!" diye düşünür. Herkes başı dertte olanı kendisi zanneder. Beyânâtın hikmeti bazı şeyleri genellemektir ki toplumun çoğunluğunu ilgilendirsin.

Diğer bir grup münafık ise İslam'ı kabul etmiş fakat bunun ne kadar ciddi bir tercih olduğunun farkında değildir. Bunu anlamak için İslam'ı o gün yaşamakla bugün yaşamak arasında devasa bir fark olduğunu görmemiz lazım. Bugün Avrupa veya Amerika'da yaşayan biri tek başına bir apartman dairesinde bile YouTube'a girip İslam'ı anlatan hocalardan birinin videosunu izleyerek Müslüman olmaya karar verebilir. En yakın mescide gidip orada şehadet getirir.

Peki hayatında ne gibi değişiklikler olur?

Artık hayatında domuz eti yoktur! Günde beş vakit namaz kılması, bunun için sabah erkenden kalkması, Ramazan ayında oruç tutması lazımdır. Fakat İslam'ın ilk zamanlarında Medine'de yaşayaan birinin İslam'ı kabul ettiğinde sadece domuz eti yemeyi veya içki içmeyi terk etmesi yetmiyordu. Sadece Ramazan'da oruç tutması, kılması yetmiyordu. O dönemde İslam'ı kabul etmek demek, bir mücadeleye katılmak ve direkt olarak Kureyş kabilesinin karşısına geçmek demekti. Müslümanlar Arabistan'daki en büyük kabilenin düşmanı hâline gelmiş, bölgedeki en kuvvetli güce karşı savaş ilan etmişlerdi. Şehadet getirmek Kureyş'le savaşmayı göze almak anlamına geliyordu. Şehadet de bununla beraber gelecekti. Sahabenin başı Mekkelilerle dertteydi. Niçin durduk yere başlarına böyle büyük bir dert almışlardı? Henüz helal, haram yeme ayeti inmemişti. Müslümanlar Kureyşlilerle mücadele ederken beş vakit namaz bile henüz farz olmamıştı. Faiz hukuku yoktu. Oruç yoktu. Kıyafet sınırlamaları yoktu.

Neden böyle bir mücadele içine girmişlerdi? Çünkü birinin İslam'ı kabul etmesi demek, Resûlullah'a (sav) bağlılığını ilan etmesi, kabilesinin yozlaşmış inançlarını ve onların ibadet ettiği putları reddetmesi demekti. Bu bir muhalefetti. O zaman İslam'ı kabul etmek bir mücadeleye katılmaktı. Sadece bir dini kabul etmiyor, bir akıma katılıyorlardı. Bu insanlar İslam'ı gördüler ve mantıklı buldular: Tek bir ilah var, vahiy var, daha önce hiç duymadıkları çok güzel kelimeler var. Her şey çok mantıklı; iç dünyalarını ve fıtratlarını cezbediyor.

İslam'ı kabul ederek bu dine bağlanıyorlardı. Fakat sonra Allah (cc) yolunda mallarından harcama, Allah (cc) yolunda hicret, cihad çağrısı yapılıyordu. Mücadele edecek bir ordu gerekiyordu.

Resûlullah (sav) İslam'ı henüz kabul edenlerin orduya katılmalarını istediğinde bu, sadece iman edenlerin bir kısmına zor geldi. O dönemdeki Müslümanların birçoğu çiftçiydi, ellerinde savaşıp kendilerini koruyacakları kılıçlar yoktu. Savaşmak için gönüllü olmaları bekleniyordu ve onlar İslam'ı yürekten kabul ettiler. Ama içlerinden bazıları mallarından ve gerektiğinde canlarından fedakârlık yapmaları gerektiğini görünce tereddüt içine düşüp geri adım attı. Bu sırada Abdullah ibn Ubeyy bin Selûl bu insanları küçük gruplar hâlinde bir araya toplayarak onlara içlerindeki şüpheleri büyütecek konuşmalar yapmaya başladı. İmanları zayıf olanlar bu şekilde nifaka düşüyorlardı.

Medine Yahudileri

Medine'de yaşayan Yahudiler de iki kategoriye ayrılmıştı.

Birinci gruptakiler, gelecek peygamberin vasıflarını kendi kitaplarından bildikleri için Resûlullah'ı (sav) anında tanımış ve dehşete düşmüşlerdi.

Neden?

Yahudilerin kendilerine hutbe okuyan, ders anlatan, dinlerini öğreten, fetva veren hahamları vardı. Yahudi kabileleri dinî konuları danışmak için hahamlarına gidiyorlardı. Eğer hahamlar Resûlullah'ı (sav) bekledikleri son peygamber olarak kabul ederlerse bir daha kimse onlara fetva sormayacak, derslerine katılmayacak; sinagoglar dolmayacaktı. Hahamlar hocalık mertebesinden Resûlullah'ın (sav) talebeleri seviyesine düşecek, Onun (sav) sözlerini dinleyeceklerdi. Çünkü bu din "İşittik ve itaat ettik." (Bakara, 286) demeyi emrediyordu. Bu da demek oluyordu ki din adamlarının sahip olduğu sosyal statü yerle bir olacak, toplumdaki şöhretleri bir anda yok olacak, hiçbir değerleri kalmayacaktı.

Bu konu din psikolojisinde incelenen mevzulardan biridir. Herhangi bir dine mensup olan insanlar vaaz verip dinî konuları öğrettiklerinde ruhban sınıfına mensup olurlar ve artık sözleri itibar görür. Siyasette de aynı mekanizma işler. Siyasetçiler insanlara etki edebilir. Dindar liderlerin de insanlar üzerinde etkisi vardır. Bu yüzden ahlakî çöküş içinde olan dindarlar siyasetçilerle yakın ilişki içine girer.

Dindar insanlar topluma tesir eder. Etki alanları arttığı zaman bazıları statülerinden dolayı bu durumdan maddi menfaat de sağlayabilir. Para mukabilinde insanlara duymak istedikleri çeşitli fetva ve hükümler verebilir, toplumun ilgisini kazanmak için dinin içeriğini bile değiştirebilirler. Hahamlar da böyle yapıyordu. Hak olduğunu bildikleri bu peygamberi kabul ederlerse kendi kontrolleri altındaki topluluklar da onlarla birlikte bekledikleri son peygamber olarak Resûlullah'a (sav) tabi olacaklardı. Yani maddi kazanç elde ettikleri tezgâh mahvolacaktı. Bu sadece Medine'de yaşayan Yahudi toplulukları için geçerli bir durum değildi. Belirli bir güce sahip olan dinî liderler, herhangi bir dini kolaylıkla sömürebilirler.

Kaybetmekten korkanların yapacağı ilk şey, diğer tarafın dalalet ve sapıklık içinde olduğu söylemini yaymaktır. Yahudilerin liderleri de öyle yaptı; hutbelerinde, vaazlarında, kendi içsel müzakerelerinde "Müslümanlar hakkında dikkatli olun! Onu (sav) dinlemeyin!" demeye başladılar.

İkinci grup ise toplumda yaşayan sıradan Yahudilerdi. Bunlar Yahudiliği hutbelerden, din adamlarının sohbetlerinden duydukları kadar biliyorlardı. Resûlullah'ı (sav) dinlediklerinde, "Hahamlar hutbelerinde, gelecek olan bir peygamberin özelliklerinden bahsetmişlerdi. Şu şu işaretler gerçekleştiğinde son peygamberin geleceğini söylemişlerdi. Bu peygamber tüm işaretlere uyuyor. Aman Allah'ım, yoksa O (sav) son peygamber mi? Bunlar tam da bizim öğrendiğimiz şeyler! Bence beklediğimiz son peygamber O (sav)!" diyerek hahamlara gidiyorlardı. Ancak hahamlar onlara;

"Müslümanlarla konuşmayın! Onlarla uyuştuğunuz şeyler olduğunu söylemeyin! Bunları daha önceden bildiğinizi sakın belli etmeyin! Yoksa onların söylediklerini kabul etmek zorunda kalırsınız. Kabul ederseniz de savaşa katılmak zorunda kalırsınız ve öldürülürsünüz. Hiçbir şey söylemeseniz daha iyi, yoksa kıyamet günü Allah (cc) bunları kabul ettiğiniz için sizi suçlar. Hiçbir şey bilmiyormuş gibi davranın, sakın oraya bir daha gitmeyin. Çünkü kabul ederseniz, sorumlu tutulursunuz." diyorlardı.

Günümüzde de "İslam'la ilgili bir şey öğrenmiyorum, çünkü öğrenirsem sorumlu tutulurum." diyen bazı Müslümanlar vardır. Bunlar öğrenmemeyi tercih eder, bilgisizliğin mutluluk getireceğine inanırlar. Bu söylemlerin, Yahudi hahamların halka verdiği tavsiyeden hiçbir farkı yoktur.

Bunlar Resûlullah'tan (sav) duyduklarının kendi bildikleriyle örtüştüğünü gören, Medine'de yaşayan Yahudi topluluklarıydı. İslam'ı peşin peşin reddetmediler, onun yerine Müslümanlara hemen hemen şöyle diyorlardı: "Dinleyin! Biz neredeyse aynıyız, siz de biz de Allah'a inanıyoruz. Pek çok ortak noktamız var, biz büyük, mutlu bir aileyiz. Hepimiz cennete gireceğiz!"

Onların bu sözlerinde yok saydıkları çok önemli bir nokta vardı: Onlar Resûlullah'a (sav) inanmayı atlıyorlardı. Allah'a (cc) ve ahiret hayatı gibi bir şeye inandıklarını söylüyorlardı ama peygamber hakkında hiçbir şey söylemiyorlardı. Çünkü Hz. Peygamber'i (sav) kabul ederlerse itaat etmeleri ve fedakârlık göstermeleri gerekecekti.

Müslümanlarla paylaştıkları ortak noktalar üzerinden bir söylem ileri sürenler, Medine'de bulunan bir başka münafık grubuydu. Bunlar sahip olduklarını yeterli görüp bunu imanlarına delil gösteren Yahudilerdi. "İnsanlardan bazıları vardır ki inanmadıkları hâlde Allah'a ve ahiret gününe inandık derler." (Bakara, 8) Onlar kesinlikle inananlar değildir.

Nüanslarıyla Ayetler

وَمِنَ النَّاسِ مَنْ يَقُولُ اٰمَنَّا بِاللّٰهِ وَبِالْيَوْمِ الْاٰخِرِ وَمَا هُمْ بِمُؤْمِن۪ينَ

"İnsanlardan bazıları da vardır ki inanmadıkları halde "Allah'a ve âhiret gününe inandık" derler."

(Bakara, 2/8)

"وَمِنَ النَّاسِ مَنْ يَقُولُ"

"İnsanlardan bazıları derler"

Ayette kastedilen iman edenlerden değil insanlardan bir kısmıdır. Dolayısıyla daha kapsamlı bir manaya işaret vardır. Ayet; İslam'ı kabul eden münafıkları, Yahudi toplulukları içerisinde bulunan ve "Hayır, hayır; biz sadece sizin gibi inananlarız, hepimiz aynıyız." diyen münafıkları da kapsar. Ayetin devamındaki "*men*" ifadesi Arapçada belirsiz isimler için kullanılan ism-i mevsuldür. Kur'ân'da "*men yekûlü*" "Birisi diyor." manasında belirsiz olarak kullanılır. Burada, belirli isimler için kullanılan bir ism-i mevsul olan "*ellezîne*" kullanılmamıştır. Çünkü o zaman "*ellezîne yekûlune*" ifadesi ile spesifik bir grup kastedilmiş olurdu. Ama Allah (cc) o insanları gizli tutmak istiyor, kim olduklarını açığa çıkarmak istemiyor. Kur'ân'da münafıkların isimleriyle zikredilmemesi sünnetullahtır. Ebû Leheb, Firavun gibi kâfirler Kur'ân'da zikredilir ama münafıklar zikredilmez.

Allah'ın (cc) sünnetleri kıyamet gününe kadar devam edecektir. Hiçbir inanan veya inanmayan, başka bir insan tarafından "münafık" olarak nitelendirilmesin diye Kur'ân, münafıkları zikretmez. Benim hiç kimseye münafık deme hakkım yok. Allah (cc) "Kalplerinde münafıklıktan kaynaklanan bir hastalık vardır." (Bakara, 10) diyor.

Dışarıdan görünen semptomlara göre yanlış teşhis koyma ihtimali her zaman vardır. Kalbin içinde ne olduğunu sadece kişinin kendisi ve Allah (cc) bilir. Bu da demek oluyor ki gözümle ne görmüş olursam olayım bu bana başkasına münafık deme hakkını vermez.

O zaman münafıklığı öğrenmenin ne anlamı var?

Münafıklığı anlamaya çalışmamızın yegâne sebebi, aynanın karşısına geçip "Bende bu hastalık var mı?" dememiz içindir. Resûlullah'ın (sav), "Dört huy vardır ki bunlar kimde bulunursa o kişi tam münâfık olur. Kimde de bu huylardan biri bulunursa, onu terk edinceye kadar o kişide münâfıklıktan bir sıfat bulunmuş olur:

Kendisine bir şey emanet edildiği zaman ona ihanet eder. Konuştuğunda yalan söyler. Söz verince sözünden döner. Düşmanlıkta haddi aşar, haksızlık yapar." (Buhârî, Îmân 24, Mezâlim 17, Cizye 17; Müslim, îmân 106.) demesinin sebebi de dönüp kendi içimize bakmamız içindir.

"*En-nâs*" kelimesi hem Müslümanları hem Müslüman olmayanları kapsar. "*Men yekûlu*" ifadesinin geniş zaman olarak kullanılması konuşanın belli bir zamana has olarak konuşmadığını, konuşmanın tekerrür ettiğini gösterir.

Hiç kimse imanını, Allah'a (cc) ve kıyamet gününe olan inancını sürekli ifade etmek zorunda değildir. Sürekli "Biliyor musun ben Allah'a gerçekten inanıyorum, ahirete olan imanım o kadar güçlü ki!" diyen birini gördüğümüzde, "Niye sürekli bunu söylüyor? Ona inanmadığımı mı sanıyor? Neden bana kalbinde olan şeyi söyleme ihtiyacı hissediyor?" diye düşünürüz. Çünkü iman insanın kalbindedir, kişinin bunu sürekli diliyle ikrar etmesine gerek yoktur. Hz. Ömer (ra) her gün Resûlullah'a (sav) gelip "Ya Resûlallah (sav)! Allah'a ve ahiret gününe iman ediyorum, bunu bilmeni istedim!" demiyordu. Bir insan bunu ne zaman yapar? Bir çocuk ne zaman ailesine gelip, "Ödevimi yaptım, bitirdim, duydunuz mu? Bitti." der. Ödevini yapmamıştır, onların kontrol etmesini de istemez çünkü ödevini yapmadığının anlaşılmasından korkar. Bu, suçluluk hissi ve bir çeşit paranoyadır. Birinin bu türden bir paranoyası varsa hatasının teşhir edileceğini zanneder ve kendisine hiçbir şey sorulmadan açıklama yapma ihtiyacı hisseder. Veya çocuğunuzun odasına girersiniz, siz hiçbir şey sormadan hemen "Ben bir şey yapmadım!" der. Bu aslında onun bir şeyler yaptığı anlamına gelir.

Münafıklar alışılagelmişin dışında durmadan "Tabii ki Allah'a ve ahiret gününe inanıyoruz." derler, çünkü onlar "Her (kuvvetli) sesi (nifaklarından dolayı) kendi aleyhlerinde sanırlar." (Münafikûn, 4). Bu psikoloji Kur'ân'da güçlü bir şekilde işlenir.

Bir topluluk karşısında konuşurken "Ölçüde ve tartıda hile yapanların vay hâline!" (Mutaffifîn, 1) ayetini okuduğum zaman dinleyicilerden biri ona baktığım zannıyla endişeye kapılmıştı. Ben ona bakmıyordum ama adam ona baktığımdan o kadar emindi ki... Belki daha yeni bir müşterisini aldatmış, içinde bir suçluluk duygusu taşıyordu. Ağzımızdan çıkan her cümleyi kendi aleyhine bir delil saymıştı. Bu tarz davranışlar insanı paranoyaklaştırır.

Münafıklar "Allah, onların kalplerini ve kulaklarını mühürlemiştir, gözlerinin üzerinde perdeler vardır. Büyük azab onlar içindir." (Bakara, 7) ayetini duydukları zaman kendilerini savunma ihtiyacı hisseder ve "Hayır biz Allah'a ve ahiret gününe inanıyoruz." derler.

"اٰمَنَّا بِاللّٰهِ وَبِالْيَوْمِ الْاٰخِرِ"

"Allah'a ve âhiret gününe inandık."

Ayette Arapça grameri açısından iki defa arka arkaya "ب" "*be*" harf-i ceri kullanmaya ihtiyaç yoktur. Bu kullanım ifadeye vurgu katar, cümle "Tabii ki, şüphesiz ahiret gününe inanıyoruz!" manasına gelir. Bunun sebebi ise kendilerini göstermek ve paranoyalarını ortadan kaldırmaktır.

İbn Âşûr der ki: "Allah (cc) ayete neden *'ve mine'n nâsi'* 'insanlardan bazıları' ifadesiyle başladı?" Aynı kullanım sayfalar boyunca bu şekilde devam ediyor. Bu, Arapça cümle yapısında çok alışık olmadığımız bir kullanımdır. Neden

"İnsanlardan bazıları?" deniyor? Bunun yerine direkt "İnsanlar söylüyor." diyebilirdi ama öyle demiyor. Bu aslında bir hitabet sanatı, bir çeşit beyandır.

Kimseye gidip "Ey insan!" diye hitap etmeyiz. Ama biri hakkında "Adama bak!" diyorsak bu ifade içerisinde kızgınlık ve onaylamama hâli taşır. Allah (cc) "İnsanlardan bazıları" dediğinde bu, bir gruba duyduğu kızgınlığın ifadesidir.

Onlar sonra gelip, *"men yekûlü âmennâ billâhi"* "Allah'a tabii ki iman ediyoruz." diyorlar. *"Men yekûlü"* kelime öbeği bunu söyleyenin bir kimse veya bir grup olabileceğini gösterir. Arapçada *"Men yekûlûne"* demek de uygundur. Çoğul yapmak isterseniz fiili çoğul olarak kullanabilirsiniz. Ama burada fiil çoğul olarak kullanılmamış, tekil kullanılmış. Bir adam geldiğinde "**Biz** inanıyoruz." demez, "**Ben** inanıyorum." der. Bu sebeple ayetteki ifadenin *"âmentü billâhi" yani* "**Ben** Allah'a inanıyorum." şeklinde olmasını bekleriz hâlbuki ayette *"âmennâ billâhi"* "**Biz** Allah'a iman ettik." der. "İnsanlardan bazıları iman ettik, der." şeklindedir, "ben" yerine "biz" zamiri kullanılır. Neden? Çünkü adam çoğunluğun arasına karışıp fark edilmemek istiyor. "Tek benim imanıma bakma, hepimizin imanı var! Görüyor musun, hepimiz Müslüman'ız?" Yani "Hepimiz büyük mutlu bir aileyiz, ben de grubun dışında değilim, sizin bir parçanızım!" demeye çalışıyor.

İbn Âşûr'un diğer bir yorumuna göre *"âmennâ billâhi ve bi'l yevmi'l âhiri"* ayeti Yahudilerden de bahsediyor olabilir. Bu insanların önceden Allah'a (cc) inançları vardı. Kur'ân onların ahirete iman etmemesini eleştiriyor. Onlar sanki hep inanıyormuş gibi "Hayır, biz Allah'a inandık! Tabii ki ahirete de!" diyorlardı. Bu yüzden geçmiş zaman kullanılmış. Adeta

Resûlullah'ı (sav) avutmaya çalışır gibi "O kadar çok ahireti vurgulamana gerek yok ki, zaten anladık." "Biz, zaten bize indirilene iman ederiz." (Bakara, 91) diyorlar.

"وَمَا هُمْ بِمُؤْمِنِينَ"

"Onlar inananlar değildir."

Surenin başında Allah'a (cc) iman ve ahirete iman olmak üzere iki çeşit imandan bahsediliyor. İbn Âşûr tefsirinde, "Onlar Allah'a, Resûl'üne (sav) ve ahirete inanıyoruz diyemiyorlar. Bunu söyleyemiyorlar. Çünkü bu onlar için çok ağır bir şey." diyor. Resûlullah'a (sav) karşı çok fazla nefretleri var ama nefretlerini gösteremedikleri için yüzlerinde bir gülümsemeyle aralarındaki ortak noktaları konuşuyorlar. Kendilerini saklayabildikleri kadar saklıyorlar. Yahudilerin önde gelenleri Allah'a (cc) ve Resûlullah'a (sav) çok öfkeliydi, çünkü son vahyin İsrailoğullarına gelmesini bekliyorlardı. Ama onlara göre vahiy, "İsmail'in (as) Musevî olmayan lanetli çocukları Araplara" gelmişti. Kendi literatürlerinde durumu aynen böyle tasvir ediyorlardı. Asırlar boyunca geliştirdikleri nefret söylemleriyle Araplara karşı dinle ilişkili bir nefret oluşturmuşlardı. Onlara göre tüm Araplar İsmail'in (as) çocuklarıydı ve İsmail'in (as) kendisi de Allah (cc) tarafından "lanetlenmiş"ti. Dolayısıyla onun tüm çocukları da lanetliydi. Günümüzde Protestanlar da bu uydurulmuş düşüncelere inanıyor ve bununla ilgili vaazlar veriyorlar. Bu nefret söyleminin kökleri çok eski tarihlere uzanır. Kendi kutsal metinleri bu nefretin nesilden nesle aktarılmasını sağlamıştır.

Surenin sıralamasına dikkat edersek önce inananlar ve inanmayanlar, şimdi de üçüncü bir başlıkta münafıklar anlatılıyor diye düşünebiliriz. Bu konuda bazı ulema diyor ki: "Esasında iki grup var, inananlar ve inanmayanlar. Münafıklar da bu ikinci gruba dâhil. Aralarındaki tek fark, onların inançsızlığının bu dünyada teşhir edilmiyor olması. Onların imansızlığı ahiret gününde meydana çıkacak." Ahirette bile iman edenlerle birlikte yürümek isteyecekler. İnananlarla aralarına mesafe girince, "Biz de dünyada sizinle birlikte değil miydik?" (Hadîd, 14) diyecekler. Sonra onlara "Hayır!"denilecek, "Değildiniz." Münafıkların hakikati budur.

İbn Âşûr, Allah'ın (cc) detaylı bir şekilde niçin bu münafık grubuyla ilgili ayet vahyettiğini merak ederek diyor ki: "Eğer Allah sadece iman eden ve iman etmeyenlerle ilgili konuşsaydı ve insanlar sadece bu ayetleri duysaydı o zaman herhangi birinin iman iddiası yeterli olacaktı." Küfredenler kategorisinde olmadıkları aşikâr olacağı için münafıklar, kendilerini iman edenler kategorisine mensup göreceklerdi. Ama aslında "küfredenler" kategorisinin içinde bir de "münafıklar" grubu vardır. İnsanlar, Allah'ın (cc) münafıkları kâfir kategorisine koyduğundan emin olsun ve kendilerini güvende hissetmesinler diye bu konunun iyice açıklanması gerekiyordu.

Diğer taraftan, konunun bir başka yönü daha vardır. "*vemâ hum bimü'minîn*" "Onlar inananlar değildir." Arapçada onların inanmadıklarını "*leysû mü'minîn*" diyerek kolayca ifade edebilirsiniz. Biraz daha kuvvetli bir ifadeyle "*lem yu'minû*" da diyebilirsiniz. "*Lâ yu'minûne*" de diyebilirsiniz. Veya "*leysû bimü'minîne*" diyerek ifadeye güçlü bir vurgu da katabilirsiniz. "*Mâ hum mü'minîn*" diyebilirsiniz, hatta "*mâ hum bimü'minîn*" de diyebilirsiniz. Bunlar onların inanmadıklarını ifade etmenin çeşitli yollarıdır. Fakat içlerinde en kuvvetli olumsuzluk ifadesi *"mâ hum bimü'minîn"*dir. Onlar kesinlikle iman edenler değillerdir. İnanmış olmaları imkânsız. En güçlü olumsuzlama budur.

Allah (cc), "mü'minîn" kelimesini kullandığı zaman tamamıyla bambaşka bir hikmet sayfası açıyor. İman, dilinizdeki iman ve kalbinizdeki iman olmak üzere iki türlüdür. Dildeki iman duyulup yargılanabilir ama kalpteki iman duyulup yargılanamaz. Bazen dilden çıkan iman söylemi ile kalpteki iman bağlantılı olmaz. Allah (cc) Kur'ân'da, *"mü'minun"* kelimesi ile kalplerin içindekini kapsayan bir imandan bahseder. Tipik olarak dilinizde olan ise *"müslim"* kelimesidir. Bir kimsenin Müslüman olup olmadığı bizim bilebileceğimiz bir şeydir. İmanını ise biz bilemeyiz. Çünkü iman kalptedir. İslam'a mensup olursun ya da olmazsın. İkisinin ortası yoktur. Kişi ya Müslüman'dır ya da kâfir. Ama iman öyle değil. İman kaptaki su gibidir. Bazen dolu bazen boştur, bazen bitecek gibidir bazen geriye damlalar kalmıştır, bazen yeniden dolar bazen su kirlenir ve temizlemek gerekir. Bu sebeple iman ya vardır ya yoktur diyemeyiz.

Resûlullah (sav) "İman yetmiş küsur bölümdür; en üstte 'Allah'tan başka ilâh yoktur' sözünü kabul etmek ve en altta 'İnsanlara sıkıntı veren bir nesneyi yoldan kaldırmak.' bulunmaktadır, haya da imanın bir parçasıdır." (Buhari, Îmân, 3) buyurur. "İnsanlara sıkıntı veren bir nesneyi yoldan kaldırmak" da iman alametidir. İnsan bir taşı yoldan kaldırırsa imanı birkaç damla artar, kaldırmazsa sabit kalır veya birkaç damla eksilir. Biri kardeşine gülümserse imanı artar. Bu, kişinin içinde ne olduğunun göstergesidir. Salih amel işledikçe kalp o kadar imanla dolar. Salih amel azaldıkça iman kalpten yavaş yavaş akıp kaybolur. İmanı elimizde tutamayız. Biyolojik kalbimiz de asla stabil kalmaz; sürekli kan pompalar. İmanın mahalli kalptir. Doldurdukça boşalabilir. Bu sebeple durmadan doldurmak gerekir. Doldurulmadığı an boşalmaya, tükenmeye başlar. Allah (cc) ayette "*vemâ hum bimü'minîn*" buyuruyor, "*vemâ hum bimüslimîn*" demiyor. Yani bu hüküm, onların imanlarının durumu hakkında kalplerde olup bitenlerden haber veriyor.

Kur'ân'da Müslüman'ın zıddının kâfir olduğundan haber verilir. Aynı şekilde imanın zıddı da küfürdür. Allah (cc) bazen küfrünü gösteren kâfirlerden bahseder, bu da İslam'ın zıddıdır. Başka yerlerde Allah (cc) kalbin tamamen imandan yoksun olmasından da bahseder, dışarıdan nasıl görünürse görünsün bu durumda kalpteki iman bitmiştir. Bu da imanın zıddı olan küfürdür.

Allah (cc), Bakara Suresi'nin başındaki ayette kâfirler için "Allah onların kalplerini mühürlemiştir." (Bakara, 7) diyor. Bu küfür, imanın zıddıdır. Allah (cc) "Onlar inananlar değildir." (Bakara, 8) diyerek kalplerdeki küfürleri anlatır. İçlerinde iman yoktur.

Mescide girerken gördüğümüz insanlar Müslüman'dır. Onlar hakkındaki varsayımımız mü'min oldukları yönündedir. Kur'ân insanları sadece Müslüman olarak değil, mü'min yani kalpten iman etmiş olanlar diye kabul etmemizi ister. Onlar iyi insanlardır. Mü'min olmak çok daha üst bir seviyededir.

Önce İslam, sonra iman, en son da ihsan. Allah (cc) "Size selam veren kimseye, dünya hayatının geçici menfaatine (ganimete) göz dikerek, 'Sen mü'min değilsin.' demeyin." (Nîsa, 94) diyor. Onlara kalplerinde iman yok demeyin. Selam verdiği sürece imanı konusunda kimse yargılanamaz. Çünkü o bir iman alametidir. Bir kimse çok az bir iman alameti gösterse bile bu onun imanına delalet sayılır. Kişilerin münafık olduğunu düşünmeme sorumluluğumuz vardır. Mü'mine düşen hüsn-ü zan ederek kişinin iman sahibi olduğunu düşünmektir.

İman, belli bir seviyeye düşünce tehlikeli bir şekilde münafıklığa yaklaşılabilir. İman ne kadar azalırsa nifak ve münafıklığa o kadar yaklaşılır. Çünkü nifak da kalptedir. Yeterli iman olmazsa nifak kalbi doldurur. Bu yüzden nifaka girmemek için kalpteki imanı belli bir seviyede tutmak gerekir.

Aldatan Kim? Aldanan Kim?

يُخَادِعُونَ اللّٰهَ وَالَّذٖينَ اٰمَنُوا وَمَا يَخْدَعُونَ اِلَّٓا اَنْفُسَهُمْ وَمَا يَشْعُرُونَ

"Allah'ı ve mü'minleri aldatmaya çalışırlar. Oysa sadece kendilerini aldatırlar da farkında değillerdir."

(Bakara, 2/9)

Bakara Suresi, 9-12. ayetleri münafıklar ve Yahudi toplumu üzerinden anlamaya gayret edeceğiz.

Peygamber'in (sav) Allah'ın (cc) emriyle nebi olduğunu açıklaması üzerine Mekke'de doğal olarak üç tepki ortaya çıktı. Birincisi Onun (sav) söylediklerini kabul eden ve karşılarına ne çıkarsa çıksın göğüs germeye hazır, geri adım atmaya razı olmayan gruptu. Bu, onların aileleriyle kavga edecekleri, toplumla fikir ayrılığına düşecekleri, işlerini kaybedecekleri, miraslarını yitirecekleri, evlerinden olacakları, can güvenliklerini kaybedecekleri anlamına geliyordu. Nitekim işkence gördüler, dövüldüler ama İslam'dan geri adım atmaya razı olmadılar.

İkinci tepki; ne olursa olsun İslam'ı kabul etmeye yanaşmayanların tutumuydu. Nitekim bu kişiler sadece kabul etmemekle kalmayıp bu davetle alay edecek, Resûlullah (sav) için "Belki delirmiştir ya da uyduruyordur." "Esas niyetini bilmiyoruz. Belki bir şairdir ya da politik güç elde etmek istiyordur." diyecek ve nihayetinde Müslüman olan, İslam'ı kabul eden herkesi gözü kapalı hasım sayıp İslam'ın en katı düşmanları olacaklardı. Onlar Peygamber'in (sav) tebliğ ettiklerinin tek bir kelimesini bile duymak istemez ve İslam'ı temsil eden her şeyden mutlak manada nefret ederlerdi. Bir tarafta Allah'ın dinine sonsuz sevgi duyanlar, öte tarafta Allah'ın dininden aşırı nefret edenler vardı.

Bunlardan başka bir grup daha vardı ki "arabuluculuk" rolü üstlenerek toplumdaki kutuplaşmayı ortadan kaldırmak istiyorlardı. Onlara göre tarafların tüm isteklerinin gerçekleşmesi mümkün değildi, her iki taraf da bazı tavizler verirse uzlaşmaya varılabilirdi. Bu sebeple onları bir şeylerden vazgeçirelim, bunlara da bir şeyleri kabul ettirelim diyerek Peygamber'e (sav) şöyle bir teklif yaptılar: "Gündüzleri sizin ilahınıza taparız ama geceleri ne istersek onu yapmamıza izin ver. İkinizin arasında bu işi hallediverelim. Çünkü biz Kâbe'yi seviyoruz ve putlarımızı orada istiyoruz. Sen de Kâbe'yi istiyorsun. Aramızda pazarlık yapalım." dediler.

Kur'ân bu orta grup konusunda şöyle yorum yapar: "Onlar isterler ki, sen yumuşak davranasın da onlar da sana yumuşak davransınlar." (Kalem, 9) Peygamber'in (sav) müsamaha göstermesini istediler. Onlar da müsamaha gösterecekler ve bu şekilde iki tarafı uzlaştıracaklardı. Bu teklifin önemli bir sebebi vardı. Şöyle düşünüyorlardı: "Mekke'de bir iç çatışma çıkarsa, Mekke dışındakiler zayıf olduğumuzu görür ve bize saldırırlar. O zaman Kâbe'nin koruyucusu olamayız. Biz Kâbe'yi de istiyoruz putlarımızı da." Bu yüzden kendilerini birliği sağlamaya mecbur bildiler. Onlara göre bunun yolu da dinlerinden vazgeçmeye razı olmayan Müslümanları ve onların en sert düşmanlarını kaynaştırmaktan geçiyordu.

Peygamber (sav) Medine'ye hicret için yola çıkmadan önce Kureyş'in ileri gelenleri her kabileden bir kişi toplayarak Peygamber'e (sav) suikast girişiminde bulunmuş ama başarısız olmuşlardı. Hicretten sonra da Mekke'de bu tartışmalar hâlâ devam ediyordu. O zamanın statükocuları olarak adlandırabileceğimiz bazıları şöyle diyordu: "Medine'ye kaçtılar, peşlerinden gitmeliyiz, İslam virüsü yayılmadan gidip bu problemi halletmeliyiz..." Buna muhalif olan bir grupsa bu düşünceye karşı çıkıyor ve Müslümanların Medine'ye gidişini dikkate değer bulmuyordu.

Bu tartışmalar devam ederken Mekke'den bir kervan yola çıkmıştı bile. Peygamber (sav) Mekke'den gözünü ayırmıyordu, neler yaptıklarını görmek için Mekke yakınlarına gözcüler yerleştirmişti. Bu gözcülerden biri Mekkeliler tarafından fark edilince bir çatışma patlak verdi. Bu çatışmada Mekkelilerin ticaret kervanı zarara uğradı. Haber Mekke'ye "Müslümanlar ticaret kervanlarından birine saldırı düzenledi." şeklinde ulaşınca Mekkeliler elbirliği ile bir ordu hazırlamaya başladılar.

Hz. Musa ile Peygamberimiz (sav) Arasındaki Paralellikler

Mekke'de Müslümanlara karşı üç tepki oluşmuştu: Aşırı sevgi, aşırı nefret ve tavizle ortayı bulma arzusu. Aynı üç tepki Medine'de de oluştu. Bu tepkileri Hz. Musa'nın (as) hayatında da görebiliriz.

Hz. Musa'nın (as) hayatı da tıpkı Peygamberimizin (sav) hayatı gibi ikiye ayrılır. Peygamberimizin hayatı Mekke ve Medine dönemleri olarak ayrılırken Hz. Musa'nın hayatını Kızıldeniz'in yarılması mucizesinin öncesi ve sonrası diye ayırmak mümkündür. Mucize öncesi dönemde, İsrailoğulları Firavun'un yönetimi altındaydı; mucize sonrası dönemde ise kendilerini yönetmek ve iç problemlerini çözmek zorundaydılar.

Kur'ân'da Resûlullah'tan (sav) "Muhammed" olarak dört defa, "Ahmed" olarak da bir defa bahsedilir. Saf Suresi'nde Ahmed olarak anılan Resûlullah (sav), Âl-i İmran, Ahzab, Muhammed ve Fetih Surelerinde de "Muhammed" olarak zikredilir. Buna karşın Hz. Musa (as) Kur'ân'da yetmişten fazla yerde geçer; deyim yerindeyse her yerdedir.

Müslümanların izlediği yollar ile Yahudiler için vuku bulan olaylar ve onların yaşadıkları arasında derin bir bağ vardır. Ayrıca Resûlullah'la (sav) Hz. Musa'nın (as) yaşamı arasında da paralellikler söz konusudur. Hz. Musa'nın (as) Firavun'la uğraştığı gibi Resûlullah (sav) da Kureyş'le uğraşmıştır. Hz. Musa (as) İsrailoğulları'nın iç problemleriyle, Resûlullah da (sav) münafıklar sebebiyle çıkan sorunlarla ilgilenmek zorunda kalmıştır. Kur'ân'ı öğrenirken bu paralellikleri dikkate almamız gerekir.

Hicret Sonrası Medine

Medineliler Mekkelileri içtenlikle karşılamıştı. "Kendileri zaruret içinde bulunsalar bile onları kendilerine tercih ederler." (Haşr, 9) Bu olağandışı bir durumdu çünkü mülteciler gittikleri hiçbir yerde iyi karşılanmazlar. Medineliler istisnaydı. Resûlullah (sav) ile birlikte hicret edip gelen Müslüman kardeşlerine evlerini verdiler, kendileri aç olsa bile onlarla yiyeceklerini paylaştılar.

Allah (cc) Medinelilerden bahsederken onlara "*ensar*" der. Ensar, "yardım edenler" demektir. Koşulsuz şartsız sunulan bir yardımdı bu. Buna rağmen Peygamberimiz (sav) Ensar'dan Bedir Savaşı'na katılmalarını talep etmekte çok istekli değildi. Onlara "Siz de savaşmak zorundasınız." diye emir vermedi. Peygamberimiz bütün o fedakârlıkları yapan Mekkelilerin savaşa katılmasını bekliyordu fakat bu konuda Ensar'a doğrudan hiçbir şey söylemek istememişti. Peygamberimiz (sav) beliren ve yaklaşan tehlike hakkında konuşurken Ensar'dan biri kalktı ve şöyle dedi: "Belki de bizi kastediyorsun Ya Resûlullah. Hz. Musa'ya, 'Sen ve Rabbin gidin birlikte savaşın, biz burada oturacağız.' (Maide, 24) diyen kavmi gibi olmayacağız. Biz seninleyiz." Canlarını ortaya koyma fedakârlığı gösterdiler.

Yahudilerin liderleri ise bunun tam tersi tepki göstermişlerdi. Peygamber'e (sav) karşı çıkıyor, onun aleyhinde vaazlar veriyorlardı. Peygamberimizle aralarında anlaşma imzalanmış olmasına rağmen Mekkelilerle birlik olup Müslümanlara komplo kuruyorlardı. Medine'deki farklı toplumlar arasında bir barış anlaşması mevcuttu ama bu, aralarında bir fikir çatışması olmadığı anlamına gelmiyordu.

Bu durumu bugün Amerika'daki dinî gruplar arasındaki ilişkilere benzetebiliriz. Örneğin, mescitlerle iyi ilişkiler içinde olan kilise ve sinagoglar vardır. Birbirlerini ziyaret ederler. Liderleri arkadaştır. İmamlar onların rahipleri ve hahamlarıyla bir araya gelir, sorun yaşamazlar. Bir de vazlarında sürekli İslam aleyhinde propaganda yapan, hatta "Kur'ân'ı kendi ellerimizle yakacağız." diyenler vardır. Bu tür kiliselerle mescitler, savaş durumu olmasa da kesinlikle fikrî bir çatışma içerisindedirler. Fikir çatışması devam ederse topyekûn savaşa dönüşebilir ama bu hiçbir zaman ilk adımda savaş olarak başlamaz.

Mekke'de de aynısı olmuştu. Başlangıçta her şey bir fikir çatışmasından ibaretti. Sonra olaylar büyüdü, fiziksel bir çatışmaya dönüştü ve en sonunda çığırından çıktı.

Medine'de olaylar henüz fikir çatışması aşamasındayken Yahudi topluluğunun liderlerinden bazıları İslam'a hararetle karşı çıkıyorlardı; çünkü bu dini kendi otoritelerine karşı bir tehdit olarak algılıyorlardı. Yahudi nüfusunun azaldığını, Şabat günü hutbesine gelenlerin seyrekleştiğini gözlemledikçe endişeleri artıyordu. Bu durum onlar için büyük bir problemdi: Yahudi cemaatini kaybediyorlardı.

Bir de orta zümre vardı. Bu orta zümrenin bir kısmı hâlihazırda İslam'ı kabul etmiş Müslümanlardan, bir kısmı da Yahudi topluluğundan oluşuyordu. İslam'ı kabul edenlerin bir kısmı Müslüman olmanın sonuçlarının tam olarak farkında değildi. Geçmişte Mekke'de yaşananları ve ne ile karşı karşıya olduklarını bilmiyorlardı.

Diğer sorun şuydu: Müslüman olan bu insanlar ticaret yapıyorlardı, çeşitli iş ilişkileri vardı; aileleri, arkadaşları. Bazılarının ailesinde İslam'a düşman bir haham vardı; bazılarının ailesi İslam'dan tam manasıyla katıksızca nefret ediyordu. Bazısının kuzenleri Mekke'deydi, Mekke'deki insanlarla alışveriş yapıyorlardı. Bu tarz ilişkileri ve bağlantıları olan pek çok kişi vardı ve akıllarına şöyle bir soru geliyordu: "İslam'ı kabul etmiş olmam diğerleriyle tüm ilişkilerimi kesmek zorunda olduğum anlamına mı gelir? Onlarla iş yapamaz mıyım? Hatta onlarla savaşmaya hazır olmam mı gerekiyor? Bu çok ağır bir yük. Yapamam. Bir orta yol bulalım. İslam barış dinidir, barış için çalışmalıyız. Barış istemeliyiz ve fiilen gidip onları ikna etmeliyiz."

Düşmanın yaptıklarını görmüyor, sadece Peygamber'in (sav) savaş istediğini düşünüyorlardı. Peygamber (sav) Müslümanlara "Bedir için hazırlanın." demişti ama henüz savaş emri nazil olmamıştı. Bunu bir bahane olarak kullandılar. "İnandığını iddia edenler, 'Bir sure indirilmeli değil miydi?' dediler." (Muhammed, 20) Ayet gelirse gidip savaşacaklarını söyleyenler henüz ayet gelmemiş olmasını bahane ediyorlardı. Sonra Allah (cc) şöyle dedi: "Hükmü apaçık bir sure indirilip de onda savaştan söz edildiğinde onların ölüm korkusundan baygınlık geçirmiş kimseler gibi baktıklarını görürsün.Onlara yakışan da budur." (Muhammed, 20)

"يُخَادِعُونَ اللّٰهَ وَالَّذِينَ آمَنُوا"

"Allah'ı ve iman edenleri aldatmaya çalışırlar."

Allah'ı (cc) ve iman edenleri kandırmaya çalışırlar. Arada Resûlullah'ı (sav) atlıyorlar. Peki, kim Allah'ı (cc) kandırmaya çalışabilir ki? Allah'a (cc) biraz imanı olan kimse, Allah (cc) "Göklerde olanları da yerde olanları da bilir." der. (Âl-i İmran, 29) "Açığa vurduğunuzu da bilirim, gizlediğinizi de bilirim." (Bakara, 33) O her şeyi bilir. Birisi

Allah'ı (cc) nasıl kandırmaya çalışabilir? Allah (cc) der ki: "Hâlâ akıl alıp düşünmez misiniz?"

Kur'ân hakkında düşünmezseniz onu anlayamazsınız.

İnsan nasıl Allah'ı (cc) kandırmaya çalışabilir? Birinin inananları kandırmaya çalışması anlaşılabilir bir şeydir ama Allah'ı (cc) kandırmaya çalışmak anlaşılır gibi değil. Diğer bir soru ise şudur: Ayet neden "يُخَادِعُونَ اللّهَ ورَسُولَهُ وَالَّذِينَ آمَنُوا" "Allah'ı, Resûlünü ve mü'minleri aldatmaya çalışırlar." şeklinde gelmemiş? Ayette hem Allah (cc) hem Resûlü hem de inananlar zikredilmeli değil miydi?

Bu sorunun cevabını anlamak için şu konuyu çok iyi kavramak gerekir: Yalnız Allah'a (cc) kulluk ederiz. Bu konuda son derece netiz. Yalnızca Allah'a (cc) ibadet ederiz. Bizim inancımız ve güvenimiz yalnızca Allah'adır (cc). Sadece Allah'a (cc) ibadet ederiz. İsterken sadece Allah'tan (cc) isteriz. Allah'ın (cc) mutlak surette tek olduğuna inanırız; tevhid inancımızın gereğidir bu. Sıra itaat etmeye geldiğinde ise Allah'a (cc) ve Resûl'üne itaat ederiz. Fiilen Resûlullah'a itaat etmek ile Allah'a itaat etmek arasında fark yoktur. Yani ibadette "Allah tek", tevekkülde, güvenmede "Allah tek", duada "Allah tek", secde etmede "Allah tek" ancak itaat ve bağlılığa gelince yalnızca Allah'a (cc) değil, "Allah'a ve O'nun Resûlü'ne" (sav) itaat ederiz. İkisini birbirinden ayırmak mümkün değildir. "Kim peygambere itaat ederse Allah'a itaat etmiş olur." (Nîsa, 80) Bu, Allah'ın sözüdür. Onların arasında ayırım yapmayız.

Allah (cc) başka bir ayette diyor ki: "Sana biat edenler ancak Allah'a (cc) biat etmiş olurlar. Allah'ın (cc) eli, onların ellerinin üzerindedir." (Fetih, 10) İtaate gelince Allah (cc) ve Resûlü arasında hiçbir fark yoktur. Bazı meseleler vardır ki onları da daima ayrı tutmak gerekir.

Hristiyanların sorunu kullukta Allah'ı ve O'nun peygamberini ayıramamalarıydı. İkisini Hz. İsa'da (as) birleştirdiler. Müslümanlar ise sadece Allah'a kulluk eder, itaat noktasında Kur'ân'ın emrettiği şekli benimserler. Allah (cc) kendine mahsus bir şekilde sevilir. O'na (cc) mahsus şekli Kur'ân haber verir: "De ki: Eğer Allah'ı seviyorsanız bana uyun..." (Âl-i İmran, 31) Ayette Allah'ı seviyorsanız "bana uyun" der, Allah'ı seviyorsanız "beni sevin" demez. Dedi ki: "Allah'ı seviyorsanız bana uyun." Allah'ı sevmek bile Peygamber'e itaatle bağlantılıdır.

Allah (cc), Allah'a ve Peygamber'ine (sav) karşı olan düşmanlığı aynı yere koyar. Peygamber'in düşmanıysan Allah'ın (cc) da düşmanısın demektir. Kim Allah'a, meleklerine, peygamberlerine, Cebrail'e ve Mikâil'e düşman olursa bilsin ki Allah (cc) da onların düşmanıdır. "Onların yalanladığı sen değilsin. Fakat o zalimler açıkça Allah'ın ayetlerini inkâr ediyorlar." (En'âm, 33) Seni yalanladıklarında, sana değil Allah'ın (cc) ayetlerine meydan okurlar, Allah'ın (cc) ayetlerini inkâr ederler.

Onlar Allah'ı değil Resûlullah'ı (sav) kandırmaya çalışırlar. Münafikun Suresi, münafıkların Peygamber'i nasıl kandırmaya çalıştıklarını açıklar. Münafıklar farkında olmasa da Resûlullah'a (sav) karşı işlenen bu suç Allah'a (cc) karşı işlenmiştir. "Münafıklar sana geldiklerinde, 'Şahitlik ederiz ki sen gerçekten Allah'ın elçisisin.' derler. Senin hiç kuşkusuz kendi elçisi olduğunu Allah elbette biliyor." (Münafikûn, 1) Bu yüzden "يُخَادِعُونَ اللّٰهَ" ayetinde dikkat çekecek şekilde

Resûlullah zikri geçmese de manası buraya dâhildir. Onlar Allah'ı (cc) kandırmaya çalışmadıklarını söylerler ama ayet "Hakikatte Allah'ı (cc) aldatmaya çalışırlar." der.

Ve sonra ayet inananları ayrı bir kategoride ele alır ve onları kandırmaktan bahseder. Onlar gerçekten sadık ve inanmış oldukları intibaını uyandırarak inananları aldatmaya çalışırlar. Ancak,

"وَمَا يَخْدَعُونَ إِلاَّ أَنفُسَهُمْ"

"Kendilerinden başka hiç kimseyi aldatamazlar."

Arapçada bu manaya gelecek ifadenin "*İllâ enfusehum ehaden mâ yahdeûn*" şeklinde olması beklenirdi ama Kur'ân "*ehaden*" kelimesini kullanılmadı. Çünkü onlar kendilerinden başka hiç kimseyi kandırmazlar. Resûlullah'ı (sav) etkilemeye çalışırken aldananlar sadece kendileridir.

Neden Allah'ın Resûlü'nü etkilemek istiyorlar?

Münafıkların bazı alternatif gündemleri vardı. Birinci gündemleri, Abdullah ibn Ubey bin Selûl ve çevresindeki insanlarda olduğu gibi politik olarak gündemde kalmaktı. İkinci gündemleri ise sadece istedikleri savaşlara katılmaktı. Müslümanların sayıca üstün olduğu ve ön safta savaştığı, kendilerinin ise arka saflarda kalabilecekleri savaşlar onlara cazip geliyordu. Bu tür bir durumda savaşta hiçbir zarar almayacaklarını düşünüyorlardı, üstelik savaş ganimetleri dağıtılırken: "Biz sizinle beraberdik." diyerek pay alacaklardı.

Ciddi bir savaş durumunda ise çeşit çeşit bahaneler üretiyorlardı. Bunlardan bazıları akıllara durgunluk verecek cinstendi. Tebük Seferi öncesinde ileri sürülen bir bahane bunlardan biridir. "Onlardan biri 'Bana izin ver, beni fitneye düşürme.' dedi." (Tevbe, 49)

İçlerinden biri Resûlullah'a (sav) gelerek şöyle dedi: "Roma İmparatorluğu ile savaşacaksın. Roma'ya giderken bazı köylerden geçilir. O köylerde gerçekten güzel kadınlar var, ben de bu konuda zayıfım. Kendime engel olamam, fitneye düşerim korkusu taşıyorum. Bu yüzden lütfen savaşa katılmamama izin ver." Bunun üzerine Peygamber de "Sen kal." dedi. Çünkü böyle bir bahaneyle gelen kimse büyük ihtimalle orduya ayak bağı olacaktı. Allah (cc) "Ama bilmiş olsunlar ki asıl (bu tutumlarıyla) belânın içine düşmüş oldular."(Tevbe, 49) diyor. Zaten fitne içinde oldukları için çeşitli bahanelerle çıkıp geliyorlardı.

Bakara suresi 9. ayette "*yuhâdiûne*" kelimesinin ardından "*yahdeûne*" kelimesinin kullanılmış olması manidardır. Kandırmak için ellerinden gelen her şeyi yapıyorlar fakat başaramıyorlar. "*Hâdea*" birisini kandırmaya çalışmaktır. Birisini başarıyla kandırmaksa "*hadea*"dır. Ayetin sonunda kullanılan "*ve mâ yahdeûne illâ enfusehum*" ifadesinden onların ancak kendilerini kandırmaya muvaffak oldukları anlaşılır.

"وَمَا يَشْعُرُونَ"

"Ve hiç farkında değildirler."

Bazıları bu ayeti incelerken buradaki "مَا" "*mâ*"nın sadece çürütmek için değil, aynı zamanda ne yaptıklarının farkında olmadıklarını ifade etmek için de kullanıldığını ileri sürer. Allah (cc), bu şekilde o sırada ağızlarından çıkan sözlerin esas sonuçlarının farkında olmadıklarını söylüyor. Bu tarz bir aldatmaca ile uğraştıkları anda bile ne yapmaya çalıştıklarının farkında değiller.

Allah (cc) der ki: "فِي قُلُوبِهِمْ مَرَضٌ" "*fî kulûbihim meradun*" "Kalplerinde bir hastalık vardır." (Bakara, 10) Çünkü

"مَا يَشْعُرُونَ" "*mâ yeş'urûn*" onların hiç algısı yok, hiç farkındalığı yok, hiç hissi yok manasına gelir. Ve aslında bizim meşâirimiz ve şuurumuz korku, utanma, suçluluk vs. içerir. Bunların hepsi meşâirdir. Bu hisler kalptedir. Allah (cc) "Onlar farkında değiller." dediğinde hemen şu soru ortaya çıkar: "Nasıl hiç farkında olmazlar? Kalpleri yok mu?" Ve cevap hemen, güçlü ve etkili bir şekilde Kur'ân'dan gelir:

Kalplerdeki Hastalık

فِي قُلُوبِهِمْ مَرَضٌ فَزَادَهُمُ اللّٰهُ مَرَضاً وَلَهُمْ عَذَابٌ اَلِيمٌ بِمَا كَانُوا يَكْذِبُونَ

"Kalplerinde bir hastalık vardır, Allah da onlardaki hastalığı artırmıştır. Yalan söylemeleri yüzünden, kendilerine acı veren bir azap da vardır."

(Bakara, 2/10)

"فِي قُلُوبِهِمْ مَرَضٌ"

"Kalplerinde bir hastalık vardır."

Kimi zaman çeşitli hastalıklar veya ameliyatlar sonrasında bazı insanların vücutlarının bir bölgesindeki hisler kaybolur. Örneğin kanal tedavisi gören dişlerde sinirler alınır; o bölgede hissizlik meydana gelir. Kişinin o noktada bir farkındalığı kalmaz, istediğiniz kadar dokunabilirsiniz, adeta anestezi altında gibidir. Bu hissizlik halidir. Allah (cc) diyor ki: "Kalplerinde bir hastalık var." İlk hastalık onları bir şeyleri fark etmekten alıkoyar. Bazıları bu hastalığın surenin başında ifade edilen "*rayb*" olduğunu ifade eder. "İşte kitap; onda asla şüphe yoktur." (Bakara, 2) Onların esas hastalığı şüpheleridir. İslam'dan emin değildirler. Bu, o insanların kendi içlerinde büyümesine izin verdikleri bir hastalıktır.

Bu ayetin diğer bir güzelliği de şudur: Allah (cc) "Onların sadrlarında hastalık vardır." dememiş, "Kalplerinde hastalık vardır." demiştir. "*Sudûr*" ve "*kulûb*" arasında büyük fark vardır. Nas Suresi'nde, "İnsanların sadrlarına vesvese veren" (Nas, 5) diyoruz, "İnsanların kalplerine vesvese veren" demiyoruz. "İnsanların sadrlarına (göğüslerine) fısıldayan" deniyor ayette. Sadr ile kalp arasında fark vardır.

Sadr (göğüs) bir yerdir. Bu yerin içindeki hazine kalptir. Şeytan kalbe ulaşamaz. Şeytanın göğsünüze ulaşımı vardır. Kalbi eviniz, göğsü de çevresindeki arazi gibi düşünürsek şeytan araziye girebilir ama kapıyı açmadan evinize giremez. Kalp, sizin evinizdir ve kilitlidir. Şeytan sürekli kalbinizin kapısını tıklatır, ona vesvese vermeye çalışır. Bizim görevimiz şeytan kalplerimizi tıklattığında bunu fark etmektir. Çünkü şeytan göğüslerimizdedir. Göğsün tam içindedir ve oradan fısıldar. Birisi kapıyı tıklattığında sesi içerden duyarsınız. İsterseniz kapıyı açarsınız, istemezseniz açmazsınız. Eğer gelen kişiye kapıyı sonuna kadar açarsanız gelip evinize yerleşir ve evin şeklini değiştirmeye başlar. Bunun gibi şeytanın kalbinizin içine girmesine izin verirseniz güzel olan şey çirkin, çirkin olan da güzel görünmeye başlar bize. İşte bu yüzden "Şeytan, onlara yaptıklarını güzel gösterdi." (Nahl, 63) diyor Allah (cc).

Henüz şeytanın kalbinize girmesine izin vermediyseniz kalbinizde hâlâ iman vardır. Çünkü "Allah imanı size sevdirdi, onu kalbinize güzel gösterdi." (Hucurât, 7) diyor Rabbimiz.

"Kalplerinde bir hastalık vardır." (Bakara, 10) Hastalığın kalpte olması büyük bir problemdir. Hastalık artık göğüsle sınırlı değildir, kalbe doğru yol almıştır. Bir yabancının evinizin içine girdiğini fark ederseniz onu evden atmanız gerekir. Bizse bazen şeytanı dinliyoruz ve kapıyı açıyoruz. Farkına vardığımız ilk anda "*Eûzü billâhi mine'ş şeytânirracîm*" "Kovulmuş şeytanın şerrinden Allah'a sığınırım." diyerek Allah'a (cc) sığınmak, şeytanı kalpten atmak gerekir. Eğer kalbinizde kalmasına izin verirseniz hastalanmaya başlarsınız.

Şeytana "Kullarım üzerinde hiçbir yaptırım gücün yok." (İsrâ, 65) denildi. Kalbinize zorla giremez ve içeride zorla kalamaz. İstiaze ile Allah'a (cc) sığındığınız anda çıkıp gitmek zorunda. Yani onu içeriye aldıysanız, kalmasına izin verdiyseniz bu onun gücü olduğundan değil, sizin onu kovmamanızdan kaynaklanır. Allah (cc) size onu kovmak için her türlü imkânı sağladı. Sadece "*Eûzü billâhi mine'ş şeytânirracîm*" deseniz, istiğfar etseniz gidecek ama bunu yapmayı reddettiğinizde Allah (cc) şöyle diyor:

"فَزَادَهُمُ اللّٰهُ مَرَضاً"

"Allah onların hastalıklarını artırdı."

Şeytanı dinlemek isteyene adeta şöyle denir: "Buyur biraz daha dinle! Hadi onun dostlarını da çağır. Sadece bir şeytanla yetinme, şeytanların hepsini topla, içeri al ve kalbine hasar vermelerine izin ver. Şeytanların bağlandığı Ramazan ayında bile onlar hâlâ oradaymışçasına yaşa. Belli ki artık sen şeytanın işini yapmaya başlamışsın."

Allah (cc) ayette, "İns ve cin şeytanları" (En'âm, 112) ifadesini kullanır. Ayette geçenler, şeytanın kalplerine girmesine ve uzunca bir süre orada kalmasına izin veren insanlardır; bunlar "münafıklar"dır. Bunların kalplerinde ciddi bir hastalık vardır. Bu hastalık sadece şüphe değil, aynı zamanda korkaklıktır. Bu dini yaşamaya ve gerektiğinde savunmaya istekli değildirler. O zamanın münafıkları bizim zamanımızla kıyaslanmaz ancak bizim de bu zamanda benzer sorunlarımız yok değil. Kendimizi bu yönden yoklamak için aynanın karşısına geçip "Bu dine karşı nasıl bir zihniyet taşıyorum?" sorusunu sormamız gerekiyor.

İslam'a Dair Üç Farklı Algı

Günümüzde İslam'a yönelik üç tepki vardır:

Birincisi "*La ilahe illallah Muhammedun Resûlullah*" diyen ve bundan onur duyan insanlardır. Müslüman olmayı bir şeref sayar ve ne olursa olsun Allah'ın ve Peygamber'in sözünü her şeyin üstünde tutarlar. Onlar için Allah'a (cc) ve Peygamber'e bağlılık her şeyden önce gelir. Onların rehberliği her eleştirinin ötesindedir. Hata yaptıklarında tüm kalpleriyle hatalarını kabul ederler. Hatasız ve kusursuz olanın, Allah'ın dini olduğunu bilirler. İslam denge dinidir. Bu dengeyi koyan da bizzat Allah'tır (cc).

İkincisi, İslam'dan ve Müslümanlardan katıksız şekilde nefret eden insanlardır.

Ve ikisinin arasında bir grup daha vardır ki: "Kur'ân'a inancımızda bu kadar katı olmamalıyız. Birazcık çağa ayak uyduralım. Günün gerekleriyle dinimizin ilkelerini harmanlayalım." derler. Bu tavır, orijinal münafıklığın şimdiki yan ürünüdür. "İslam'a dengeli bir yaklaşım" bulma gayreti en temelde kişinin kendi cesaretsizliğinden ve yaşadığı çeşitli endişelerden kaynaklanır. Bu tip insanlar dışlanma korkusu yaşarlar; çevreleri tarafından iyi görülmek ister ve onlara yaranmaya çalışırlar. Kendi aşağılık komplekslerini İslam'a yansıtırlar. Allah (cc) ayette bunların hastalıklarının artmasına izin verdiğini söyler. Hastalıkları arttığında onlardan şu cümleleri duyarsınız: "Dinimizdeki bazı şeyler akla uygun değil." Sonra hastalıkları biraz daha artar: "Kur'ân tamam da bu hadis meselesini bilemiyorum." demeye başlarlar. Hastalıkları biraz daha artar: "Kur'ân'ın bazı sureleri bana pek güncel gelmiyor." derler. Hastalıkları biraz daha artar: "Kur'ân evet ama o kadar çok din var ki, bütün dinler iyi, güzel." derler. Hastalıkları biraz daha artar: "Uydurulmuş bir dine inanmıyorum." derler. Biraz daha artar: "Ben agnostiğim. Belki bir tanrı vardır belki de yoktur, bundan bana ne? Yapacak çok işim var, para kazanamam lazım." derler.

Hastalık gittikçe büyümeye devam eder. Sonunda eskiden Müslüman olup bu süreç sonunda İslam düşmanı kesilen insanlar ortaya çıkar. Artık bunların tek işleri İslam hakkında şüphe tohumları saçmaktır. O hale gelirler. Allah (cc) iyiye ya da kötüye doğru "Hâlden hâle geçeceksiniz." (İnşikak, 19) der.

"وَلَهُم عَذَابٌ أَلِيمٌ بِمَا كَانُوا يَكْذِبُونَ"

"Yalan söyleyip durmalarına karşılık onlara elîm bir azap vardır."

Allah (cc) ayette "*kânû yekzibûn*" diyor. Buna "mazi istimrar" yani devam eden geçmiş zaman denir. Yani geçmişte yapılmış ama süreklilik arz eden bir durum vardır. Münafıklar Peygamber'e (sav) gelerek, "Tabii ki sana sadığız, tabii ki inanıyoruz, tabii ki seninle namaz kılacağız." diyor, iki durumda da kazançlı olmak istiyorlardı. Müslümanların zafer kazanma ihtimaline binaen onlarla irtibatı koparmak istemiyorlardı; ama durum Müslümanların lehine gelişmezse uygulayacakları bir B planları da her zaman vardır. Bu sebeple sürekli yalan söylüyorlardı. İşte bu yüzden burada "*kânû yekzibûn*" "yalan söyleyip duruyorlardı" ifadesi kullanılmıştır.

"Onlar için **azîm** bir azap vardır." (Bakara, 7) "Azîm bir azap" ifadesini yedinci ayette görmüştük. "Büyük azap" demektir. Şimdi ise ayette "**elîm** bir azap" ifadesi kullanılıyor. "*Elîm*" kelimesi "*azîm*" kelimesinin yerine kullanılmış. İnsanoğlu "*azâbun azîm*"e dayanabilecek yeterlilikte değildir. Dünya şartlarında birine şiddeti artırılarak ceza verilirse o kişi buna dayanamaz ve sonunda ölür. "*Azâbun azîm*"i büyük azabı bir kimsenin ölmesine müsaade etmeden ona tattırabilecek olan sadece Allah'tır (cc). Ahiret azabı budur, bu sebeple ona "azâbun azîm" denir. Bu dünya şartlarında mümkün değildir. Çünkü dünyada çok büyük bir cezanın sonu ölümdür. Sonra cesede istediğiniz cezayı uygulayın acı çekmez; çoktan ölmüştür.

Allah (cc) 10. ayette ise "*azâbun elîm*" "elim bir azap"tan bahsediyor. Arapça dil kullanımı açısından baktığımızda burada beklenen ifade "*azâbun elîm*" değil, "*azâbun mü'lim*" "acı veren ceza"dır. Çünkü "elîm" öylesine bir sıfat değil, sıfat-ı müşebbehedir ve "sürekli" acı veren azap demektir.

Birkaç saattir devam eden bir diş ağrısının ilk andaki şiddeti genellikle aynı değildir. Hasta bir süre sonra acıya karşı tolerans geliştirmeye başlar. Ağrıları nedeniyle ilaç tedavisi gören bazı insanlar giderek daha az ağrı kesici kullanırlar, çünkü ağrı eşikleri yükselir. Yani hissedilen ağrı derecesi daima aynı kalmaz. Buna karşılık "elîm" kelimesi Arapçada daimî, sürekli ve değişmeyen bir acıyı gösterir.

"Suçun cezası kendi cinsindendir." kaidesine göre birini öldürmenin cezası o kimsenin öldürülmesidir. Eğer birisi büyük bir suç işlediyse, onun da büyük bir cezaya çarptırılması gerekir. Dinimizle alay eden, dinimize saldıran İslam düşmanlarından ümmetimize sürekli bir taarruz var ama İslam, ümmetin içinden gelen daha acı verici bir saldırıyla karşı karşıya. Müslüman diğer bir Müslüman'ın kanını döktüğünde, Müslüman diğer bir Müslüman'ın haysiyetini yerle bir ettiğinde, Müslüman diğer bir Müslüman'a saldırdığında bu çok daha fazla acı verir. Müslüman olmayan milletler Müslüman milletlere saldırdığında üzülüyoruz. Ama Müslümanların birbirini öldürmesi, birbirlerine lanet okuması, birbirleriyle kavga etmesi, birbirlerine zehir kusması çok daha uzun süren ve dayanılması çok daha zor bir acıdır. Çünkü kâfirin senden nefret etmesini bekleyebilirsin zaten. Oysa "*la ilahe illallah*" hakikatini paylaşan kardeşlerinin senden nefret etmesi, seni öldürmeye çalışması, seni aşağılaması, aleyhinde planlar kurması beklenmedik ve bu yüzden elim bir acıdır.

Buradan şu sonuca ulaşabiliriz: Allah'ın (cc) bu dine ve bu dinin müntesiplerine duyduğu sevgi öyle kuvvetli ki ümmete içerden acı veren münafıklardan bizim adımıza O (cc) intikam alıyor. Allah (cc) bizi onlardan olmaktan korusun.

"Biz Islah Edicileriz!"

وَاِذَا قِيلَ لَهُمْ لَا تُفْسِدُوا فِي الْاَرْضِ قَالُوا اِنَّمَا نَحْنُ مُصْلِحُونَ

"Onlara: Yeryüzünde fesat çıkarmayın, denildiği zaman, 'Biz ancak ıslah edicileriz.' derler."

(Bakara, 2/11)

Arapçada "*ıslâh*" bozuk bir şeyi alıp düzeltmek demektir. Onlar "Siz çekişme içindesiniz; işleri düzeltelim, ıslah edelim, uzlaşalım, barışalım diyen biziz." derler. "İyi bilin ki esas fesat çıkaranlar onlardır. Fakat farkında değillerdir." Ve hiç farkında olmayacaklardır. Bu olumsuzluğun daha devamlı bir biçimidir.

Rûm Suresi'nde Allah (cc) şöyle der: "Kendi elleriyle yaptıkları yüzünden karada ve denizde fesat ortaya çıktı." (Rûm, 41)

Karanın ve denizin fesada uğraması nedir?

İnsanlar ticarette dolandırıcılık yapıyor, yalan söylüyor, haram kazanç elde ediyor, birbirini öldürüyorlar. Bunlar insanlara karşı işlenen manevi suçlardır. Allah (cc) bunları cezalandırır... Bu suçlar yeryüzünü etkiler, yeryüzü hastalanır. Toprak ürün vermeyi keser, ekinler bitmez, okyanuslar kirlenerek çekilir ve gereken rızkı sağlayamaz olur. Bu dinimizin bir kaidesidir. Bir toplumdaki insanlar Allah'a (cc) inandığı ve O'na itaat ettiği zaman, yeryüzü daha fazla ürün verir. Allah (cc) "Eğer Tevrat'ı, İncil'i ve Rableri tarafından onlara indirileni gereğince uygulasalardı, elbette üstlerinden ve ayaklarının altından (bol bol rızık) yiyeceklerdi." der. (Mâide,

66) Hz. İsa (as) geri geldiğinde ve insanlar Allah'a (cc) itaat ettiğinde aslanların bile avlarını yemeyeceği söylenir. Fesat azaldığında ve iyilik yeryüzüne yayıldığında her yerde bol bol mahsul olacaktır.

Kimyasalların denizlere dökülmesi, plastik atıkların toprağa karışması ve toprağı kirletmesi fiziksel kirliliktir. Ancak bu konuyu sadece fiziksel kirlilik olarak düşünemeyiz. Allah (cc) manevi gerçeklikle fiziksel gerçeklik arasında günümüz ifadesiyle kablosuz bir bağlantı yaratmıştır. Manevi bir gerçeklik olan iyilik, âlemde yayıldığı zaman fiziksel iyilik de yayılır. Bu dünya iyilik sayesinde daha iyi bir yer olur. Bu, dinimizin kaidelerinden biridir.

Fesat Nedir? Müfsit Kimdir?

اَلَٓا اِنَّهُمْ هُمُ الْمُفْسِدُونَ وَلٰكِنْ لَا يَشْعُرُونَ

"İyi bilin ki, esas fesat çıkaranlar onlardır, fakat farkında değillerdir."

(Bakara, 2/12)

"اَلَٓا اِنَّهُمْ هُمُ الْمُفْسِدُونَ"

"İyi bilin ki, esas fesat çıkaranlar onlardır."

Arapçada *"fâsid"*, ifsada uğramış kişi; *"müfsit"* ise hem kendisi ifsad olmuş hem de başkalarını ifsad etmiş kişidir.

Kendilerinin uzlaşma arayışında olduğunu söyleyen münafıklar, Müslümanların bir orta noktada buluşmaya yanaşmamalarına vurgu yaparak inananların hassasiyetlerini zayıflatıyorlardı. Onların söylediklerinden etkilenen bazı kişilerin güvenleri azalıyor, imanları sarsılıyordu. Münafıklar böylece etrafa zehir ve fesat saçıyorlardı.

"وَلٰكِنْ لَا يَشْعُرُونَ"

"Fakat farkında değillerdir."

Bir Müslüman eğer İslam'ı tam olarak benimsemezse, İslam'ı içselleştirmede zayıf kalır. Bunun üzerine bir de bu zayıflığı ailesine ve arkadaş çevresine yayarsa, o artık sadece fâsid değil, aynı zamanda müfsit olur. Bunlar ne yaptıklarının, kimlere ne büyük zarar verdiklerinin farkında bile olmazlar.

Bu konuda dikkat çekmemiz gereken bir husus da şudur: Bazı konularda genel kabullerimiz vardır. Barış, savaştan daha iyidir. Barış sağlamanın yolu müzakeredir, arayı bulmaktır, bağları koparmamak, anlaşmazlığa düşmemektir. Bu bağları kesmek, savaşa gitmek fesattır. Medine'deki münafıklar, kendilerinin barışı sağlamak için çaba sarf ettiklerini, sahabenin ve Mekkelilerin ise savaşarak fesat çıkarmaya çalıştıklarını iddia ediyorlardı. Hâlbuki her iki taraf da biraz boş verebilse, birazcık taviz verebilse ortada bir sorun kalmayacaktı. Bu yüzden onlara "Yeryüzünde fesat çıkarmayın!" denildiğinde, "Hayır, hayır!" dediler, "Bizler barışı sağlıyoruz, bizler ıslah edicileriz."

Oysa "fesad"ın esas anlamı ne savaştır ne de barış; "fesad"ın asıl anlamı "adaletsizlik"tir. Bir kız çocuğunun sebepsizce diri diri toprağa gömülmesi, insanların ticarette dolandırılıyor olması, ölçü ve tartıda hile yapılması (Mutaffifîn, 1), fakirler itilip kakılırken kimsenin umursamaması (Mâun, 2), bizzat

Allah'a (cc) hakkının verilmemesi, Hz. İbrahim'in Allah'a (cc) ibadet için inşa ettiği, tevhidin sembolü olan Kâbe'nin şirkin sembolü olan putlarla doldurulması fesattır.

Kureyşliler yetimi itip kakar, insanları dolandırır, kadınlara zulmeder, öldürür ama Hac için gelen insanları gözetir, onlara hizmet ederlerdi. Gelenlere izzet ve ikramda bulunur, her türlü ihtiyaçlarının karşılanmasına özen gösterirlerdi. İnsanlar da derdi ki: "Mekke'ye gittiğimizde bize çok iyi baktılar, demek ki her şey yolunda..." Bu sebeple kimse Kureyş'le savaşmazdı. Çünkü onlar Kâbe'nin koruyucusuydular. Barışsever insanlar olarak anılıyorlardı. Şimdi ise İslam gelmiş diyordu ki: "Hayır! Yetime böyle davranamazsın! Kadınları ezemezsin! Kız çocuklarını öldüremezsin! Fakiri, yoksulu itip kakamazsın! Teninin renginden dolayı insanlara farklı şekilde davranamazsın! İnsanlar arasındaki tek üstünlük sebebi takvalarıdır ve bunun kimde olduğunu yalnızca Allah bilir."

Bu temel konularda büyük bir yozlaşma yaşanırken sokakların temiz olup olmaması, misafirlere gösterişli ikramlar yapılıp yapılmaması önemli değildir. Fesat öncelikle ahlakidir. Ayette vurgulanan fesat budur. İslam Medine'ye geldikten sonra fesadın tanımı değişmemiştir: Dine hakaret fesattır, adaletsizlik fesattır, yalan söylemek fesattır, yolsuzluk fesaır.

Her ne olursa olsun uzlaşma isteyen münafıklar, hakikatin haksızlıkla, gerçeğin yalanla, adaletin zulümle anlaşamayacağını ve aynı yerde duramayacağını anlamadılar. Bu ikisi bir kalpte olamaz. "Allah hiçbir adamın içine iki kalp koymamıştır." (Ahzâb, 4) Onlar zahiri olarak barışı sağlıyor gibi görünseler de aslında haksız yapının sürmesine yardım ettikleri için bu yaptıkları manevi anlamda fesadın ta kendisidir. Ve "Onlar bozguncuların ta kendileridir." (Bakara, 12)

Allah'ın kusursuz olan dininden taviz vermeye çalışandan daha yozlaşmış kimse yoktur. Kusursuz olan bu dine, "daha iyi hâle getirmek" gayesiyle hiçbir şey eklenemez ve ondan hiçbir şey çıkartılamaz. Allah'ın dini kusursuzdur. Herhangi bir ilave, herhangi bir eksiltme onun kusursuzluğunu bozar; bu doğru yoldan sapmadır. İslam fesadı gidermek için geldi. Düzeltilmeye ihtiyacı yoktur; aksine düzeltmeye geldi ve düzeltilmesi gerekecek şekilde gelmedi.

Münafıklarla ilgili en büyük sorun, onların dini düzeltmek istemeleridir. Oysa din bizzat insanın düzelmesi için gelmiştir.

"De ki: Dininizi Allah'a mı öğretiyorsunuz?" (Hucurât, 16).

Kitab'ın Bir Kısmını Saklayanlar

Bu ayetleri bir de Yahudiler üzerinden okumaya çalışalım: يُخَادِعُونَ اللّٰهَ وَالَّذٖينَ اٰمَنُواۚ وَمَا يَخْدَعُونَ اِلَّٓا اَنْفُسَهُمْ وَمَا يَشْعُرُونَ "Allah'ı ve mü'minleri aldatmaya çalışırlar. Oysa sadece kendilerini aldatırlar da farkında değillerdir." (Bakara, 9) Onlar Allah'ı ve mü'minleri aldatmaya çalışıyor, Müslümanlara gelip şöyle diyorlardı: "Peygambere inanmamıza gerek yok. Biz Allah'a (cc) ve ahiret gününe inanıyoruz, bu yeter. Biz de tanrıya inanıyoruz niye bize inkârcılar diyorsunuz? İnkârcı değiliz, bizim de aynı sizin gibi imanımız var. Hepimiz birlik olmalıyız..." Kendi aralarına döndüklerinde ise Mekkelilerle ortak komplo teorileri üretiyor, gizli gizli planlar yapıyorlardı. Ama dışarı verdikleri görüntü sevgi, saygı ve muhabbetti.

Allah (cc) ayetlerinde Yahudi toplumunun tamamından bahsetmez. Yahudilerin içinde de samimi olanları vardı. Allah (cc) bu ayetlerde aldatmaya yönelen; bir taraftan Müslümanlardan kurtulmayı arzulayan, öte yandan onlarla ortakmış gibi davranan ikiyüzlü münafıklar hakkında konuşur. Ve Allah (cc) "Onlar kendilerinden başka hiç kimseyi aldatamazlar, kendilerini ne kadar kandırdıklarının da farkında değillerdir." der.

فِي قُلُوبِهِمْ مَرَضٌ (Bakara, 10) Bu ayet bir isim cümlesi olarak geldiği için manası, "Onların kalplerinde 'daimî' bir hastalık vardır." şeklinde olur. Yahudi toplumunun bu parçasının kalbinde her daim bir hastalık vardı, imanlarında seçici davranıyorlardı. Bu, itiraz ederek karşı çıktıkları ilk peygamber de değildi. Onlar kendilerine gönderilen peygamberleri öldürmekten çekinmemişlerdi. Bu sebeple Resûlullah (sav) ile uğraşmalarına da şaşırmamak gerekirdi. Allah (cc) onların hastalığını artırmıştı.

Resûlullah'a (sav) eziyet etmeyi de denediler. Peygamber (sav) Medine'ye hicret etmeden önce, Kureyş'in ileri gelenleri Medine'ye adamlarını göndererek: "Burada peygamber olduğunu iddia eden biri var. Ona ne soracağımızı bilmiyoruz. Sizler inançlı kimselersiniz, kitaplarınız var. Ona sormamız için bize cevap veremeyeceği tarzda sorular verin." dediler.

Peygamberi (sav) sorularla susturmak istediler. Kureyş'in kendisi bu yönde bilgi sahibi değildi, bu nedenle soruları Medine'de aramalı, hahamlardan sormalıydılar. Hahamlar "Şunu sorun, bunu sorun. Bunu asla bilemeyecek." diyerek onlara kendi akıllarınca yardım ediyorlardı.

Yahudilerin çıkardığı fesat, kendilerine indirilen Tevrat'ı saklamalarıydı. Allah'ın izin verdiği kadarıyla Tevrat'tan ellerinde kalanı bile okusaydılar Resûlullah'ın (sav) Allah'ın peygamberi olduğuna dair en ufak bir şüpheleri kalmayacaktı. "Yoksa Kitab'ın bir kısmına inanıp bir kısmını inkâr mı ediyorsunuz?" (Bakara, 85) Onlar bu kısımları atlamaya başlamışlardı. Kur'ân Yahudilere diyor ki: "Doğru söylüyorsanız Tevrat'ı getirip okuyun!" (Âl-i İmran, 93) Bunu yapamadılar. Eğer bunu yapsalardı Kur'ân'ın el-Müheymin olan Allah'ın son indirdiği Kitap olduğu, Allah'ın vahyinin sonu olduğu ortaya çıkacaktı. Bu yüzden fesadın son noktası vahyi saklamaktır.

Bu Ayetler Bize Ne Söyler?

Son olarak bu ayetlerin bize verdiği mesajlar üzerinde durmak istiyorum: Kur'ân'ın tamamı elimizde. Bazı bölümleri siyasi olarak bazılarına doğru gözükmeyebilir. Son zamanlarda Evangelistler, Kur'ân'dan bağlamından kopararak bazı alıntılar yapıp, "Kur'ânları 'Onları nerede bulursanız öldürün' diyor!" derler. Bir kısmımız bu meseleleri konuşmak istemiyor. Ama biz şunu açıkça ifade edelim ki biz Kitab'ımızdaki hiçbir noktayı saklayamayız. Bu Kitap sadece bizim için değil, insanlığın tamamı için geldi. Ve eğer bu Kitap samimiyetle gerçekten açıklanırsa sadece Müslümanlara değil, her bir insanoğluna, siyasi olarak doğru gözükmediğini düşündüğünüz yerler bile mantıklı gelir. Allah'ın Kitabı'nın hiçbir parçasını saklamak için bir neden yoktur.

Allah (cc), Müslüman bir topluma bile şunu öğretir: Kitab'ın, vahyin herhangi bir kısmını saklarsan, sana sadece Allah (cc) değil, melekler değil, "Lanet ediciler de lanet eder." (Bakara, 159) Kur'ân kimse kendini iyi hissetsin diye gönderilmedi, içerisinde müjdeleyici ayetler de var uyarıcı ayetler de. İkisi de önemli. Kur'ân'da Allah'ın kadına verdiği haklardan bahsettiğimiz zaman erkeklerin canı sıkılıyor, "Bizim hakkımızdaki ayetleri niçin anlatmıyorsun?" diyorlar. Allah'ın kocaya verdiği haklardan bahsettiği bir ayet hakkında konuştuğumuzda bu defa kadınlar "Bizim haklarımız ne olacak?" diyor. Pek çok kimse Kur'ân'dan kendi lehine olan kısımlar anlatılsın, aleyhine görünen kısımlar mevzubahis edilmesin istiyor. Bu da onların doğru yoldan sapmasıdır. وَاِذَا قِيلَ لَهُمْ لَا تُفْسِدُوا فِي الْاَرْضِۙ قَالُٓوا اِنَّمَا نَحْنُ مُصْلِحُونَ "Onlara 'Yeryüzünde fesat çıkarmayın.' denildiği zaman 'Biz sadece ıslah edicileriz.' derler." (Bakara, 11) "Biz sadece işleri yoluna koymaya çalışıyoruz. Kur'ân'ın sadece diğerlerini incitmeyen, çeşitli toplumsal kesimlerle ilişkilerimiz açısından daha uygun olan taraflarına vurgu yapalım. Şu an zeminin müsait olmadığı, başkalarının yanlış anlayabileceği ayetleri atlayalım, bunları konuşmak için şimdi uygun zaman değil." dediğimiz zaman, fesadı dünyadan kaldırmak için çalışmamız gerekirken dünyada bizden fazla fesat çıkaran olmaz. Neden? Çünkü, Allah'ın Kelamı bizde ve biz onu saklıyoruz. Tüm dünyanın bizden Allah'ın Kelamı'nı duyması gerekiyor. Kelam'ın Web sitelerinde olması yetmez, YouTube'da olması yetmez; kalpten kalbe aktarılması için bizim bu Kelam'ın taşıyıcıları olmamız gerekiyor. Her toplulukta, her köşe başında, her yerde onu açıkça ve korkusuzca paylaşmalıyız. Allah (cc), "İnsanlardan korkmayın, Ben'den korkun." (Mâide, 44) diyor. Yapmamız gereken budur.

Bazıları da zamana ve ortama göre Kur'ân'ın bazı kısımlarından bahsederek hikmetli davrandıklarını savunurlar. Kur'ân'ın geri kalanı hikmetli değil mi? Allah (cc) bu Kitab'ı, *"el-Kur'ânu'l Hakîm"* olarak adlandırıyor. Hikmet dolu Kur'ân. Her parçasında senin için, benim için ve insanlık için hikmet var. Bu yüzden Allah (cc) o topluluk hakkında şöyle diyor: "Esas fesat çıkaranlar kendileridir. Fakat farkında değiller." (Bakara, 12) Onlar Allah'ın kelamının üstüne kendi düşüncelerini dayatarak dünyaya bir iyilik yaptıklarını sanırlar.

"Allah'ın sözü en yücedir." (Tevbe, 40) Benim fikrim, benim tercihlerim, benim korkum, siyasi ortamla ilgili düşüncelerim; bunların hiçbiri Allah'ın sözünden önce gelemez. O en yücedir. Ümmetin her üyesi Allah'ın sözünün hizmetindedir. Ve bizler Allah'ın sözüne itaatkârız. Kur'ân en yücedir, ondan yücesi yoktur. Hükmeder, hükmedilemez. Müslüman'ın zihniyeti budur. Ve bu zihniyetle sapkınlıktan uzak dururuz.

Ümmetin bu Kitab'ın içeriğinden uzaklaşması ve Kitab'ın bazı kısımlarını saklamaya başlaması bu zamanın en büyük felaketidir.

Belagat: Gramere İşleyen Ruh

"اَلَٓا اِنَّهُمْ هُمُ السُّفَهَٓاءُ" ve "اَلَٓا اِنَّهُمْ هُمُ الْمُفْسِدُونَ" ayetlerinde gördüğümüz gibi Arapçada cümlenin başında kullanılan "أَلَا" "*elâ*" ikaz, nasihat ve dikkat çekmek manasındadır. İnanan biri için Allah'ın buyruğunun dikkat çekmemesi mümkün değildir ama Kur'ân'ın muallimi olan Allah (cc), burada konunun ciddiyetine özellikle vurgu yaparak, "اَلَٓا اِنَّهُمْ هُمُ الْمُفْسِدُونَ" "İyi bilin ki; onlar fesat çıkaranlardır!" (Bakara, 12) buyuruyor. Bu Arapça dil kurallarına göre normal bir kullanım değildir. Allah (cc) bu şekilde bir ifade kullanarak toplumda münafıklarla iç içe yaşadığımız için farkında olmadan konuşmalarından zarar görebileceğimize dikkat çekiyor ve fesada yaklaşmayalım diye bizi uyarıyor; uzlaşma sağlamak amacıyla hak ile batılı karıştıran taviz verici konuşmalarda bulunmamızı yasaklıyor. Çünkü konu İslam ve Allah'a ibadet olduğunda hiçbir pazarlık söz konusu olamaz.

Diğer önemli nokta, ayetin başında kullanılan ve te'kid harfi olan "إِنَّ" "*inne*" dir. Hiç şüphe olmadığına vurgu yapmak için kullanılır. "Kesinlik" içerir ve cümleye adeta "Söyleyeceklerim hakkında aklına hiçbir şüphe gelmesin." manası katar.

"إِنَّهُمْ هُمُ الْمُفْسِدُونَ" "*innehum humu'l mufsidûn*" ayetinde iki kez "*hum*" zamiri kullanılması cümlede "onlar"a vurgu yapar; mana "Şüphesiz ki onlar, onlar bozgunculardır." olur. Onlar kimseye benzemez, asıl bozguncular "onlar"dır. Fitnenin nihai kaynağı onlar olduğu için zamir "onlar" için iki kez tekrarlanır.

Temel Arapçada "cümle-i ismiyye" "isim cümlesi" vardır. Bu tür cümleler iki bölümden oluşur. İlk bölüme "müpteda/özne" ve son bölüme "haber/yüklem" denir. Genel kural olarak cümlenin son kısmı Arapçada belirlilik takısı olan "*el*" alarak gelmez. Allah (cc) bu ayette düzenini değiştirerek kelimeyi "*el-müfsidûn*" şeklinde belirli olarak kullanmıştır.

Ayette dikkat çekmek için "*elâ*" kullanılmış, "*inne*" ile vurgu yapılmış, ayrıca "*hum*" zamiri iki defa tekrarlanarak "onlar" vurgulanmış ve bir de yüklem belirli olarak kullanılmıştır. Bu kadar vurgudan anlıyoruz ki: "Onlar hakikaten fesat çıkaranların ta kendisidir." Mana aynı zamanda cümlenin gramerine de sıkı sıkıya yerleştirilmiştir. Bu Allah'ın Kitabı'nı Arapça göndermesinin hikmetlerinden biridir. Çünkü Arapçada birkaç kelimeyle sadece mana değil, duygular da aktarılabilir. Başka dillerde yazılı olarak bu düzeyde duygu aktarımı söz konusu olmaz. Kur'ân'da, sadece kelimelerin ifade ettiği mana değil, belagat sanatıyla birlikte duygular da yansıtılır; öfke, yoğunluk, dikkat vs. yakalanır. Bu Arap dilinin muhteşem bir özelliğidir. Bu yüzden genç yaşlı, erkek kadın fark etmez herkesin, özellikle Kur'ân hafızlarının Arapça öğrenimine çok önem vermesi gerekir. Günümüzde her yaştan pek çok Müslüman Kur'ân'ı ezberliyor ama tecvidiyle Kur'ân okumayı bildikleri halde ayetin manasını derinliğiyle kavrayamıyorlar. Ateşten, zincirden, cezadan bahseden ayetleri cennet bahçelerinde dolaşıyormuş gibi okuyamayız. Oradaki tonlama, oradaki duygu farklı olmalı. Bu yüzden çocuklarımıza Kur'ân'ı öğrenip ezberlemeleri için yardımcı olduğumuz gibi Kur'ân dilini anlamaları için de yardımcı olmalıyız. Çünkü Kur'ân'ı ezberleme amacımız, ayetlerin manasını içselleştirmek ve namazda o manalarla Allah'a (cc) kullukta bulunmak olmalıdır.

DÖRDÜNCÜ BÖLÜM

وَاِذَا قِيلَ لَهُمْ اٰمِنُوا كَمَٓا اٰمَنَ النَّاسُ قَالُٓوا اَنُؤْمِنُ كَمَٓا اٰمَنَ السُّفَهَٓاءُ اَلَٓا اِنَّهُمْ هُمُ السُّفَهَٓاءُ وَلٰكِنْ لَا يَعْلَمُونَ ﴿١٣﴾

وَاِذَا لَقُوا الَّذ۪ينَ اٰمَنُوا قَالُٓوا اٰمَنَّاۚ وَاِذَا خَلَوْا اِلٰى شَيَاط۪ينِهِمْ قَالُٓوا اِنَّا مَعَكُمْ اِنَّمَا نَحْنُ مُسْتَهْزِؤُ۫نَ ﴿١٤﴾

اَللّٰهُ يَسْتَهْزِئُ بِهِمْ وَيَمُدُّهُمْ ف۪ي طُغْيَانِهِمْ يَعْمَهُونَ ﴿١٥﴾

اُو۬لٰٓئِكَ الَّذ۪ينَ اشْتَرَوُا الضَّلَالَةَ بِالْهُدٰى فَمَا رَبِحَتْ تِجَارَتُهُمْ وَمَا كَانُوا مُهْتَد۪ينَ ﴿١٦﴾

"Onlara: İnsanların iman ettiği gibi siz de iman edin, denildiği vakit 'Biz hiç, akılsızların iman ettikleri gibi iman eder miyiz!' derler. Biliniz ki, akılsızlar ancak kendileridir, fakat bunu bilmezler." (13)

"Mü'minlerle karşılaştıkları vakit 'İman ettik' derler. Şeytanları ile baş başa kaldıklarında ise: Biz sizinle beraberiz, biz onlarla sadece alay ediyoruz, derler." (14)

"Asıl Allah onlarla alay eder. Azgınlıkları içinde bocalayıp dururken onlara mühlet verir." (15)

"İşte onlar, hidayete karşılık dalâleti satın alanlardır. Ancak onların bu ticareti kazançlı olmamış ve kendileri de doğru yola girememişlerdir." (16)

(Bakara, 2/13-16)

İnsanların İnandığı gibi Siz de "İnanın!"

وَاِذَا قِيلَ لَهُمْ اٰمِنُوا كَمَٓا اٰمَنَ النَّاسُ قَالُٓوا اَنُؤْمِنُ كَمَٓا اٰمَنَ السُّفَهَٓاءُ اَلَٓا اِنَّهُمْ هُمُ السُّفَهَٓاءُ وَلٰكِنْ لَا يَعْلَمُونَ

"Onlara, "İnsanların iman ettiği gibi siz de iman edin." denildiği vakit 'Biz hiç, akılsızların iman ettikleri gibi iman eder miyiz!' derler. Biliniz ki, akılsızlar ancak kendileridir, fakat bunu bilmezler."

(Bakara, 2/13)

"وَاِذَا قِيلَ لَهُمْ اٰمِنُوا كَمَٓا اٰمَنَ النَّاسُ"

"Onlara, 'İnsanların inandıkları gibi siz de iman edin' denildiği vakit"

"قِيلَ" "*Kîle*" "söylemek" fiilinin edilgen formudur. Edilgen kullanımda kasıtlı olarak özneden uzaklaşılır. Örneğin, "Namazın erteleneceği söylendi." cümlesinde namazın ertelendiği mesajını alırsınız fakat akla ilk gelen soru: "Kim söyledi?" olur. Konuşan şahıs gizlidir. Edilgen kullanımda failin gizlenmesinin her zaman bir sebebi vardır. Burada faili, yani konuşanı gizlemenin sebebi buluşmanın gizli olduğu izlenimini vermektir. Başka bir deyişle, münafıklar gösteriş yaparak Resûlullah'ı (sav) etkilemeye çalışıyorlardı.

Münafık oldukları alenen bilinmediği için onlar Müslümanların arasındaydılar. Ve inananlar onların yaptığının iyi bir şey olmadığını biliyordu. Onları vazgeçirmek için bir kenara çekip, onlara "Gerçekten inanmalısınız." dediler.

Münafıklar zaten daha önce gelip "Allah'a ve ahiret gününe inandık." (Bakara, 8) demişlerdi. Şimdi ise inananlar onlara gelip "Siz de inanan insanlar gibi iman edin!" dediler. Hâlbuki iman kalptedir ve kimse kimsenin imanını yargılayamaz. O zaman burada şu soru akla geliyor: "Onların imanlarında ne eksik gördüler ki böyle söylediler?"

Kalpteki iman karakter, tavır ve kişilik olarak ortaya çıkar. O kişiliğin bir tezahürü de kulun Allah'tan başka kimseye kendini kanıtlama arzusunun olmamasıdır. Kimsenin kimseye imanının varlığını kanıtlaması gerekmez.

Ayetteki önemli diğer bir önemli nokta ise "كَمَا آمَنَ النَّاسُ" "insanların inandıkları gibi" ifadesidir.

Ayet, "كَمَا آمَنَ الْمُؤْمِنُونَ" "mü'minlerin inandıkları gibi" demiyor, "كَمَا آمَنَ الْمُهَاجِرُونَ" "muhacirlerin inandıkları gibi" demiyor, "كَمَا آمَنَ السَّابِقُونَ" "öncekilerin inandıkları gibi" demiyor; "كَمَا آمَنَ النَّاسُ" "insanların inandıkları gibi" ifadesini kullanıyor. Ayet onlara Hz. Ebu Bekir gibi, Hz. Ömer gibi olmalarını da söylemiyor, sıradan insanlar gibi inanmaları gerektiğini söylüyor.

"النَّاس" *"en-nâs"* ifadesinin "Etrafınızda çok güzel örnekler var, neden siz de öyle davranmıyorsunuz?" manasına geldiğini söyleyenler olmuştur. Bir kişinin etrafı inanmayan, namaz kılmayan, çirkin sözler kullananlarla çevrili ise o şahıs da zamanla çevresinden etkilenip benzer davranışlar göstermeye başlar. Diğer yandan kişinin etrafı çok iyi insanlarla çevrili ise, zamanla hataları azalıp ahlakı ve davranışları güzelleşebilir. O yüzden arkadaşları münafıklara gelip "Etrafınız iyi insanlarla çevriliyken size ne oldu böyle? Siz de iman edenler gibi iman edin." dediler. Ama bu çağrıya muhatap olan insanlar onlardan o kadar uzaklaşmıştı ki cevapları şöyle oldu:

"قَالُوٓاْ أَنُؤْمِنُ كَمَا آمَنَ السُّفَهَاءُ"

"'Biz hiç, akılsızların iman ettikleri gibi iman eder miyiz!' derler."

İşin sonunu düşünmemek akılsızlıktır. Akılsız kelimesinin kökeninde az bir zekâya sahip olmak ve mantıklı karar verememek vardır. Burada münafıkların sahabeye veya Medine'deki Müslümanlara niçin "akılsız" dediklerini anlamak önemlidir. Münafıklara göre akıllı kişi; savaşa katılmaz, kendini kurtarır, birikimini korur, gelecekte neler olabileceğini düşünür, bunun için yatırım yapar, emeklilik planları yapar, eğitimi için para biriktirir, aile kurar vs.

Bu insanlar bizden farklı değildi, onların da bizim gibi hayata dair planları vardı. Bizim kendi ailemizle ilgili planlarımız olduğu gibi onların da vardı. Sonra sahabeyi gördüler: Mesela Hz. Ebu Bekir (ra) Medine'ye hicret ederken yatırım yapmayı mı düşündü, hangi malını yanında getirdi? Hz. Osman (ra) ne ile geldi? Ashap sahip oldukları tüm mal varlıklarını Mekke'de bırakıp gelmişlerdi. Getirdikleri tek hazine imanlarıydı. Münafıklar sahabenin işlerini güçlerini, mallarını mülklerini, toplumdaki konumlarını imanlarından güç alarak ellerinin tersiyle itip muhacir olmayı tercih etmelerine anlam veremiyorlardı. Doğrusu, bu onlara hiç de akıllıca gelmiyordu. Hatta akılsızca geliyordu.

Onlara "Fedakârlık gösterenlerden ilham alın ve siz de fedakârlık yapın." denildiğinde "Bu hiç akıllıca bir davranış değil." diyorlardı. O yüzden Müslümanlara "السُّفَهَاءُ" "*es-süfehâ*" "akılsız" dediler. Adeta "Savaşta kaybedecek ne evi ne malı ne mülkü olan, kısacası hiçbir şeyi kalmamış bu insanların arkasından mı gideceğiz? Biz Kureyş'le karşı karşıya gelmek, savaşa katılıp sahip olduklarımızı kaybetmek istemiyoruz. Bizim onlarla bir sorunumuz yok." dediler ve eklediler: "Akılsızlar gibi mi iman edeceğiz?"

Ayetten çıkardığımız evrensel bir ders var. Dünyanın farklı coğrafyalarında yaşayan ister Hristiyan, Yahudi, Hindu veya agnostik, isterse ateist, Budist vs. olsun pek çok insan İslam'ı kabul edip şehadet getirdiğinde ya da örfi olarak Müslüman olan birinin içindeki İslam ortaya çıktığında hayatında pek çok değişiklik olur. Farklılıklar başta aile ve arkadaş çevresinin gözüne batar. Arkadaş grubunun değişmesi gerekir. Daha önce rahatlıkla bulunduğu eğlence ortamlarına artık gidemez olur. İnancından dolayı ayrımcılığa maruz kaldığı için işini kaybedebilir. Hayat tercihlerinden dolayı birlikte eğlendiği, gezdiği arkadaşları ve yakınlarıyla ilişkilerini kesmek zorunda kalır. Dinî inancına göre yaşamaya başladığında çevresindekiler kendisinden birer birer uzaklaşır ve onun normal biri olmadığını düşünürler. Dışlanıp bir başına kalabilir, hatta ona tercihinden dolayı "akılsız" derler. Çevresini İslam'a davet ettiği zaman "Benim de senin gibi garip, aşırı birine dönüşmemi mi istiyorsun? Ben senin gibi olmayacağım!" diye tepki verirler. Bu manevi yolculuktan geçen birçok kişi kuzenlerinden, kardeşlerinden, aile fertlerinden, arkadaşlarından buna benzer sözleri çokça duyar. İnsanlar onun garip birine dönüştüğünü düşünür, tercihlerinden dolayı ona akılsız derler. Hatta "Çok aşırı gidiyorsun, biraz yavaşla, rahat ol! Bizim gibi dengeli yaşa!" diye tavsiyede bulunurlar. Aynı problem günümüzde hâlâ yaşanmaya devam etmektedir.

İşte ayette bahsedilen kişiler de "أَنُؤْمِنُ كَمَا آمَنَ السُّفَهَاءُ" "Biz de akılsızlar gibi iman mı edelim?" diyorlardı. Allah (cc) bunu tam tersine çeviriyor ve adeta şöyle diyor:

"اَلَٓا اِنَّهُمْ هُمُ السُّفَهَٓاءُ"

"Biliniz ki akılsızlar ancak kendileridir."

Onlar hayatı kaçırdığını düşündükleri Müslümanları akılsızlıkla itham ederken aslında kendilerine Allah (cc) tarafından "akılsız" denir.

El-Kefevî, Allah'ın onlara "akılsız" demesinin manasını şöyle yorumlar:

"Zâhiru'l cehli, azîmu'l akli, hafîfu'l lübbi, daîfu'r re'yi, müstahiffu'l kadri, serîu'z zenb, hakîru'n nefs, makdûu'ş şeytan, esîru't tuğyân, dâimu'l isyân, mülâzimu'l küfrân, lâ yübâlu bimâ kâne ve mâ yekûnu ev sevfe yekûn."

Zâhiru'l Cehli: O akılsız ki, sadece aşağılık duygularına takılıp gider; ağzına geleni söyler, istediğini yapar.

Azîmu'l Akli: Düşünmeyi reddeder.

Hafîfu'l Lübbi: Düşünme kabiliyeti çok zayıftır. Beyin sürekli müzik dinleyip film izlemekle ambale olmuştur, gözler çift görmeye başlar. Kafanın içinde dönüp dolaşan sesler insana bu dünyada neden var olduğu sorusunu sordurtmaz. Allah'ın verdiği akıl kullanılmaz olur. Eğlence sektörü aklımızı kendi ilaçlarıyla uyuşturur. Eğlence bağımlılığı, düşünme kabiliyetini öldüren bir uyuşturucudur. Aklınızı kullanmanız gereken şekilde kullanma kabiliyetinizi öldürür. Üstelik bu durum sadece gençlerle de sınırlı değildir, toplumumuzda pembe dizi bağımlısı olan yaşlılar, Pakistan, Hindistan dizilerini izleyen birçok insan var. Bunlar da dizilerde boğulurlar.

Daîfu'r Re'yi: Her türlü konuda zayıf fikirlidir. Hayatı "Bilmiyorum, emin değilim." diyerek yaşar.

Radîu'l Fehmi: Anlayışları kıttır. Hiçbir şekilde bir anlayış geliştirme çabaları yoktur.

Müstahiffu'l Kadri: Yetileri gitgide azalır.

Serîu'z Zenb: Günah işleme konusunda hızlıdırlar.

Hakîru'n Nefs: Kendilerine hiç saygı duymazlar.

Makdûu'ş Şeytan: Tamamıyla şeytan tarafından aldatılmışlardır.

Esîru't Tuğyân: Allah'a itaatsizlikleri onları tutsak etmiştir. Allah'a karşı gelmek onlar için bağımlılık hâline gelmiştir.

Dâimu'l İsyân: Durmadan günah işler, kötülük yaparlar.

Mülâzimu'l Küfrân: Nankördürler, asla minnet duymazlar, hep daha fazlasını isterler.

Lâ yübâlu bimâ kâne ve mâ yekûnu ev sevfe yekûn: Geçmişte ne yaşadıklarını, şu an neler olduğunu ve gelecekte ne yapacaklarını umursamazlar. Sonuçlar üzerine düşünüp değerlendirme yapmazlar.

Bundan daha büyük akılsızlık olabilir mi?

"إِنَّهُمْ هُمُ السُّفَهَاءُ" "Asıl onlar umursamaz, tamamen kendinden bîhaber olan akılsızlardır." Tam bu noktada Resûlullah'ın (sav) akılsızlarla ilgili bir hadis-i şerifini aktarmak istiyorum. Hadisi İmam Ahmed rivayet ediyor:

"'İnsanlara öyle aldatıcı yıllar gelecek ki; o zaman yalancılar doğrulanacak, doğru sözlüler de yalanlanacak. O zaman hainlere güvenilecek, güvenilir olanlar da ihanetle suçlanacak. İşte o zaman Ruveybida konuşacaktır.' Dediler ki: 'Ruveybida da nedir?', buyurdu ki: 'Hiçbir işe yaramaz, değersiz kişidir; ama tüm insanları ilgilendiren meselelerde konuşur!'" (İbni Mace, 4036)

Yani yıllar insanları gölgede bırakıp çok aldatıcı olacak; yalancı doğrulanacak, doğru yalanlanacak, haine güvenilecek, emin kimseye güvenilmeyecek! Tüm konuşmaları Rüveybida adındaki garip bir grup yapacak. Sahabe meraklanıp Rüveybida'nın ne olduğunu sorar: "Haini, yalancıyı, sadığı duyduk. Peki ama Rüveybida nedir? Kimlerdir tüm konuşmaları yapacak olanlar?"

Resûlullah (sav) da; "Sefih kimse genelin işi hakkında konuşur." buyurdu.

Sefih (akılsız) kimseler kamuya açık mikrofonu alıp toplumda neyin olup olmaması gerektiğini tartışır. Bu hadis için bizim yaşadığımız zamandan, yani bugünden daha uygun hangi dönem olabilir bilmiyorum. Akılsızların toplum önüne çıkıp ne yapılacağına karar verdiği bir zamanda yaşıyoruz. İşin sonunu hiç düşünmeden, ne olup biteceğini tartmadan ağız oynatmak günümüzün önemli sorunlarından biridir.

"وَلٰكِنْ لَا يَعْلَمُونَ"

"Fakat onlar bilmezler."

Binbir Surat Münafıklar

وَاِذَا لَقُوا الَّذٖينَ اٰمَنُوا قَالُٓوا اٰمَنَّا وَاِذَا خَلَوْا اِلٰى شَيَاطٖينِهِمْ قَالُٓوا اِنَّا مَعَكُمْ اِنَّمَا
نَحْنُ مُسْتَهْزِؤُ۫نَ

“Mü’minlerle karşılaştıkları vakit ‘İman ettik.’ derler. Şeytanları ile baş başa kaldıklarında ise: Biz sizinle beraberiz, biz onlarla sadece alay ediyoruz, derler.”

(Bakara, 2/14)

13. ayetten anladık ki münafıklarla özel bir mekânda konuşulmuştu. Onlara “İman edenler gibi siz de iman edin!” denmişti, münafıklar ise “Biz de akılsızlar gibi iman mı edelim?” diye cevap vermişlerdi.

Bu ayette ise münafıklar Müslümanların yanına; Resûlullah’ın (sav) mescidine veya büyük toplulukların bulunduğu yere gidiyorlar. Burada gerçek yüzlerini göstermeye cüret edemiyorlar. Münafıkların önceki ayette sergiledikleri tavırla bu ayette anlatılan tutumları arasında bir tezat söz konusudur. Önceki ayette kendi aralarındaki özel bir konuşma sırasında rahatça konuşuyor ve “Akılsız bunlar.” diyebiliyorlardı. Ancak topluma karışıp “akılsız” dedikleriyle birlikte olunca tamamen farklı bir tavra bürünüyorlar:

“وَاِذَا لَقُوا الَّذٖينَ اٰمَنُوا قَالُوا اٰمَنَّا”

“İman edenlerle karşılaştıkları zaman, ‘İnandık’ derler.”

“Tabii ki inanıyoruz, biz sizinleyiz elbette!” Hâlbuki Allah (cc) bir önceki ayette bize onların gerçekte ne düşündüğünü söylemişti. Şimdi öğreniyoruz ki onlar farklı bir yüzlerini gösterip insanları etkilemeye çalışıyorlar. Allah (cc) Münafikûn Suresi'nde de münafıkların tavırlarından ve ne kadar etkili olabileceklerinden bahseder: "Onları gördüğünde dış görünüşleri seni hayran bırakır. Konuştuklarında dinlersin." (Münafikûn, 4) Resûlullah'a (sav) bile münafıkların dış görünüşlerinden etkilenebileceği söylenmiş. "أَجْسَام" "*ecsâm*" "vücut" demektir. Ayette"يُعْجِبُونَكَ" "*yu'cibûneke*" "Münafıklar seni etkiler." demek yerine "تُعْجِبُكَ اَجْسَامُهُمْ" "*tu'cibuke ecsâmuhum*" "Onların dış görünüşleri seni etkiler." denilmiş. Allah (cc) böyle diyor, çünkü onların kalpleri ölüdür. Kalp ölürse geriye sadece vücut kalır. Onların sadece fiziki özellikleri etkileyicidir.

Bazıları münafıkların yapılı olduğundan bahseder... Hiçbir şart altında kendilerinden ödün vermedikleri için yeme içmelerine çok dikkat eder, vücutlarına çok iyi bakarlar. Onları her zaman yeni giysiler içinde görürsünüz. Bir tarafta her şeyini Müslümanlar için feda eden sahabe, diğer tarafta her ne olursa olsun giyinip kuşanan münafıklar. Adeta "Kârûn, zineti ve görkemi içerisinde kavminin karşısına çıktı." (Kasas, 79) ayeti tecelli eder. Dış görünüşleri etkileyicidir. Çok iyi konuşurlar.

Yine Münafikûn Suresi'nin yukarıda verdiğimiz ayetinin devamında Allah (cc) onları şöyle tasvir eder: "وَاِنْ يَقُولُوا تَسْمَعْ لِقَوْلِهِمْ كَاَنَّهُمْ خُشُبٌ مُسَنَّدَةٌ" "Konuşurlarsa sözlerine kulak verirsin. Onlar sanki elbise giydirilmiş kereste gibidirler." (Münafikûn, 4) Gerçekten çok ilginç. Kur'ân'ın dili çok etkileyicidir. "مُسَنَّدَةٌ" "*müsennedeh*" Bir şeylerin yan yana sıralanması demektir. Evlerin arka bahçelerindeki çitlerde uzun uzun tahtalar yan yana dizilir, arkalarına da hepsini aynı hizada sabit tutacak yatay bir tahta monte edilir. Uzun bir tahta ile sabitlenmemiş bir çit düşünelim. Tahtalar sadece yan yana durur. Çit uzaktan güzel görünür ama yan yana duran tahtalar, çok hafif bir rüzgârda domino taşları gibi art arda devrilecektir. Buna "خُشُبٌ مُسَنَّدَةٌ" "*huşubun müsennedeh*" denir. Diğer ilginç nokta ise "*huşub*" kelimesinin sadece uzun tahtalar için değil, aynı zamanda yakılmaktan başka bir amaçla kullanılmayan odunlar için de kullanılıyor olmasıdır. Allah (cc) münafıklar için sadece yakılmak için kullanılan odunlar benzetmesini yapar. Aslında bu bir bakıma cehennemdeki akıbetlerinin tasavvurudur. Allah (cc) bizi onlardan eylemesin.

"وَإِذَا خَلَوْا إِلَى شَيَاطِينِهِمْ"

"Şeytanlarıyla yalnız kaldıkları zaman..."

"خَلَوْ" "*halev*" biriyle yalnız kalmak demektir. Arapçada "خَلَوْ" "*halev*" fiili "بِ" "*bi*" harf-i ceri ile kullanılır. Ayet "خَلَوْا بِشَيَاطِينِهِمْ" "*halev bişeyâtînihim*" demiyor, "خَلَوْا إِلَى شَيَاطِينِهِمْ" "*halev ilâ şeyâtînihim*" diyor. "إِلَى" "*ilâ*" münafıkların rütbece kendilerinden üstün birine gittiklerini ifade ediyor. "خَلَوْتُ بِهِ" "*halevtu bihi*" seviye olarak aynı iki kişi kastederek, "O ve ben birlikte yalnızdık." manasında kullanılır. "خَلَوْتُ إِلَيْهِ" "*halevtu ileyhi*" cümlesi ise hoca ve öğrencinin birebir konuşmasını ifade etmek için kullanılır. Çünkü hoca öğrenciden daha üstün bir pozisyondadır ve "خَلَوْتُ بِهِ" "*halevtü bihi*" değil, "خَلَوْتُ إِلَيْهِ" "*halevtü ileyhi*" demek uygundur. Ayette geçen "خَلَوْا إِلَى شَيَاطِينِهِمْ" "*halev ilâ şeyâtînihim*" cümlesinde münafıkların şeytanlarını kendilerinden daha üstün bir yerde tuttuklarını görüyoruz. Onların yanlarına gidip tavsiyelerini almak istiyorlar. Müslümanlara gelip "Biz de sizin gibiyiz!" dedikten sonra liderleri olarak düşündükleri kişilere gidiyorlar. Burada kullanılan "إِلَى" "*ilâ*" harf-i ceri şeytanların onların liderleri olduğunu gösteriyor. Sadece bu harf-i cer ile şeytanları liderleri olarak gördüklerini söyleyebiliyoruz. Bu Kur'ân'ın üstün belagatıdır.

Ayette sözü edilen şeytanlar kimlerdir? Onlar münafıkların liderleri, içlerindeki en kötü kişilerdir. Şeytan insanın kalbine insanın kapısını açmasıyla girebilir. İnsan onu içinde fazla tutarsa kendisi de adeta şeytanlaşır. Şeytan o insandan çıktığında kişi çoktan dinden çıkmıştır. Burada sözü edilen, münafıkların gittikleri şeytanlardır. Onlara geri dönüp şöyle derler:

"قَالُوا إِنَّا مَعَكُمْ"

"Biz kesinlikle sizinleyiz, derler."

"Asla onlardan değiliz." Adeta "Evet, beni Müslümanların toplandığı yerlerde görmüştünüz ve ben de mü'min olduğumu söylemiştim. Belki artık sizden değiliz diye endişelenmişsinizdir. Hayır hayır, biz kesinlikle sizinleyiz." derler ve eklerler:

"إِنَّمَا نَحْنُ مُسْتَهْزِؤُونَ"

"Biz onlarla sadece alay ediyoruz."

"هَزَءَ" *"Hezee"* Arapçada incitene kadar alay etmek, demektir. Ayrıca dürtmek, iğneleyici konuşmak manasına da gelir. "هَزَءِ الْإِبِلَ" *"Hezei'l ibil"* bir hayvanı yavaşça öldürmek, bilerek, öfkeden dolayı bir deveyi soğukta bırakmaktır. "Deveyi soğuktan öldürdü." manasındadır. Buradan "Biz de onları yavaşça öldürüyoruz, Müslümanları gözetlemek için onlarla takılıyoruz, ciddi değiliz, sadece eğleniyoruz." manası çıkar. "Tek yaptığımız onlarla dalga geçmek." derler.

Burada ayetle ilgili önemli birkaç noktaya daha temas etmek isterim:

Bunlardan ilki "شَيْطَان" "*şeytan*" kelimesidir. Şeytan kelimesinin dikkate şayan bir kökeni vardır. Kökeninin Yunanca olduğu söylenir; "satan" kelimesi İbranicede de kullanılır. Arapçanın kelime kök sistemine göre âlimler, kelimenin kökeni konusunda iki ayrı görüşe sahiptir ve iki anlam da çok değerlidir. Kökü "*şeyata*" ya da "*şetana*" olabilir. İlk kök olan "*şeyata*"nın anlamı mecazi olarak bir şeyi yakmak demektir. Barbekü edilmeye hazır olan bir ete "*teşyît*" denir, çünkü ateşe verilmeye hazırdır. "*İşâta*" da birini yakarak öldürmektir. Birisi çok sinirlenip öfkelendiğinde ona mecazi olarak "şeytan" denir. Birçok kültürde ateş öfkenin ifadesidir. "Öfkeden ateş püskürüyorum." denir. Birisi bu ifadeyi kullandığında onun çok öfkelendiğini anlarız.

Ayetteki betimlemeye göre onlar Müslümanlara giderek inandıklarını dile getirmişlerdi. Sonra liderleri onları gördü ve ateş püskürdü. Münafıklar şimdi de liderlerine geri dönüp onları sakinleştirmeye çalışıyor, onlara "Hemen öfkelenmeyin!"diyorlar.

Şeytana "şeytan" denmesinin birinci sebebi, evinin ateş olması, ikincisi ise insanlığa öfke kusmasıdır. Hz. Âdem'e olan nefreti, kelimenin tam anlamıyla onu tutuşturmuştu.

Ayrıca, atın bağlandığı halata da "*şatane*" denir. Su bulunmayan bölgelerde insanlar kuyunun içine halatla kovayı sarkıtır ve sonra yavaş yavaş çekmek suretiyle su dolu kovayı dışarı çıkarırlar. Şeytan ayrıca "halatı yavaş yavaş çeken" manasına gelir. Başka bir deyişle şeytan insana kovasını fırlatır ve onun dikkatini çekince halatı yavaşça çekmeye başlar. Avcılar küçük bir hayvan avlamak istediklerinde ipin ucuna küçük bir yem bağlar ve ipi yavaş yavaş kendilerine doğru çekerek hayvanı yakalarlar. Bu, şeytanın hareketidir: Avının dikkatini çeker ve onu bu şekilde avlar. Bu çok anlamlıdır. Allah (cc) A'râf Suresi'nde şeytanın Hz. Adem ve Hz. Havva'yı aldatışını bu kelimeyle anlatır: "فَدَلّٰيهُمَا بِغُرُورٍ" "Böylece onları hile ile aldattı." (A'râf, 22) Şeytan kelimesinin bir anlamı da budur.

Şeytan ayrıca bir daha dönmeyecek şekilde doğru yoldan uzaklaşan demektir.

Münafıklar insanları yoldan saptırır. O kadar çok insanı yoldan çıkarırlar ki her ne olursa olsun bu hareketleriyle liderlerini etkilediklerinden de emin olmak isterler. Müslümanlarla azıcık birlikte zaman geçirseler şeytanlarının kendilerinden memnun olup olmadığından emin olmak için hemen geri dönmeleri gerekir; çünkü şeytanlar onları kendilerine çeker.

Bu ayeti "şeytan" kelimesinin bu çok çeşitli anlamlarıyla beraber düşünerek daha iyi anlayabiliriz.

Ava Giderken Avlanmak

اَللّٰهُ يَسْتَهْزِئُ بِهِمْ وَيَمُدُّهُمْ فِي طُغْيَانِهِمْ يَعْمَهُونَ

"Asıl onlarla alay eden ve azıp saparak dolaşmalarına izin veren Allah'tır."

(Bakara, 2/15)

Allah (cc) münafıklarla nasıl alay eder? Kur'ân'ın belagati içinde bazen öyle kelimeler kullanılır ki adeta bu ifadelerin Allah (cc) için kullanılan uygun kelimeler olmadığı akla gelebilir. "وَمَكَرُوا وَمَكَرَ اللّٰهُ" "Onlar tuzak kuruyor, Allah da tuzak kuruyor." (Enfâl, 30) ayetindeki gibi. "Bu, kulağa Allah'a atfedilecek bir ifade gibi gelmiyor." denilebilir. Münafıkların "إِنَّمَا نَحْنُ مُسْتَهْزِؤُونَ" "Biz ancak onlarla alay ediyoruz." demelerine mukabil Allah (cc) şöyle buyurur:

"اَللَّهُ يَسْتَهْزِئُ بِهِمْ"

"Asıl Allah onlarla alay eder!"

Onlar için de Allah (cc) için de "اِسْتَهْزَءَ" "*istehzee*" ifadesi kullanıldı. Onlar için de Allah (cc) için de "مَكَرَ" "*meker*" kullandı. "Şüphesiz onlar bir tuzak kurarlar, Ben de bir tuzak kurarım." (Târık, 15-16) Bunun amacı, misillemede bulunmaktır. Yani "Onlara yaptıklarına karşılık tam olarak hak ettiklerini veriyorum." demektir. Bu Kur'ân'ın belagatini ifade eder.

Onların alaylarına karşılık Allah'ın (cc) da onlarla istihza ettiğini beyan etmesi ne anlama gelir? Bu sorunun cevabını ayetin devamında bizzat Allah (cc) verir.

Münafıkların Müslümanlarla dalga geçme sebebi, onları manipüle etme gayretleriydi. Allah (cc) da onlarla alay ettiğini açıklıyor; Arapça dilbilgisi yönünden buna "Atf-ı Beyan" denir.

"وَيَمُدُّهُمْ فِي طُغْيَانِهِمْ يَعْمَهُونَ"

"Azgınlıkları içinde bocalayıp dururken onlara mühlet verir."

Diğer bir söyleyişle, Allah (cc) onların davranışlarına olduğu gibi devam etmeleri için kendilerine izin veriyor, adeta "Böyle mi davranmak istiyorsun? Devam et!" "Daha fazla mı asi olmak istiyorsun? İzin veriyorum." diyor. Allah (cc) onları durdurmuyor, önlerine barikat kurmuyor, direkt olarak cezalandırmıyor.

Asr-ı Saadet döneminde Araplar, dil konusunda öne çıkmış olsalar da Resûlullah'ın (sav) Kur'ân dilini nasıl böyle konuştuğunu çözememişlerdi. Arap diline hâkim olmalarına rağmen, Kur'ân'daki pek çok şeyi açıklayamıyorlardı. Kur'ân'ın vahiy süreci yaklaşık 23 yıl devam etti, vahiy peyderpey nazil oldu. Vahiyden ayrı olarak aynı zamanda Resûlullah'ın (sav) kendi sözleri, hadis-i şerifleri vardı. Resûlullah (sav) konuşurken, bazen ağzından Kur'ân, bazen de kendi hadisleri çıkıyordu. Dilbilimciler Resûlullah'ın konuşma tarzını tespit edebilmek için hadislerini bir külliyat haline getirdiler. Kur'ân'la karşılaştırdıklarında hadislerin Kur'ân'la kıyaslanamayacak kadar farklı olduğu ortaya çıktı. Aynı ağızdan çıksa bile belli ki konuşan açıkça farklıydı. Kur'ân'ın üslubu ve kelime tercihi bir insanın uğraşarak ortaya koyamayacağı kadar girifttir.

Mesela Arapçada "مَدَّ" "*medde*" ve "اَمَدَّ" "*emedde*" kelimeleri sunmak demektir. "مَدَدْتُهُ" "*medettuhu*"ve "اَمْدَدْتُهُ" "*emdettuhu*" kabaca aynı anlamdadırlar: "Sunmak." Aralarında sadece vurgu farkı vardır. Araplar her iki kelimeyi de özel bir sebebe bağlı kalmaksızın kullanırlar, onlar için bu iki kelime arasında tercihe sebep olacak bariz bir fark yoktur. Kur'ân'a baktığımızda ise Allah'ın (cc) "*medde*" ve "*emedde*" fiillerini farklı durumlar için kullandığını görürüz. Kur'ân'da, Allah'ın insanlara sunduklarından bahsedilen ayetlerde "*emedde*", diğer durumlar içinse "*medde*" fiili kullanılmıştır.

"وَيُمْدِدْكُمْ بِأَمْوَالٍ وَبَنِينَ" "Sizi mallarla, oğullarla desteklesin." (Nûh, 12)

"يُمْدِدْكُمْ رَبُّكُم بِخَمْسَةِ آلاَفٍ مِنَ الْمَلآئِكَةِ" "Rabbiniz nişanlı beş bin melekle size yardım eder." (Âl-i İmran, 125)

"وَأَمْدَدْنَاهُم بِفَاكِهَةٍ وَلَحْمٍ مِمَّا يَشْتَهُونَ" "Onlara canlarının istediği meyve ve etten bol bol verdik." (Tûr, 22)

"كُلاًّ نُمِدُّ هَؤُلاَءِ وَهَؤُلاَءِ مِنْ عَطَاءِ رَبِّكَ" "Hepsine, onlara da bunlara da Rabbinin ihsanından veririz." (İsrâ, 20)

Bu ayetlerin hepsinde "*emedde*" fiili, Allah'ın kullarına rahmetini sunduğu ifade edilen yerlerde kullanılır. Mesela okyanusların yayılmasında, belli kıssalarda ya da bir cezanın sunulmasında... Bu yüzden incelediğimiz ayette de "*medde*" kullanılmıyor, "*emedde*" kullanılarak "وَيَمُدُّهُمْ فِي طُغْيَانِهِمْ يَعْمَهُونَ" deniyor. Asırlar sonra dilbilimciler bu konuyu incelemiş ve 23 yıl boyunca nazil olan ayetlerde aynı tutarlı kullanımın olduğunu tespit etmişlerdir.

"وَيَمُدُّهُمْ فِي طُغْيَانِهِمْ يَعْمَهُونَ" ayetindeki son kelimeye dikkat edelim: "يَعْمَهُونَ" "*Ya'mehûn*" Arapçada "şok olmak"la birlikte "tereddüt etmek" anlamına gelir. Bu insanlar Allah'a (cc) ve Resûlullah'a (sav) itaat etmede hep tereddüt edecek ve isyan ederek hep batıl yola sapacaklar; her ne zaman yeni vahiy gelse şok olacaklar; bu onları incitecek ve Resûlullah'la (sav) göz teması kurmaktan kaçınacaklar manasındadır. Bu durum sınıfa geç kalan bir öğrencinin öğretmenle göz teması kurmaktan kaçınmasına benzetilebilir. Allah (cc) onların gitmesine, göz teması kurmamasına izin verecek ve onlar bu sebeple kaçabildiklerini düşünecekler. "İçinizden, birini siper edinerek sıvışıp gidenleri muhakkak ki Allah bilmektedir." (Nûr, 63) Allah (cc) bahane edenleri bilir. Bu ayette de onlara izin verdiğini söylüyor.

"عَمِهَ" "*amihe*" kelimesinin kullanılması da çok güzeldir; "عَمَى" "*amâ*"ya benzer. "عَمَى" "*amâ*" ya da "عُمْيَان" "*umyân*" körlük demektir. İbn Esîr'in de dediği gibi "عَمَي" "*amâ*" gözdeki körlük, "عَمِهَ" "*amihe*" basiretteki körlüktür. Eğer Allah (cc) "يَعْمُونَ" "ya'mûn" deseydi "Onlar göremezler, kördürler." diyecekti. Oysa Allah (cc) "يَعْمَهُونَ" "ya'mehûn" diyerek kalplerinin kör olduğunu, yüreklerinin yumuşamadığını söylüyor. İlk ayetlerde münafıkların kalplerinin mühürlendiğini; burada ise kalplerinin kör ve hissetmekten aciz olduğunu ifade ediyor.

Zarar Eden Ticaret

أُولَٓئِكَ الَّذِينَ اشْتَرَوُا الضَّلَالَةَ بِالْهُدٰى فَمَا رَبِحَتْ تِجَارَتُهُمْ وَمَا كَانُوا مُهْتَدِينَ

"Doğruya karşılık sapkınlığı satın alanlar işte onlardır. Bu sebeple ticaretleri kâr etmemiş ve doğru yolu da bulamamışlardır."

(Bakara, 2/16)

"أُولَٓئِكَ الَّذِينَ اشْتَرَوُا الضَّلَالَةَ بِالْهُدٰى"

"Doğruya karşılık sapkınlığı satın alanlar işte onlardır."

Ticaret, alım-satım Kur'ân'daki güçlü mevzulardandır. Dünya ve ahiretle ilgili konularda ve önceliklerden bahsedilen mevzularda kullanılır. Çünkü ticaret, esas itibariyle bir tercih anlamına gelir. Onu mu tercih edeceksiniz, bunu mu?

Satıcılar kredi kartı mı, nakit mi tercih ederler? Elbette alacaklarının nakit ödenmesini tercih ederler. Mesela birisi geldi ve bizden bir ürün satın alıyor. Ürünün ödemesini yapmak için iki farklı teklif sundu. Nakit 20 dolar veya bir ay sonra 25 dolar ödemeyi teklif ediyor. İyi bir iş adamı neyi tercih eder? İşte buradaki seçim ticarettir.

Allah (cc) da bize bir teklifte bulunuyor ve bize cenneti teklif ediyor. Güzel bir ev, güvenlik, iyi komşular... Allah (cc) bize bu teklifi hemen mi yoksa uzun vadeli olarak mı sunuyor? Uzun vadede. Uzun vade güven içerir. Bu teklifi bize kim sunuyor? Allah (cc). Öyleyse kim bu ticareti kabul ederse onun Allah'a (cc) olan güveninden bahsedebiliriz. Normalde uzun vadeli bir anlaşma yaptığınızda bir senet, çek veya resmî bir belge alırsınız. Allah'la (cc) yaptığınız ticarette ise elinizde olan sadece Allah'ın (cc) kelimeleridir. O'na (cc) güveniriz, bize hayal bile edemeyeceğiniz nimetler vereceğine inanırız. Karşılığında hayatımızı ve gerektiğinde bedenimizi O'nun (cc) için feda ederiz. "Allah (cc), kendi yolunda çarpışırken öldüren ve öldürülen müminlerin canlarını ve mallarını, karşılığında cennet vermek üzere satın almıştır." (Tevbe, 111)

Bunu ne zamana kadar yapacağız? Ölene kadar. Uzun dönemli bir ödeme. Ama bazen şeytan gelir ve der ki: "Benim de bir ödeme planım var. Eğer hayatını, bedenini ve malını bana verirsen ben ödemeyi nakit yapacağım. Ne duruyorsun, hemen alışverişi yapalım; her şey nakit."

Satış konusunda marketing ve reklam büyük önem taşır. Mesela bir araba satıcısı düşünün. Müşterisini cezbetmek için elinden geleni yapar. Bilgi alan, fiyat soran bir müşteri tam kapıdan çıkmak üzereyken "Durun bir dakika! Deneme sürüşü yapmak istemez misiniz?" der. Neden bunu yapar? Çünkü o arabayı kullanmak çok caziptir, müşterinin aklını çelebilir. Satıcı arabayı satmak istediği için müşteriyi cezbedecek her yolu dener.

İnsanoğlu da nakit olanı, hemen verileni sever. Dünyayı ahirete tercih eder. Allah'ın (cc) teklifini kabul etmek O'na (cc) güven duymayı, dünyayı vermeyi gerektirir.

Bu terminoloji Kur'ân'da sık sık kullanılır. Burada münafıklar için kullanılıyor. Onlara uzun vadeli bir anlaşma sunuldu ve onlar yanlış bir tercihte bulundular. Yani hemen verilen dünyayı seçtiler. Doğru yönlendirmeyi reddettiler ki bu da ahiretteki ödemeyi tamamen kaybettikleri anlamına geliyor. Az bir dünya menfaatini ebedi faydaya tercih ettiler, işte ayette bahsedilen kişiler bunlardır.

"فَمَا رَبِحَتْ تِجَارَتُهُمْ"

"Bu sebeple ticaretleri kâr etmemiş."

Fayda vermek anlamında olan "*rabiha*" ve "*nefea*" kelimeleri arasında bir fark vardır. "*Rabiha*" kelimesinin kökü "*ribh*"tir. Bu kelime sadece ticaretin faydalı olması anlamına gelmez. Genelde mealler bu şekilde anlam verir. "*Rabiha*" aslında "*isteşeffe*" yani sonuca varabilmek için anlaşma anlamına gelir. Bir müddet sonra neticelenecek müzakerelerden geçiyoruz demek gibidir. Allah (cc) diyor ki onların ticareti hiç neticelenmeyecek, onlar verecekler ama asla alamayacaklardır.

"وَمَا كَانُوا مُهْتَدِينَ"

"Doğru yolu da bulamamışlardır."

Ayetin sonunda Allah (cc) bunun sebebini söylüyor. Onlar doğru olan yönlendirmeyi tercih etmediler. Münafıklar bu ayetlerde iman ettiklerini ve doğru yönlendirmeyi, hidayeti kabul ettiklerini söylüyorlar. Ama Allah (cc) burada onların aslında bu yönlendirmeyi kabul etmediklerini söylüyor.

BEŞİNCİ BÖLÜM

مَثَلُهُمْ كَمَثَلِ الَّذِي اسْتَوْقَدَ نَاراً فَلَمَّا اَضَاءَتْ مَا حَوْلَهُ ذَهَبَ اللّٰهُ بِنُورِهِمْ وَتَرَكَهُمْ
فِي ظُلُمَاتٍ لَا يُبْصِرُونَ ﴿١٧﴾
صُمٌّ بُكْمٌ عُمْيٌ فَهُمْ لَا يَرْجِعُونَ ﴿١٨﴾
اَوْ كَصَيِّبٍ مِنَ السَّمَاءِ فِيهِ ظُلُمَاتٌ وَرَعْدٌ وَبَرْقٌ يَجْعَلُونَ اَصَابِعَهُمْ فِي اٰذَانِهِمْ مِنَ
الصَّوَاعِقِ حَذَرَ الْمَوْتِ وَاللّٰهُ مُحِيطٌ بِالْكَافِرِينَ ﴿١٩﴾
يَكَادُ الْبَرْقُ يَخْطَفُ اَبْصَارَهُمْ كُلَّمَا اَضَاءَ لَهُمْ مَشَوْا فِيهِ وَاِذَا اَظْلَمَ عَلَيْهِمْ قَامُوا
وَلَوْ شَاءَ اللّٰهُ لَذَهَبَ بِسَمْعِهِمْ وَاَبْصَارِهِمْ اِنَّ اللّٰهَ عَلٰى كُلِّ شَيْءٍ قَدِيرٌ ﴿٢٠﴾

"Onların misali, ateş yakan biri gibidir. Ateş parlak bir şekilde yandığında, Allah (cc) nurlarını yok eder, de onları karanlıklar içinde, hiçbir şey görmez bir hâlde bırakır." (17)

"Onlar sağırlar, dilsizler ve körlerdir. Bu sebeple onlar geri dönemezler." (18)

"Yahut onlar, karanlıklar içinde gökten boşanan gök gürültülü, şimşekli yağmura tutulmuş kimseler gibidirler. Yıldırımlar yüzünden ölümden korkarak parmaklarıyla kulaklarını tıkarlar. Hâlbuki Allah inkarcıları çepeçevre kuşatmıştır." (19)

"Şimşek gözlerini kör edercesine çakar, onların çevresini aydınlatınca orada yürürler, karartınca da kalakalırlar. Allah dileseydi onların kulaklarını ve gözlerini büsbütün giderirdi. Şüphesiz Allah her şeye Kâdir'dir." (20)

(Bakara, 2/17-20)

Kur'ân'ın Temsille Öğretme Metodu

مَثَلُهُمْ كَمَثَلِ الَّذِي اسْتَوْقَدَ نَاراً فَلَمَّا اَضَاءَتْ مَا حَوْلَهُ ذَهَبَ اللّٰهُ بِنُورِهِمْ وَتَرَكَهُمْ فِي ظُلُمَاتٍ لَا يُبْصِرُونَ

"Onların misali, ateş yakan biri gibidir. Ateş parlak bir şekilde yandığında Allah (cc) nurlarını yok eder de onları karanlıklar içinde, hiçbir şeyi görmez bir hâlde bırakıverir."

(Bakara, 2/17)

"مَثَلُهُمْ كَمَثَلِ الَّذِي اسْتَوْقَدَ نَاراً"

"Onların misali, bir ateş yakan biri gibidir."

Allah (cc) Kur'ân'da "عَلَّمَ الْقُرْآنَ" "Kur'ân'ı öğretti." (Rahmân, 2) buyuruyor. Bu ayet, Kur'ân'ın fıtratını ve Kur'ân'la nasıl ilişki kuracağımızı anlayabilmemiz için çok temel bir ilke sunar. Bir konuşmacı için sadece kendi düşüncelerini nakletmek önemli iken bir öğretmen için kendi düşüncelerini ifade ederken kullandığı sözler de önemlidir; çünkü onun için kendi düşüncelerini ifade etmek kadar sözlerinin öğrenciler tarafından nasıl kavranacağı da önemlidir. Ayrıca öğrencinin konuyu içselleştirebilmesi için öğretmenin sözlerini zaman zaman tekrar etmesi gerekir. Öğretmen öğrencisinin anlatılanları anlayıp anlamadığını kontrol eder, öğrenciyi test eder. Ayrıca öğretmen bir konuyu daha anlaşılır kılmak için örnekler verir. İyi öğretmenlerin her zaman isabetli örnekler vermesi beklenir. Özellikle anlaşılması zor, soyut ve felsefi konular söz konusu olduğunda öğretmenin örnekler vererek konuyu somutlaştırması, öğrencinin anlamasını kolaylaştırır. Örnek verme sebeplerinden biri budur. Diğer bir sebep de örnekler vererek konunun detaylarının akılda kalmasını sağlamaktır. Çünkü zihinde uygun örneklerle bağlantısı kurulmamış fikir, madde ve listelerin akılda kalması zordur. Bir olay veya tablo tasvir edilerek, detaylandırılarak anlatıldığında konu kolaylıkla akılda kalacaktır. Görsel olarak sunulan şeyi hatırlamak daha kolaydır. Allah'ın (cc) Kur'ân'da yaptığı şey de budur; çoğu zaman görsel örnekler vererek mevzuyu zihne yaklaştırır. Mushafın diziliş sırasına göre ilk darb-ı mesel Bakara Suresi'nin on yedinci ayetinde geçer. Bu ayette Kur'ân'daki bu yöntemin ilk örneğini ve tasvir olarak sunulan ilk sahneyi görürüz.

Bir önceki ayette Allah (cc) "أُولَئِكَ الَّذِينَ اشْتَرَوُا الضَّلاَلَةَ بِالْهُدَى فَمَا رَبِحَتْ تِجَارَتُهُمْ وَمَا كَانُوا مُهْتَدِينَ" "İşte onlar, hidayete karşılık dalâleti satın alanlardır. Ancak onların bu ticareti kazançlı olmamış ve kendileri de doğru yola girememişlerdir." (Bakara, 16) demişti. Ayette söz konusu edilenler, sahip oldukları inanca gönülden bağlı olmadıkları için inançlarını dalalet karşılığında kolayca satmışlardı. Şu anda incelediğimiz 17. ayet "مَثَلُهُمْ كَمَثَلِ" "Onların misalleri" derken işte bu zararlı alışverişi yapanları örnek veriyor.

Arapçada direkt olarak "مَثَلُهُمْ الَّذِي اسْتَوْقَدَ نَاراً" derseniz mana: "Onların misalleri, ateş yakmaya çalışan biri gibidir." olur. Fakat Kur'ân böyle söylemiyor.

"مَثَلُهُمْ كَمَثَلِ الَّذِي اسْتَوْقَدَ نَاراً" diyerek "مَثَل" "*mesel*" kelimesini iki kere tekrarlıyor ve "gibi" manası katan "كَ" "*ke*" harfini de ekliyor. O zaman bu kullanım şu manaya geliyor: Onların problemlerinin misallerinin küçük bir kısmını temsil ediyor. Eğer bu resim münafıklar ve hidayetlerini terk ederek dalâleti satın alan kâfirlerle ilgili her şeyi tamamen temsil etseydi, o zaman "مَثَلُهُمْ"dan sonra ayetin direkt "مَثَلُهُمْ الَّذِي اسْتَوْقَدَ نَاراً" şeklinde gelmesi gerekirdi ama böyle gelmedi. Arada bir mesafe ve boşluk varsa bu, ayetin yapbozun sadece bir parçasını anlatacağı anlamına gelir.

Allah (cc) neden bir kısmını anlatıyor? Çünkü diğer parçalarını Kur'ân'ın farklı yerlerinde verecek. Tüm resmi tamamlamak için adeta yapboz parçalarını bulmamız gerekiyor. Yani biz elimize bir fener alacağız ve bununla "مَثَلُهُمْ كَمَثَلِ الَّذِي اسْتَوْقَدَ نَاراً" ayetine yansıyan kısmı anlamaya çalışacağız.

"*Mesel*" Arapçada örnek manasındadır. Bir sahne resmedilecek ve bu sahnede bazı gerçeklikler temsil edilecek. Biz de oradaki hikmeti göreceğiz. Eskiden Araplar sıradan bir örnek vermek için hiçbir zaman "*mesel*" kelimesini kullanmazlardı. "*Mesel*", sadece çok şaşılası durumlarda kullanılırdı. Yani "*mesel*" denilince Arap zihniyetine göre cidden şaşılacak bir şey tasvir edilecek demekti. Sıradan bir örnek vermek içinse gibi anlamına gelen ve benzetme edatı olan "كَ" "*ke*" ifadesini kullanırlardı.

Şimdi imgenin kendisine, yani yapılan tasvire yönelelim:

"اَلَّذِي اسْتَوْقَدَ نَاراً" "Ateş yakmaya çalışan birinin örneği." Bu genel bir tasvirdir; bir çölde, gece karanlığında yolculuk ederken kaybolmuş ve yolunu bulmaya çalışan bir adam. Nereye gideceğini bilmez bir hâlde. Zifiri karanlıkta çaresiz ve ümitsizce kuytu bir köşeye çekilmiş, ateş yakmaya çalışıyor. Eğer "أَوْقَدَ نَاراً" derseniz, "O ateş yaktı." manasına gelir. "اِسْتَوْقَدَ نَاراً" derseniz, "O ateş yakmaya çalışıyor." olur. Hava dondurucu soğuk, umutsuz bir hâlde, vahşi hayvanların ulumalarından korkuyor. Gecenin bir yarısı bu yabani ortam gerçekten çok korkutucudur. Adam kendini koruyabilmek için ateş yakmaya mecburdur. Etraftaki vahşi hayvanlardan ancak bu şekilde korunabilecek, yaklaşan tehlikeleri görebilecek ve bir nebze olsun donmaktan kurtulabilecektir. Bütün bu düşünceler içinde ateş yakmaya çalışıyor.

Ve Allah (cc) hemen ardından şöyle diyor:

"فَلَمَّا أَضَاءَتْ مَا حَوْلَهُ"

"Ateş o kişinin etrafını parlak bir şekilde aydınlattığında"

Eğer ateş hemen yanarsa ortam birdenbire "*enarat*" olur, aydınlanır. Ama ateş önce bir kıvılcım olur, sonra yavaş yavaş büyür ve kocaman alevlere dönüşür; işte o zaman çevresini aydınlatmaya başlar. "أَضَاءَتْ" "*edâet*" kelimesi "ضَوْءِ" "*dav'i*"den gelir; yani ışık için kullanılan iki kelimeden biri olan "ziya"dan. "Ziya" ve "nur" arasında bir fark vardır. Ziyada sıcaklık ve yansıma vardır, nurda yoktur. Sabahın çok erken saatlerinde, fecr vaktinde gökyüzünde görünen "ziya" değil, "nur"dur. Çünkü güneş direkt olarak görünmez, ışığın gökyüzünden yansıması görünür. Yoğun bir şekilde direkt olarak gelen ve sıcaklık veren ışığa ise "ziya" denir. "هُوَ الَّذِي جَعَلَ الشَّمْسَ ضِيَاءً وَالْقَمَرَ نُورًا" "Güneş'i bir ziya, Ay'ı bir nur kılan, O'dur." (Yûnus, 5) Çünkü Ay, ışığı yansıtır, bu sebeple ona "nur" denir.

"ذَهَبَ اللّٰهُ بِنُورِهِمْ"

"Allah onların nurlarını giderir."

Ateş yandığı anda adamın tüm çevresini aydınlatır. Adam gece vakti, çölde tek başınaydı. Gündüz vakti çölde ateş yakmaya gerek yoktur. Çölün kızgın sıcağı ateş yakmaya ihtiyaç bırakmaz. Ayette tarif edilen, bir gece imgesi, bir karanlığa atıfta bulunur. "Onların durumu, (geceleyin) ateş yakan kimsenin durumuna benzer: Ateş tam çevresini aydınlattığı sırada Allah onların nurunu söndürüverir." Ayette verilen misal üzerinden anlıyoruz ki çölde kaybolup ışık arayan adamla aynı durumda daha niceleri var; onlar da ışık arıyor, yollarını bulmaya çalışıyorlar. Gece çölde yol bulmak için, ışığı olan birini bulacak kadar nasipli olmak gerekir. Diğer bir grup insan da çölde kaybolmuş ve Allah (cc) onların nurlarını almış.

Dikkat edilirse ayet, "ذَهَبَ اللّٰهُ بِنُورِهِمْ" "*zeheballâhu binûrihim*" "Allah'ın onların nurunu aldı." diyor. Burada iki nokta dikkatimizi çekmeli. Birincisi bu ayette sadece bir kişinin değil birçok kişinin ateş yakmaya çalıştığıdır. "Onların nurları" ifadesi bunu fark etmemizi sağlıyor. Diğer nokta ise ayette, "ذَهَبَ اللّٰهُ بِضَوْءِهِمْ" "*zeheballâhu bidav'ihim*" "Allah onların ziyasını alır." demiyor. Allah'ın (cc) onların nurunu alması ne demektir? Yani, ışıktan o kadar uzaktalar ki ışığın ne kendisini ne yansımasını görüyorlar. Allah (cc) onların kendi ışıklarını görme kabiliyetlerini yok etti. Allah (cc) çölde kaybolan bu insanların ateş yakan bu adamdan faydalanmalarına da izin vermiyor. Bu sırada adamın yaktığı ateşin alevleri iyice yükselmiş ve etrafındakileri ısıtmaya da başlamıştır. Tam da buna ihtiyaçları vardı oysa. Burada akla şöyle bir soru geliyor: "Allah bu zavallı insanlara neden böyle bir şey yapsın? Allah (cc) neden buna mâni olsun?" "ذَهَبَ اللّٰهُ بِنُورِهِمْ" "*zeheballâhu binûrihim*" diyor. Bu soruyu biraz ileride cevaplayacağız.

Arapça dilbilgisi açısından bu cümle "أَذْهَبَ اللّٰهُ نُورَهُمْ" "*ezheballâhu nûrahum*" şeklinde de kullanılabilirdi. Arapçada "ذَهَبَ" "*zehebe*" ve "أَذْهَبَ" "*ezhebe*" kabaca aynı anlamda olmalarına rağmen hakikatte farklıdırlar.

Peki nedir bu fark?

Allah (cc) kendisinin mâni olduğunu ve ışığı sonsuza dek aldığını söylerken "*zeheballâhu binûrihim*" diyor. Eğer "*ezheballâhu nûrahum*" deseydi nur belki gelebilirdi. Ama Allah (cc) uzaklaştırdı. Bu, Allah'ın (cc) her gece ışığı uzaklaştırması ve her sabah tekrar yaklaştırması gibidir. Ama eğer "*zeheballâhu binûrihim*" derseniz nur asla gelmeyecek, başka bir deyişle ona asla yaklaşamayacaklar bile demektir.

"وَتَرَكَهُمْ فِي ظُلُمَاتٍ"

"Ve onları karanlık içinde bıraktı."

Karanlık bile değil, adeta karanlık üstüne karanlık çökmüş, zulmet denilen koyu bir karanlık. Çölün derinlerine ne kadar inerlerse zulmet o derece artıyor. Gittikçe kesifleşen bir karanlık içindeler.

"لَا يُبْصِرُونَ"

"Onlar görmezler, görme ihtimalleri de yoktur."

"يَرَوْ" "*yerav*" kelimesi de "Onlar görmez." anlamını verir ancak Allah (cc) "يُبْصِرُونَ" "*yubsırûn*" kelimesini kullanır burada.

Tasvir edilen sahneye tekrar bakacak olursak; insanlar çölün ortasında, her yeri zulmet kaplayan bir gece vaktinde ışık bulamıyorlar, ateşleri yok. Her an vahşi hayvanların saldırısına uğrama korkusu içinde, belki de ölümle burun buruna iken etraflarında kim olduğunu da göremiyor, hatta "Kim var orda?" diye bile soramıyorlar. İnsanın gözü görmediği zaman kulağı hassaslaşır, en ufak bir çıtırtıya kulak kesilir. Gece vakti ışıklar kapalı yatağa uzanmış bir hâlde iken rüzgârın esintisini bile duyarsınız. Perde biraz oynasa "O da neydi?" dersiniz. Kulaklarınız hassaslaşır. Oysa ışıklar yandığı zaman pek çok sesi duymaz olursunuz. Karanlıkta iken kulaklar keskinleşir. Ayetlerin akışı bu noktada kulaklara, işitme duyusuna geçer.

"Sağır, Kör ve Dilsizdirler..."

صُمٌّ بُكْمٌ عُمْيٌ فَهُمْ لَا يَرْجِعُونَ

"Artık onlar sağırlardır, dilsizlerdir ve kördürler; bu yüzden geri de dönemezler."

(Bakara, 2/18)

✦

"صُمٌّ"

"Sağırdırlar."

Allah (cc) "صُمٌّ" diyor; "Allah onları sağır etmiş." demiyor, "Onlar sağırdırlar." diyor. Sadece sağır.

“بُكْمٌ”

“Dilsizdirler.”

Kimse onları duyamıyor, konuşamıyorlar demektir. Burada iki nokta vardır: Birincisi, konuşsalar bile kimse onları duymaz. İkincisi, duyulabilen her şeyden o kadar uzak, o kadar tek başınadırlar ki hiç ses duymadıkları için duyma yetilerini kaybettiklerini zannederler.

“عُمْيٌ”

“Kördürler.”

İlk körlük, ortamda ışık olmadığında olur. Bulutlu bir gecede elektrikler gitse ve bütün sokak lambaları kapansa ortam zifiri karanlık olur, göz gözü görmez. Bu da bir çeşit körlüktür. Yani Allah (cc), ilk körlüğü, dışarıdaki tüm ışıkları yok ederek yapmıştı. Şimdi ise gözlerin görme yetisi de alınıyor. Yani işitme de yok, konuşma da yok, görme de yok.

“فَهُمْ لاَ يَرْجِعُونَ”

“Geri dönmeleri imkânsızdır.”

Nereye geri dönmeleri imkânsız?

Artık önceden bulundukları ışığa geri dönemezler.

Gitmeleri gereken ışığa artık geri dönmeleri imkansız. Allah (cc) bu ışık için, “نُورِهِمْ” “*nûrihim*” demişti. Onların ışıkları diğer bir deyişle adamın yaktığı ateş onlar içindi, onların ışığıydı. Onlar kastedilmiş olmasaydı o ışık onlar için olmasaydı Allah (cc) “ذَهَبَ اللّٰهُ بِنُور” “*zeheballâhu binûr*” derdi. Ama ışık onlar içindi bu nedenle Allah (cc) “ذَهَبَ اللّٰهُ بِنُورِهِمْ” “*zeheballâhu binûrihim*” dedi. Artık ışığa erişemezler, ona dönemezler.

Şimdi tekrar ayetteki imgeyi gözden geçirelim: Resûlullah (sav) çok güzel bir örnek veriyor: "Benimle sizin durumunuzun örneği, ateş yakan bir adamın örneğine benzer."

İsrailoğulları'nın tarihine bakarsak bir peygamber öldükten bir süre sonra hemen bir başka peygamberin gönderildiğini görürüz. Onlara arka arkaya peygamberler gönderildi: Hz. Davud'dan (as) sonra Hz. Süleyman (as). Ondan sonra Hz. Zekeriya (as), ondan sonra Hz. Yahya (as). Bu süreç Hz. İsa'ya (as) kadar bu şekilde devam etti. Sonunda İsrailoğulları'na kendi içlerinden gelen son peygamber gönderildi, ama onlar Hz. İsa'yı (as) reddettiler ve Hz. İsa (as) göğe yükseltildi: "Allah onu kendisine yükseltmiştir." (Nîsa, 158)

Hz. İsa (as) Resûlullah'tan 600 yıl önce gönderilmişti. Aradan asırlar geçmesine rağmen tekrar peygamber gönderilmeyince İsrailoğulları bir bekleyişe girdiler. Uzun bir süre vahiy kesildikten sonra son peygamberin geleceğini biliyorlardı. Bu aralık son peygamberin geleceğinin habercisiydi. Ve peygamberlik müessesesi, bekledikleri peygamberin gelişiyle son bulacaktı. Büyük bir bekleyiş vardı. Arap dünyasındaki Yahudiler de dâhil herkes gelecek son peygamberi bekliyordu.

Diğer taraftan, kendi kitaplarında belirtilen son peygamberin Medine'ye geleceğinden emin olan Yahudiler nesiller önce Medine'ye yerleşmiş ve Resûlullah'a (sav) kendi dillerinde "Kitaplarımızda Medine'ye geleceğin yazılı olduğu için biz buraya geldik ve seni bekliyoruz..." içerikli mektuplar yazmışlardı. Ömürleri boyunca Resûlullah'ı bekleyip göremeyenler, yazdıkları mektupların gelecek son peygambere iletilmesini çocuklarına vasiyet etmişlerdi; onlar da kendi çocuklarına... Arap Yahudilerinde son peygamberin Medine'ye gelmesini beklemek adeta bir gelenek hâlini almıştı.

Gece, Zifiri Karanlık

Vahyin bizzat kendisi nurdur. Ayette "gece" metaforu ile ifade edilen karanlık ve zulmet hâli, vahyin kesildiği döneme işarettir. "Artık Allah'a, O'nun Resûlü'ne ve indirdiğimiz nura iman edin." (Teğabun, 8) Allah (cc) ayette, gönderdiği vahye "nur" diyor. Nur olmadan yön bulunamaz. Huda'nın kelime anlamı da "yön" demektir. Vahiy "yol gösterir" çünkü vahyin kendisi nurdur. Bu iki kelime birbirinin yerine kullanılabilir.

Uzun süredir vahiy kesilmiş ve dünya karanlık içinde kalmıştı. Karanlık geceler Araplar için çok daha uzundu; çünkü kendilerine gönderilen son peygamber Hz. İsmail'di (as) ve üzerinden binlerce yıl geçmişti. Çok uzun zamandır ışıklarını kaybetmiş, karanlığa hapsolmuşlardı.

Roma ve Pers İmparatorlukları yollar, kaleler inşa etmiş, altyapılar kurmuştu; şehirleri ışıl ışıldı. Arapların sahip oldukları tek şeyse çöldü. Bedevilik yaygındı ve çadırlarda göçebe hayatı yaşıyorlardı. Tüm dünyanın birkaç yüzyıl gerisinde kalmışlardı. Allah (cc), bu karanlığın içine gönderdi Resûlullah'ı (sav).

Şu bakış açısıyla düşünelim; Kur'ân Resûlullah'ın (sav) kalbine indirildi ve insanlık tarihini tamamen değiştirdi. Roma, İran, tüm dünya doğrudan ya da dolaylı olarak İslam'dan etkilendi. Allah'ın kelamı, insanlığın neredeyse beşte birini doğrudan, kalanını da dolaylı olarak etkiledi.

Ve Allah (cc), vahyi Roma İmparatorluğu'na, kuvvetli bir felsefi geçmişleri olan Yunanlılara değil; gezegendeki en karanlık noktaya, medeniyetten olanca uzak bir hâl içindeki Arap yarımadasına indirdi. Onların güzel şehirleri, gelişmiş mimarileri yoktu, ama dil ve edebiyatlarıyla gurur duyuyor, adeta "Dil bizim işimiz!" diyorlardı. Çok az şeye sahip olduğunuzda elinizdeki o tek tük şeylere sahip çıkmanız gerekir. Bu yüzden Araplar dillerine sahip çıktılar. Şairler sırf bir şiir okudukları için zengin olabiliyorlardı. Okunan bir şiir kabileler arasında nesiller boyu devam eden savaşların çıkmasına veya var olan savaşların bitmesine yol açabiliyordu. Kâbe aynı zamanda şiir yarışmalarının düzenlendiği bir merkezdi. Okunan en güzel şiirler Kâbe'nin duvarına asılıyor, bunlara "Muallakât" deniyordu. Allah (cc) son vahyi, dil ve edebiyatta çok ileri bir toplum olan Araplara gönderdi.

Ayetteki ilk imge, gece yarısı ateş yakmaya çalışan adamdı. Resûlullah (sav) kırk yaşına kadar peygamber olduğundan haberdar değildi; ama etrafında gördükleri, insanların putlara tapması onu rahatsız ediyordu. Kendisi hiçbir zaman bu tür bir inanca eğilim göstermemişti. Toplumun alt tabakasındaki kişilere eziyet edilmesinden rahatsız oluyordu. Yetimler itilip kakılıyor, kimse ihtiyaç sahiplerine, yaşlılara yardımcı olmuyordu. Resûlullah (sav) peygamber olmadan önce de hayırsever bir aktivistti. Elinden geldiğince herkese yardımcı olmaya çalışıyordu. Eşi Hz. Hatice (ra) de malının büyük bir kısmını zarar gören insanlara yardımcı olacak işler için Ona (sav) vermişti. Bunca çabaya rağmen durum düzelmiyordu; eziyet edilene yardım ediyordu ama eziyet hâlâ devam ediyordu. Fakire yardımcı oluyordu ama yoksulluk bitmiyordu. Ahlaki çöküşe karşı çıkıyordu ama ahlaksızlık doludizgin devam ediyordu. Resûlullah (sav) omuzlarında insanlığın yükünü taşıyordu. Dünyadaki kötülük karşısında ne yapacağını bilmiyordu.

Uzun uzun düşünmek için Cebel-i Nur'a çıkıyordu. Dağa bu ismin verilmesinin birkaç sebebi vardır. Sebeplerden biri, nurdan yaratılmış olan Cebrail'in (as) nurdan olan vahyi O'na (sav) burada getirmiş olmasıydı. Aslında daha önceden de bu dağa Cebel-i Nur deniyordu; çünkü Ay dağın üzerinde ışıl ışıl yansıyordu. Ayrıca kimileri, Resûlullah (sav) orada ateş yaktığında ışığının her yerden göründüğünü söylüyorlardı. Aslında Resûlullah'ın (sav) oraya çıkıp ateş yaktığını söylediği bir hadisi yok. Ama kendi hayal gücüm, karanlıkta ateş yakmadan o dağa çıkmanın çok zor olduğunu söylüyor. En doğrusunu Allah-u Teâlâ bilir.

Resulullah (sav) yalnız kalmak için oraya gidiyordu. Ateş için dağın tepesine çıkan başka bir peygamber de Hz. Musa (as) idi. Medine'de neredeyse altı yüzyıldır son peygamberi bekleyen Yahudiler vardı; öte taraftan Mekke'de de Arap dilini ustalıkla kullanan Araplar vardı. Bu onlar için bir gurur vesilesiydi.

Resûlullah (sav) Kur'ân'ı tebliğ etmeye başlayınca iki inatçı adamı karşısında buldu. İlki, Arapların en seçkin kişilerinden biriydi ve bu kelamın insan işi olamayacağını biliyordu. Mekke'nin seçkinleri Kur'ân'ın kesinlikle Allah'ın kelamı olduğunu anlamıştı ama gururları bunu kabul etmekten onları alıkoyuyordu.

Ahnes bin Şerik ve Ebu Sufyan'ın hadiseleri meşhurdur. Ebu Cehil de bunlardan biriydi. Gece gelip Resûlullah'ın (sav) evinin duvarların arkasına saklanır; Resûlullah (sav) gece namazı kılarken Kur'ân dinlemekten kendilerini alamazlardı. Ama sabah olunca kimseye bir şey söylemezlerdi. Bir gece birbirlerine yakalandılar. "Ne yapıyorsun burada?" diye sordular. "Asıl sen ne yapıyorsun?" Kur'ân'ı dinlememek ellerinde değildi. Ve birbirlerine bir daha oraya gelmeyeceklerine dair yemin ettiler, ancak ertesi gece de ondan sonraki gece de tekrar orada buldular kendilerini. Sonunda ciddileşip "Mekke'deki gençler bizim geceleri gelip Kur'ân dinlediğimizi, gündüz de yalanladığımızı görürse itibarımızı kaybederiz. Bir daha gelmeyelim." dediler. Bu olayı Müslüman olduktan sonra Ebu Sufyan anlatmıştır.

Yine Arapların en iyi şairlerinden biri olan Velid bin Muğire de eleştirmek niyetiyle Kur'ân dinlemeye gitmişti. Döndüğünde eleştirmek bir yana ağzını bıçak açmıyordu. İnsanların ısrarı üzerine şu sözleri söyledi: "Allah'a yemin ederim ki aranızda şiir söylemeyi benden daha iyi bilen kimse yok. Bilirsiniz, belli hecelerde belli uyak düzenleri olur. Kimse bunu benden daha iyi anlamaz. Kimse, cinler bile, şiirlerini benden iyi bilmiyor." dedi. Yani "Bu benim alanım, söylediklerime kulak vermeniz lazım." demek istedi ve ekledi: "Allah'a yemin ederim ki O'nun (sav) okuduğu şey şu ana kadar duyduğum hiçbir şiire benzemiyor. Allah'a yemin ederim ki söylediği kelimelere hâkim bir görkem ve güzellik var. O sözün üstü meyvelidir, kökünün suyu boldur. Bu kelimeler alt edilmez, alt eder." Bunlar, bir Müslüman'ın değil, İslam'ın bir numaralı düşmanlarından olan Velid bin Muğire'nin sözleriydi. Kur'ân'a verdiği tepki buydu. Kendisinden insanları ikna etmek için daha işe yarar bir şeyler söylemesi istendiğinde, "İnsanlara bunun sihir olduğunu söyleyin." dedi. "Bunu duyan ondan etkilenir ve çarpılmışa döner."

Neden sihir dediler? Çünkü sihrin mantıklı bir açıklaması yoktur. Velid b. Muğire Kur'ân'ın "uydurma bir şiir" olamayacağını, bunun mantıklı bir açıklamasının bulunmadığını biliyordu elbette ama insanları Allah'ın kelamından uzak tutmanın tek yolunun bunun sihir olduğuna inanmalarını sağlamak olduğunu düşündü.

Bunları çok sonradan öğreniyoruz. Ama o zaman çıkıp konuştular mı? Hayır! Bu sözler ne kadar da etkileyici, dediler mi? Hayır! Kendi samimi düşüncelerini asla umuma yaymadılar, Kur'ân'ı dinlemeyi reddettiler.

Çünkü onlar "صُمٌّ" sağırdılar.

Çünkü onlar "بُكْمٌ" dilsizdirler, konuşamazlar. Neyi konuşamazlardı? Kalplerinde olanı. Kalplerinde olan ne idi? "Bu tabii ki Allah'ın kelamı! Gerçek bu, ama bunu söyleyemem; özel bir buluşmada itiraf edebilirim ancak! Dışarıda adeta dilsiz olup hiçbir şey konuşmayacağım."

Çünkü onlar "عُمْيٌ" kördüler.

Bu sıralamanın çok iyi anlaşılması gerekir. Allah'ın kelamını dinlediğinizde onu öğrenmek istersiniz. Öğrenmek için de "Eğer bilmiyorsanız ilim sahiplerine sorun." (Nahl, 43) hükmünce gidip sormanız gerekir. Soru sorarak, Resûlullah'la (sav) iletişime geçerek öğrenmek gerekir. Sahabe Kur'ân'da bir kelime görse, "Bu nedir?" diye sorardı. Yani öğrenmek için önce dinlemek, sonra konuşmak gerekir. Ayette tasvir edilenlerin dinlemeleri de "صُمٌّ", konuşmaları da engellenmiştir "عُمْيٌ" Eğer dinleyip konuşsalardı öğrenirlerdi ve düşünceleri değişirdi. Onlara basiret verilirdi. Ama şimdi kördürler.

"فَهُمْ لاَ يَرْجِعُونَ" "Onlar geri dönmeyecekler." Neye dönmeyecekler? Allah'ın (cc) kendilerini yarattığı fıtrata. İşin aslına bakarsanız, Allah'ın onlardan ilk aldığı şey nurlarıydı. Bebekken insanın içindeki ruha da "*nur*" denir. Resûlullah (sav) "İlk yaratılan ruh benimdi." buyurur. (Acluni, I/265-266) Ama "*nur*" kelimesini kullanır. İçimizde olan şey "*nur*"dur ve kalbimizin içinde yaşar.

Ayrıca Kur'ân da "*nur*"dur. Allah'a "Kalplerimizi nurla doldur." diye dua ediyoruz. Nûr Suresi'ndeki darb-ı mesel kalbin nurla dolmasıdır. Allah (cc) bu örnekte onlardan ışığı aldığını söylüyor. Allah (cc) aslında onlara o nuru verdiğini, o ışığın vahiy ışığını fark etmeye yeterli olduğunu ama kibirlerinin o ışığı örtmesiyle inkârcı olduklarını söylüyor. Ve o ışığın üzerini örttükleri için Allah (cc) da adeta "Madem ışığı istemiyorsunuz ben de geri alırım. Fıtratınızı reddediyorsanız onu sizden alırım." diyor. Allah'ın (cc) size verdiğini kullanmazsanız ondan yoksun kalırsınız. Allah'ın (cc) yaratma sünnetidir bu. Allah (cc) bana el verdi, göz verdi. Gözlerime bant koyup bir yıl çıkarmasam bir yıl sonra açtığımda görme yetimi kaybetmiş olurum. Ayaklarımı bir yıl kullanmasam yataktan kalkamam. Allah'ın (cc) verdiği fiziksel kabiliyetler kullanılmıyorsa bu yetiler geri alınır, kullanılamaz hâle gelir. Aynı şey maneviyat için de geçerlidir. Allah'ın (cc) hakkı kabul etme yetisi verdiği insan gerçeği gördüğü hâlde bunu kabul etmeye yanaşmazsa, Allah (cc) verdiği bu yetiyi geri alır.

"ذَهَبَ اللّٰهُ بِنُورِهِمْ وَتَرَكَهُمْ فِي ظُلُمَاتٍ لَا يُبْصِرُونَ" "Sonra onları karanlıklar içinde bırakır; (artık hiçbir şeyi) görmezler." Daha önce de belirttiğimiz gibi Yahudiler bir peygamber gelmesini bekliyorlardı. Bir aydınlık, bir ışık, bir nur bekliyorlardı.

Sonunda, bekledikleri o ışık geldi. Kur'ân'da "Onu kendi oğullarını tanıdıkları gibi tanırlar." (Bakara, 146) buyrulur. Bekledikleri vahyin bu olduğunu şüphesiz biliyorlardı. Ama gururları bunu kabul etmekten onları alıkoydu. "Bizden daha aşağıda olan lanetli insanlardan, Yahudi olmayanların arasından gelen bir Peygamberi nasıl kabul ederiz? Onların Peygamberleri okuma yazma bile bilmiyor!" "O akılsızlar gibi mi iman edelim!" dediler. Allah (cc) da adeta "Tamam, size bir nur vermiştim, Tevrat'ın birazı sizdeydi, ondan yola çıkarak Kur'ân'ın içindeki gerçekleri görebilirdiniz ve gördünüz de. Kalbinizde iyilik de vardı ama bunu da kullanmak istemediniz." dedi. Allah onların nurlarını giderdi ve onları karanlıklar içinde, hiçbir şeyi görmez halde bıraktı.

"Artık onlar sağırlardır, dilsizlerdir ve kördürler; bu yüzden geri de dönemezler." (Bakara, 18)

Kendilerine verilen ışığın sönmesini onlar hazırladılar. "Kelimeleri tahrif etmeye devam ederler." (Nîsa, 46) Allah (cc) burada geniş zaman kullanıyor. Yani; eskiden değiştiriyorlardı değil, hâlâ yapıyorlar.

Rol modellerimden biri olan, geçen yüzyılın âlimlerinden Hamidüddin Ferahi (rh) bu konuda şahane bir çalışma yapmıştır. "*er-Re'yu's-Sahîh fî Men Huve'z-Zebîh*" çok önemli bir kaynaktır. Kendisi Arap dili âlimiydi. Aynı zamanda İbranicede de uzmandı. Sadece bir meseleyi çözebilmek için sekiz yıl boyunca İbranice çalışmıştı. Mesele Hz. İbrahim'in (as) kurban etmesi gereken çocuğunun hangi oğlu olduğu idi. Çünkü bu soruyu Yahudiler Hz. İshak (as) diye cevaplarken Müslümanların çoğunluğu Hz. İsmail (as) diyordu. Yahudiler Hz. İshak (as) demekle kalmıyor; onun çocuklarının kutsal olduğunu, Hz. İsmail'in (as) çocuklarınınsa "lanetli" olduğunu söylüyorlardı. Bu sebepten de tüm Araplara ve onların dinine, yani İslam'a lanet atfettiler. Yani bütün mesele kurban edilecek çocuğun kim olduğu ile başlıyordu.

Hamidüddin Ferahi bu meseleyi araştırmak istiyor ve kitabının ilk kısmında sadece İbranice Tevrat üzerinde duruyor. Ve Arapça yazdığı kitabında İbranice alıntılar kullanıyor, nerede değişiklikler yapıldığını gösteriyor. Mesela "İbrahim Safa ve Mevra arasında gidip geldi." diyorlar. Safa ve Merve o, sadece bir harf değiştirmişler. "Fışkıran suyla Barin vadisine girdiler." Bu ne demek? Bir de "Süleyman'ın tapınağı" diyorlar. Henüz Hz. İbrahim (as) dönemindeyiz, Hz. Süleyman'ın (as) tapınağı daha yok ki! Hz. Süleyman (as) yüzyıllar sonra geliyor. Ama yine de koymuşlar. Hamidüddin Ferahi bütün bunları ifşa ediyor. Kurban etme nerede gerçekleşti? "Sakkâ vadisinde" diyorlar, kimse de nerede olduğunu bilmiyor. Sakkâ mı? Sakkâ, öyle mi? Birazcık eksik, düzeltsen Bakkâ oluyor.

Hamidüddin Ferahi bunları sistematik olarak ifade ediyor. Yahudiler bunu neden yaptılar? Son peygamberin Hz. İsmail'in (as) soyundan geleceği pek düşünülmesin diye.

Şimdi tekrar "Neden Allah onları kör ediyor?" sorusunu hatırlayalım. "Neden Allah onları sağır ediyor?" "Neden Allah (cc) onları dilsiz ediyor? Zavallı insanlar ışığı göremiyorlar!"ın cevaplarını alıyorsunuz. Onlar görmeyi reddettiler; onlar aslında ışığa sahiptiler ama değerini bilmediler, o yüzden Allah (cc) da adeta "Nasıl isterseniz öyle yapın." dedi. Allah (cc) bunu yapar; وَيَمُدُّهُمْ فِي طُغْيَانِهِمْ يَعْمَهُونَ "Azgınlıkları içinde bocalayıp durularken onlara mühlet verir." (Bakara, 15) Körelmiş kalpleriyle istediklerini yapmalarına izin verir.

"Başıma Neler Geldi Böyle!"

اَوْ كَصَيِّبٍ مِنَ السَّمَاءِ فِيهِ ظُلُمَاتٌ وَرَعْدٌ وَبَرْقٌ يَجْعَلُونَ اَصَابِعَهُمْ فِي اٰذَانِهِمْ
مِنَ الصَّوَاعِقِ حَذَرَ الْمَوْتِ وَاللّٰهُ مُحِيطٌ بِالْكَافِرِينَ

"Yahut onlar, karanlıklar içinde gökten boşanan gök gürültülü, şimşekli bir yağmura tutulmuş kimseler gibidirler. Yıldırımlar yüzünden ölümden korkarak parmaklarıyla kulaklarını tıkarlar. Hâlbuki Allah inkârcıları çepeçevre kuşatmıştır."

(Bakara 2/19)

"أَوْ كَصَيِّبٍ مِنَ السَّمَاءِ"

"Yahut onlar gökten boşanan yağmur gibi..."

Bu ayetle ikinci imgeye geçiliyor. Gökyüzünden sağanak hâlinde yağan yağmuru düşünün. Yine gece vakti. Her yağmur damlası bir yumruk büyüklüğünde, buna "صَيِّب" "*sayyib*" deniyor. Yağabilecek en şiddetli yağmuru hayal edin. Gök bu kadar şiddetle yeryüzüne boşalırken arabanızı sürebilir misiniz? Yürüyecek olsanız bu ne kadar sürer? Sürekli yağan yağmur kelimenin tam anlamıyla insanı kör eder. Bu imgenin ilk kısmı.

Burada dikkatimizi çeken bir nokta da ayette "*mine's semâi*", "semadan" kelimesinin kullanılmasıdır. Yağmur zaten gökyüzünden gelmez mi? Ama burada vurgulanan, direkt olarak üzerlerine geliyor oluşudur. Tam üzerlerine yağıyor. Adam çölde, şiddetli bir yağmur yağıyor ve Allah (cc) ayette şöyle diyor:

"فِيهِ ظُلُمَاتٌ"

"Karanlıklar içinde."

Yağmurda tabaka tabaka karanlık vardır. Gece bir karanlık, zulûmat yüklü bulutlar ayrı bir karanlık. Ateş her nerede yakılırsa yakılsın yağmur onu söndürüyor; bu da ayrı bir karanlık. Karanlık üstüne karanlık içinde kalmışlar.

"وَرَعْدٌ"

"Ve gök gürültüsü."

Gökleri yaracak şiddette gök gürlüyor.

"وَبَرْقٌ"

"Ve şimşek."

Durmadan şimşek çakıyor.

Yağmurun şiddetinden neredeyse hiç göremiyorsunuz, gökler adeta yarılacak gibi gürlüyor ve durmadan şimşekler çakıyor.

"يَجْعَلُونَ أَصْابِعَهُمْ فِي آذَانِهِمْ"

"Parmaklarını kulaklarına tıkarlar."

Arapçada "enâmil" parmak ucu demektir. Eğer kulağınızı parmak ucunuzla tıkayacaksanız "yec'alûne enâmilehum fi âzânihim" demeniz gerekir. Allah (cc) böyle demiyor, "tüm parmaklarını kulaklarına sokuyorlar." diyor.

"مِنَ الصَّوَاعِقِ"

"Yıldırım seslerinden"

Durmadan her yana düşen yıldırımlar ve oluşan patlamalardan o kadar korkmuşlar ki,

"حَذَرَ الْمَوْتِ"

"Ölüm korkusuyla"

Ölüm korkusuyla parmaklarını kulaklarına tıkıyorlar, ama hâlâ sesler duyulmaya devam ediyor ve parmaklarını şiddetli bir şekilde kulaklarına bastırıyorlar. Bu, kendilerince ölüm korkusuyla aldıkları bir önlem. Düşen yıldırımlar, oluşan patlamalar karşısında ne yapacaklarını bilmez hâlde kendilerinden geçmişler. Bir sığınak bulamıyorlar, nereye gittiklerini göremiyorlar, aşırı stres altında kısmî delilik hâli yaşıyorlar. Yapabildikleri tek şey, parmaklarını kulaklarına tıkamak...

"واللّٰهُ مُحِيطٌ بِالْكَافِرِينَ"

"Allah, kâfirleri çepeçevre kuşatmıştır."

Bu bir gerçek. Resim daha bitmedi ama Allah (cc) burada imgeyi kenara çekerek "Bu arada, yaptıklarının yanlarına kâr kaldığını sanan kâfirlerden bahsediyorum." diyor adeta.

Hatırlayalım; ilk imge kısa ve özdü. İkinci imge ise daha detaylı. İlk imge gece vakti, çöldeydi ve ışık yoktu. İkinci imgede yine çöl var, ayrıca sağanak yağmur ve yıldırımlar var.

Bakalım Allah'a Sığınacak mısınız?

يَكَادُ الْبَرْقُ يَخْطَفُ اَبْصَارَهُمْ كُلَّمَا اَضَاءَ لَهُمْ مَشَوْا فِيهِ وَاِذَا اَظْلَمَ عَلَيْهِمْ قَامُوا
وَلَوْ شَاءَ اللّٰهُ لَذَهَبَ بِسَمْعِهِمْ وَاَبْصَارِهِمْ اِنَّ اللّٰهَ عَلٰى كُلِّ شَيْءٍ قَدِيرٌ

"Şimşek gözlerini kör edercesine çakar, onların çevresini aydınlatınca orada yürürler, karartınca da kalakalırlar. Allah dileseydi onların kulaklarını ve gözlerini büsbütün giderirdi. Şüphesiz Allah her şeye Kadir'dir."

(Bakara, 2/20)

"يَكَادُ الْبَرْقُ يَخْطَفُ أَبْصَارَهُمْ"

"Şimşek neredeyse onların gözlerini kamaştırır."

Karanlıkta hiçbir şey göremiyorlar ve birdenbire şimşek çakıyor. Zifiri karanlıkta ancak bir saniyeliğine görüyorlar. Adeta uçurumun kenarındalar, düşeceklerini fark ediyorlar, "Bu yönden gitmeliyim!" diyorlar. Öyle tehlikeli bir yerdeler ki nereye gittiklerini bile bilmiyorlar, bu yüzden diğer şimşeğin çakmasını bekliyorlar ki sonraki adımı atabilsinler. Şimşek gözlerini alıyor, hatta onları neredeyse kör ediyor.

"كُلَّمَا أَضَاءَ لَهُمْ"

"Onlar için etrafı aydınlatınca"

Patlama yanı başınızda oluyor ve sıcaklığı hissedebiliyorsunuz.

“مَشَوْا فِيهِ”

“Orada birazcık yürürler”

Her adımda yanına yaklaşıyorlar. Çok az yürüyebiliyorlar. Eğer bu durumda olsaydınız, o sağanak yağış sizin tepenizde olsaydı ve patlama sesleri duysaydınız yürümez, koşardınız. Ama onlar o kadar tehlikeli bir bölgedeler ki koşmaya cüret edemiyorlar, çünkü uçurumdan düşebilirler. Yani bu insanlar şimşek çaktığında birkaç adım atıyorlar...

“وَاِذَٓا اَظْلَمَ عَلَيْهِمْ قَامُوا”

“Ve karanlık tekrar onlara çöktüğünde oldukları yerde öylece kalırlar.”

Buradaki sahneyi bir önceki imgeyle karşılaştırırsak, onlar ışıktan uzaklaşmışlardı. Allah (cc) onları sağır, dilsiz, kör etmişti. Burada ise insanlar sağanak yağmurda zaten doğru düzgün bir şey göremedikleri için kör gibiler. Sağır gibiler çünkü biri konuşsa da duyamazlar. Ama az çok görebiliyorlar. Bu, hâlleri ne kadar kötü olsa da bir önceki imgeden daha iyi olduklarını gösteriyor. Burada durum daha korkunç ama ümitsiz vaka değiller çok az bir ışıkta yürüyebiliyorlar.

“وَلَوْ شَاءَ اللّٰهُ”

“Eğer Allah isteseydi,”

“لَذَهَبَ بِسَمْعِهِمْ وَأَبْصَارِهِمْ”

“Onların işitme ve görme yetilerini de alırdı.”

Tıpkı bir önceki imgede olduğu gibi. Allah (cc) adeta "Bu sefer değil, henüz almayacağım." diyor.

"إِنَّ اللَّهَ عَلَى كُلِّ شَيْءٍ قَدِيرٌ"

"Şüphesiz Allah her şeye Kadir'dir."

Allah (cc) yaptıkları hatanın farkına varmaları ve düzelmeleri için onlara fırsat veriyor.

Kur'ân'da anlatılan bu ikinci imgenin bize ne söylediğini anlamak için başa dönüp kısa bir değerlendirme yapacağız:

Surede iman edenlerden sonra bahsedilen inançsız ilk grup; inatçı kâfirlerdi ve bunların duyma, konuşma ve görme yetileri yoktu. Kureyş ve bilerek inkâr eden Yahudi toplumunun liderleri inatçı kâfirlerdir. Onlar ilk imgede ele alınmıştı. İkinci imgede ise insanlar biraz iyiye yönelmişler ama yıldırım çarpmasından korkuyorlar. Yüzyıllar sonra gelen vahiy ilk defa kıyamet günü, cehennem, Allah'ın (cc) karşısında hesap vermek gibi konulardan bahsediyordu. Bu insanlar vahyin uyarılarını duyup korkuyorlardı. Buradaki gök gürültüsü ve yıldırım onları ikaz etmek için mükemmel bir örnektir. Ve Kur'ân kritik ederken o kadar yumuşak değildir. Mevzuları yıldırım çarpması gibi sizi çarpar.

Yahudiler kıyamet günü ve cehennemle ilgili her şeyin neredeyse tamamını Tevrat'tan çıkarmışlardı. Günümüze gelindiğinde, Eski Ahit'in sonunda, İbranice İncil'de çok az bir bahis kalmıştır. Bugün dindar bir Yahudiye "Ahiret gününe, cennete ve cehenneme inanıyor musunuz?" diye sorsanız "Emin değilim, bir araştırmam lazım. Zaten bu, dinimizin önem verdiği bir konu değil." derler. Kur'ân'da ise kıyamet günü, cennet ve cehennem çok önemli mevzulardır. Onlar bu mevzuları duymaya alışkın olmadıkları için duydukları zaman kendilerinde gök gürültüsü ve yıldırım etkisi yapıyor. Kur'ân'da azıcık bir yumuşaklık bulunan ayetler onlar için yıldırım gibidir; biraz umutlanır, "Şimdi biraz kıpırdayabilirim." derler. Ve sonra tekrar ikazlar gelir. Bu ayrıca sadece kolay zamanlarda İslam'a yaklaşan, onun dışında dini fırtına gibi gören münafıkların tasviridir. "Bu yükümlülükler bana çok ağır geliyor, boğuluyorum, yapamıyorum!" derler. Bu iki imge Kur'ân'daki ilk detaylı darb-ı mesellerdir.

Ayetler Arası Simetri

Kur'ân'ı sadece mealinden inceleyecek olsanız her konuyu her yerde görürsünüz. Ama dikkatli bir çalışma, Kitab'ın mükemmel bir simetriye ve inanılmaz bir düzene sahip olduğunu gösterir. Bu gerçekten başka hiçbir kitapta olmayan bir yapıdır. Kur'ân'daki yapı ve terkip sadece Müslümanların değil, Müslüman olmayanların da dikkatini çekiyor. Nitekim Batı'daki bazı üniversitelerde bu düzen, başlıca bir araştırma konusu olmuştur. Hatta söz konusu çalışmalar sonucunda Müslüman olanlar da vardır. Georgetown Üniversitesi'nden Raymond Farrin buna bir örnektir. Raymond Farrin doktora çalışması sırasında Arap Şiiri'ni araştırırken Kur'ân'ı incelemeye başlıyor ve sonunda "Bu bir insanın kaleminden çıkmış olamaz." diyerek Müslüman oluyor.

Bakara Suresi'nin ilk ayetleri inananlarla ilgilidir ve burada bir simetri vardır. Surenin 2. ve 5. ayetlerine bakalım:

"ذَلِكَ الْكِتَابُ لاَ رَيْبَ فِيهِ هُدًى لِلْمُتَّقِينَ" (Bakara, 2)

"أُولَئِكَ عَلَى هُدًى مِنْ رَبِّهِمْ" (Bakara, 5)

Hidayetle başlayıp bitiyor ve ortadaki iki ayette de "*yu'minun*" var.

"اَلَّذِينَ يُؤْمِنُونَ بِالْغَيْبِ وَيُقِيمُونَ الصَّلاَةَ" (Bakara, 3)

"والَّذِينَ يُؤْمِنُونَ بِمَا أُنْزِلَ إِلَيْكَ وَمَا أُنْزِلَ مِنْ قَبْلِكَ" (Bakara, 4)

Başta ve sonda hidayet, iki "*yu'minune*" ise ortada. Mükemmel simetri.

Sonra 6. ayetten 20. ayete kadar kâfirlerle ilgili ayetler gelir. Neden kâfirler diyorum? Çünkü münafıkları ve kâfirleri bir grupta birleştiriyorum. Kâfirler küfürlerini açıkça dışarı vururken, münafıklar bunu içlerinde saklıyorlardı, değil mi?

Bakara 6. ayete bakarsanız "Uyarsanız da uyarmasanız da inanmazlar." ifadesini görürsünüz.

Sonra onların inanmadıklarını kalplerinin mühürlü olduğunu okumuştuk.

"خَتَمَ اللَّهُ عَلَى قُلُوبِهِمْ" (Bakara, 7)

Tek kalpleri değil, işitme duyuları da mühürlü ve gözleri örtülüydü ve onlara büyük bir azap vardı.

"وَ مِنَ النَّاسِ مَنْ يَقُولُ اٰمَنَّا بِاللّٰهِ وَبِالْيَوْمِ الْاٰخِرِ وَمَا هُمْ بِمُؤْمِنِينَ" (Bakara, 8)

"İnsanlardan, bazıları da vardır ki inanmadıkları hâlde, 'Allah'a ve ahiret gününe inandık' derler."

Sonra Allah (cc) "يُخَادِعُونَ اللّٰهَ وَالَّذِينَ آمَنُو" "Allah'ı ve inananları aldatmaya çalışırlar." (Bakara, 9) der. "وَمَا يَخْدَعُونَ إِلاَّ أَنفُسَهُمْ" Ama başaramazlar, çünkü sadece kimi kandırabilirler? Kendilerini.

10. ayette Allah (cc) "فِي قُلُوبِهِمْ مَرَضٌ" der. Kalplerinde bir hastalık vardır. Allah (cc) bu hastalığı artırır. "فَزَادَهُمُ اللَّهُ مَرَضاً" ve "وَلَهُمْ عَذَابٌ أَلِيمٌ بِمَا كَانُوا يَكْذِبُونَ" Yalan söylemelerine karşılık onlara elim bir azap vardır.

11. ayette "Onlara 'Yeryüzünde fitne (fesad) çıkarmayın' dendiği zaman" "قَالُوٓاْ إِنَّمَا نَحْنُ مُصْلِحُونَ" "Biz fesat falan çıkarmıyoruz, ıslah edicileriz biz!" (Bakara, 11) diyorlar.

12. ayette Allah (cc) "أَلَا إِنَّهُمْ هُمُ الْمُفْسِدُونَ" diyor. Asıl onlar fesat çıkaranlardır, bilseniz iyi olur.

13. ayete gelelim:

"وَإِذَا قِيلَ لَهُمْ آمِنُوا كَمَا آمَنَ النَّاسُ" "İnsanların inandığı gibi inanın, dendiğinde,"

"قَالُوٓاْ أَنُؤْمِنُ كَمَا آمَنَ السُّفَهَاءُ" "Akılsızların inandığı gibi mi inanalım?" derler.

"أَلَا إِنَّهُمْ هُمُ السُّفَهَاءُ" "Hayır, hayır bilmelisiniz ki asıl akılsız onlardır."

"وَلَكِنْ لا يَعْلَمُونَ" "Fakat bilmezler bile."

14. ayette ise:

"وَإِذَا لَقُوا الَّذِينَ آمَنُوا قَالُوا آمَنَّا" "İman edenlerle karşılaştıkları zaman, "İnandık." derler."

"وَإِذَا خَلَوْا إِلَى شَيَاطِينِهِمْ قَالُوا إِنَّا مَعَكُمْ" "Şeytanlarıyla yalnız kaldıkları zaman: 'Muhakkak ki biz sizinle beraberiz.' "إِنَّمَا نَحْنُ مُسْتَهْزِؤُونَ" 'Biz (onlarla) sadece alay eden kimseleriz.' derler." Dalga geçiyorduk.

Ve 15. ayet: "اَللَّهُ يَسْتَهْزِئُ بِهِمْ" "Asıl Allah onlarla dalga geçer." "وَيَمُدُّهُمْ فِي طُغْيَانِهِمْ يَعْمَهُونَ" "Kalpleri körelinceye kadar asiliklerine devam etmelerine izin verir."

16. ayet: "أُولَئِكَ الَّذِينَ اشْتَرُوا الضَّلَالَةَ بِالْهُدَى" "İşte onlar, hidayete karşılık sapıklığı satın almış kimselerdir." "فَمَا رَبِحَتْ تِجَارَتُهُمْ" "Onların ticareti kâr etmemiştir."

İşte şimdi 6. ayeti anlıyoruz; Allah'ın (cc) neden "İnanmayanları uyarsan da uyarmasan da birdir, inanmayacaklar." dediğini anlıyoruz.

"Neden bu kadar inatçılar? Neden inanmıyorlar?" diye soruyorduk.

Cevap sonda geliyor: "İşte onlar, hidayete karşılık sapıklığı satın almış kimselerdir." Allah (cc) onların kalplerinin mühürlendiğini söylüyor ve onların kalplerindeki nuru alıyor. 6. ayetteki ifadenin sebebini 16. ayette açıklıyor.

7. ayette ne deniyordu? "Allah onların kalplerini ve kulaklarını mühürlemiştir." (Bakara, 7) Peki 17. ayetin sonunda kulaklarının yetisini kaybetmesiyle ilgili bir şey var mıydı? Hatırlayın, Allah (cc) "صُمٌّ" demişti.

Kulaklarını kullanmamaya ne zaman başladılar? Parmaklarını kulaklarına soktular. Parmaklarınızı çok uzun süre kulaklarınıza sokarsanız Allah (cc) sizden işitme duyunuzu alır. Şimdi neden kalpleri mühürlü anlıyoruz. Diğer bir deyişle, ilk ayetlerde kafamızda oluşan sorular pasajın sonunda cevaplanıyor. Allah (cc) başlangıçta "وَعَلَى أَبْصَارِهِمْ غِشَاوَةٌ" "Onların gözlerine de bir çeşit perde gerilmiştir." diyor. Sonunda resim tamamlandığında tamamen karanlıkta kalıp kör olduklarını görüyoruz. Gözlerin kapalı olmasıyla ilgili bundan daha iyi bir tasvir olabilir mi? Gece ve kendi körlükleri tarafından örtülmüşler.

Burada biraz duralım: "وَمِنَ النَّاسِ مَنْ يَقُولُ آمَنَّا بِاللّٰهِ وَبِالْيَوْمِ الْآخِرِ" "İnsanlardan, bazıları da vardır ki inanmadıkları hâlde, 'Allah'a ve ahiret gününe inandık' derler." (Bakara, 8). Surede bunu iki kez, birincisinde Resûlullah'ı (sav) etkilemek için, ikincisinde inananları etkilemek için söylüyorlar. Sonra da -gerçekten çok büyüleyici- Allah (cc) "وَمَا هُمْ بِمُؤْمِنِينَ" "Onlar gerçek inananlar değillerdir." diyor. Öyle olmadıklarını nereden biliyoruz? Allah (cc) bize anlatıyor, "Yanınıza gelip inandık derler." Ama sonra ne olur? "Şeytanlarına gidince hayır inanmıyoruz, alay ediyorduk derler." (Bakara, 14) Başlangıçta Allah (cc) onların inanmadığını söyleyince "Gerçekten inanmıyorlar mı?" diye düşündünüz belki, ama son ayetlerde "Aaa, gerçekten inanmıyorlarmış!" dediniz. Çünkü inanmadıklarını kendileri itiraf ediyorlar, sadece alay ettiklerini söylüyorlar!

Kandırmaya çalışıyorlar ama kandırılan kim? Kendileri. Müslümanlarla dalga geçiyorlar. "إِنَّمَا نَحْنُ مُسْتَهْزِؤُونَ" Ama asıl alay edilenler onlar. Yaptıkları onlara geri döndürülecek. Yani başlangıçta onların kandırmaları geri çevriliyor, sonda da dalga geçmeleri kendilerine döndürülüyor. Allah (cc) başta "فِي قُلُوبِهِمْ مَرَضٌ فَزَادَهُمُ اللَّهُ مَرَضاً" diyor. "Onların kalplerinde hastalık vardır. Allah (cc) da bu sebeple onların hastalığını artırmıştır." (Bakara, 10) Bu ayeti ilk okuduğumuzda "Allah neden hastalıklarını artırıyor?" demiştik, ama şimdi Allah (cc) açıklıyor; "وَيَمُدُّهُمْ فِي طُغْيَانِهِمْ يَعْمَهُونَ" (Bakara, 15)

Hatırlarsanız "يَعْمَهُونَ" "*ya'mehûn*" kalbin kör olması demektir. Yani aslında hastalığın adını da öğrenmiş oluyoruz, Allah (cc) önceki ayetlerde hasta olduklarını söylemişti, şimdi de kalplerinin kör olduğunu söylüyor. Çünkü nurları alınmış. "*Ya'mehûn*"dan çıkan anlam bu. Yine ikinci kısımda Allah (cc) onları yalanları sebebiyle cezalandıracağını söylüyor. Onların yalanları neydi? Onların yalanı gelip iman ettilerini söylemeleriydi. Gerçek bu değildi, yalan söylüyor, dalga geçiyorlardı. "İşte böyle âyetleri açık açık bildiriyoruz." (A'raf, 174) Allah (cc) böyle açıklıyor.

Görüyoruz ki ayetlerin sıralanışında mükemmel bir simetri var ve bu aslında Kur'ân'ın tamamına hâkim bir yapı. Aynısı değil ama buna benzer simetriler Kur'ân'ın her yerinde var. Şimdi düşünün; Kur'ân'ın Resûlullah (sav) tarafından hiç yazılmadan okunduğunu hayal edebiliyor musunuz? Resûlullah (sav) sadece vahyi aldı ve okudu. Ama incelediğinizde tam bir simetri buluyorsunuz. Katlanan bir şeyin tel tel açılması gibi mükemmel bir simetri.

Allah (cc) bizleri Hakîm olan Kur'ân'ı ile mübarek kılsın, ayetlerinden ve hikmetli zikrinden faydalanmayı nasip etsin.

İNKÂRCILAR/ KÜFRE SAPANLAR **1**
(6-7. ayetler)
- uyarsan da, uyarmasan da, onlar için birdir
- inanmazlar
- kalpleri mühürlenmiştir
- kulakları mühürlenmiştir
- gözleri perdelenmiştir
- onlar için büyük azap vardır.

MÜNAFIKLAR **2**
(8-10. ayetler)
- inandıklarını söylerler
- gerçekten inanıyor değildirler
- Allah'ı ve müminleri aldatmaya çalışırlar
- kalplerinde münafıklıktan kaynaklanan bir hastalık vardır
- yalan söylemektedirler

YÜZLEŞME/ KARŞILAŞMA **3**
(11-12. ayetler)
- kendilerine fesat çıkarmayın denilir
- "biz ıslah edicileriz" derler
- onlar bozguncuların ta kendileridir
- fakat farkında değildirler.

YÜZLEŞME/KARŞILAŞMA **4**
(13. ayet)
- Onlara, "İnsanların inandıkları gibi siz de inanın" denilir
- "Biz de akılsızlar gibi iman mı edelim?" derler.
- asıl akılsızlar kendileridir
- fakat bilmezler.

MÜNAFIKLAR **5**
(8-10. ayetler yazıyor ama 14-15 olması lazım)
- inandıklarını söylerler
- gerçek açığa çıkar
- alay etme girişimleri hüsrana uğrar
- kalplerindeki körlük artar
- "Biz ancak onlarla alay ediyoruz" derler

MİSALLER /ONLARIN MİSALLERİ 
(16-20. ayetler)
- alışveriş / hidayete karşılık sapıklığı satın almış
- doğru yolu bulamamışlardır
- kalpleri kördür
- parmakları kulaklarına tıkalı, şimşekler altındadırlar
- ışıkları alınmış, şimşek gözlerini kör etmiştir
- karanlıklar içinde kalmışlardır

ALTINCI BÖLÜM

يَٓا اَيُّهَا النَّاسُ اعْبُدُوا رَبَّكُمُ الَّذ۪ي خَلَقَكُمْ وَالَّذ۪ينَ مِنْ قَبْلِكُمْ لَعَلَّكُمْ تَتَّقُونَ ﴿٢١﴾
اَلَّذ۪ي جَعَلَ لَكُمُ الْاَرْضَ فِرَاشاً وَالسَّمَٓاءَ بِنَٓاءًۖ وَاَنْزَلَ مِنَ السَّمَٓاءِ مَٓاءً فَاَخْرَجَ بِه۪ مِنَ
الثَّمَرَاتِ رِزْقاً لَكُمْۚ فَلَا تَجْعَلُوا لِلّٰهِ اَنْدَاداً وَاَنْتُمْ تَعْلَمُونَ ﴿٢٢﴾
وَاِنْ كُنْتُمْ ف۪ي رَيْبٍ مِمَّا نَزَّلْنَا عَلٰى عَبْدِنَا فَأْتُوا بِسُورَةٍ مِنْ مِثْلِه۪ۖ وَادْعُوا شُهَدَٓاءَكُمْ
مِنْ دُونِ اللّٰهِ اِنْ كُنْتُمْ صَادِق۪ينَ ﴿٢٣﴾

"Ey insanlar! Sizi ve sizden öncekileri yaratan Rabbinize kulluk edin. Umulur ki, sakınırsınız." (21)

"O Rab ki, yeri sizin için bir döşek, göğü de bir tavan yaptı. Gökten su indirerek onunla, size rızık olsun diye çeşitli ürünler çıkardı. Artık bunu bile bile Allah'a ortak koşmayın." (22)

"Eğer kulumuza indirdiklerimizden herhangi bir şüpheye düşüyorsanız, haydi onun benzeri bir sure getirin, eğer iddianızda doğru iseniz Allah'tan gayri şahitlerinizi de çağırın." (23)

(Bakara, 2/21-23)

Şimdi Harekete Geçme Zamanı!

يَا أَيُّهَا النَّاسُ اعْبُدُوا رَبَّكُمُ الَّذِي خَلَقَكُمْ وَالَّذِينَ مِنْ قَبْلِكُمْ لَعَلَّكُمْ تَتَّقُونَ

"Ey İman Edenler! Sizi ve sizden öncekileri yaratan Rabbinize kulluk edin! Umulur ki sakınırsınız."

(Bakara, 2/ 21)

Allah (cc) Kur'ân'da önce "Rabbimiz", sonra "yaratıcımız" olduğunu belirtir. Bakara Suresi'nin 21. ayetinde "يَا أَيُّهَا النَّاسُ اعْبُدُوا رَبَّكُمُ الَّذِي خَلَقَكُمْ وَالَّذِينَ مِنْ قَبْلِكُمْ لَعَلَّكُمْ تَتَّقُونَ" "Ey insanlar! Rabbinize kul olun ki O, sizi ve sizden öncekileri yarattı. Umulur ki böylece kendinizi korursunuz." buyrulur. Aynı husus A'lâ Suresi 1. ve 2. ayetlerde de söz konusudur: "سَبِّحِ اسْمَ رَبِّكَ الْأَعْلَى الَّذِي خَلَقَ فَسَوَّى" "Yüce Rabbinin adını tesbih et. O ki yarattı ve şekil verdi."

Önce yaratılmış olduğumuzu, sonra yetişkin bir insan olup, Rabbimiz olan Allah'a (cc) iman ettiğimizi düşünürsek bu husus kronolojik açıdan dikkat çeker; çünkü Allah (cc) burada sıralamayı değiştirir. Bu, Kur'ân'ın üslubunun ve muhteşem lisânının bir ürünüdür. İnsanlar genelde her şeyin kronolojik ya da mantıksal bir sıralamada olmasını beklerler. Burada ise beklentilerimizi alt üst eden özgün ve engin bir üslup kullanılır. Allah (cc) öncelikle rububiyetinden, Rabbimiz olduğundan bahsedip sonrasında bizi yarattığını, yaratıcımız olduğunu belirterek sıralama konusundaki beklentilerimizi kırar.

Bazı âlimler bu sıralamanın insan fıtratıyla uyumlu olduğunu düşünür. İnsan çocukluğundan itibaren bir ihtiyacı olduğunda güvendiği birine sığınır. Çocuğun tek endişesi kendisiyle kimin ilgileneceğidir. Acıktığında, uykusu geldiğinde, huysuzlandığında, üşüdüğünde, korktuğunda annesine sığınır. Bu bağlanma ilişkisi, insanın fıtratı gereği çok önemlidir. Şu bir gerçek ki hayatımızın birçok döneminde ama özellikle ilk dönemlerinde hayatımız, bağlanma ilişkisi üzerine kurulur. En büyük bağlılık ilişkisi pek tabii ki Rab (efendi) ve abd (köle) arasındadır.

Pek çok insan ancak yaşlandığında varoluş sebepleri üzerine düşünmeye başlar. Allah'ın (cc) verdiği bu hayatı yaşayıp da "Nereden geldim? Neden yaratıldım? Beni kim yarattı?" gibi sorular soran insan sayısı çok değildir. Çoğu insanın aklında genellikle "Öğle yemeğinde ne var?" "Maaşıma ne kadar zam alacağım?" "Ne zaman apartmandan taşınıp müstakil bir ev alacağız?" ya da "Yeni bir araba alabilir miyim acaba?" "Ne zaman evleneceğim?" "Çocuğun adını ne koyacağız?" gibi sorular vardır. Birçok kişinin soruları; isteklerden, ihtiyaçlardan ve kendisiyle kimin, nasıl ilgileneceğinden ibarettir.

"Rab" kelimesi bir insanla ilgilenen birinin aklınıza gelebilecek her türlü niteliğini içerir. "Rab" kelimesi, Malik, sahip; Mün'im, nimet veren; Mürebbi, terbiye eden; Kayyim, idare eden anlamlarını da kapsar. Bunlar bizim de kısmen sahip olabileceğimiz niteliklerdir. Bununla birlikte Allah (cc), bunların ötesinde, yaratıcımız olduğunu vurgular. Bizi kimin yarattığını düşünmek, sıradan aklın üstünde bir düşünme faaliyeti gerektirir. Allah (cc) "Onları ne göklerin ve yerin yaratılmasına ne de kendi yaratılmalarına şahit tuttum." (Kehf, 51) buyurur. Bizler Allah'ın (cc) bizi ne zaman yarattığına şahit olmadık. Hatıralarımızda canlanan en eski hatıra, çocukken annemizin etrafında döndüğümüz günlerdir. Gayba iman etmeyenler, nasıl yaratıldıklarını düşündüklerinde anne babaları vasıtasıyla yaratıldıkları sonucuna varırlar ve kendilerini dünyaya getiren anne babalarına karşı büyük bir bağlılık duyarlar. O anne babanın da kendi anne babası, o anne babanın da bir kültüre bağlı geniş bir ailesi vardır. Dolayısıyla bu bağlılık kültür ve topluma kadar uzanır ve dile, hatta millet ve kavme karşı duygusal bir bağlılığa dönüşür. Bu bağlılık anneniz vasıtasıyla dünyaya gelmenizin bir sonucudur. Dilinize, milletinize, ırkınıza, kültürünüze bağlılığınıza yön veren "sebep", dünyevi bağlamda annenizdir.

Allah (cc) bu ayette bizleri bir adım öncesine, varoluşumuzun bildiğimiz vesilesinin de öncesine götürüyor ve bize bizi yarattığını hatırlatıyor. Diğer bir ifadeyle, bağlılığımızı sorguluyor. Sahip ve köle arasında bağlılık bulunmayan bir ilişki söz konusu olamaz. Çünkü bağlılık olmadığında köle, sahibine ancak onun bulunduğu yerlerde itaat eder. Sahibini görmediğinde ise ne isterse onu yapar.

Allah (cc) Bakara Suresi'ne "يُؤْمِنُونَ بِالْغَيْبِ" "Onlar gayba iman ederler." ayetiyle başlamıştır. Allah (cc) Bâtın'dır, O'nu gözlerimizle görmeyiz. O'nu (cc) görmediğimizde özgür olduğumuzu, istediğimizi yapabileceğimizi düşünebiliriz. Aslında Rabbimize gerçek bağlılığımız işte bu durumda ortaya çıkar. Çocukların namaz kılmaya alışmakta zorlanmaları buna benzer bir örnektir. Anne baba evde olup çocuklarını "Hadi akşam ezanı okundu, kalkın namazınızı kılın." diye zorlarsa çocuklar o vaktin namazını kılar. Ancak anne baba "Akşam ezanı okundu, namazınızı kılmayı unutmayın." deyip evden çıkarsa çocuklar "Nasılsa anne babamız evde yok; ne istersek yapmakta özgürüz." diye düşünüp namazlarını kılmayabilirler. Kısacası bu bir bağlılık meselesidir ve anne babaya olan bu bağlılık zaman geçtikçe atalara ve geleneklere bağlılığa, onların düşüncelerini ve sözlerini gereğinden çok önemsemeye dönüşür.

İslam'dan uzak bazı coğrafyalarda insanların Allah'a (cc) itaat etmemesinin, peygamberlere tâbi olmamasının, İslam'ı din olarak kabul etmemesinin altında da bu neden yatar. Ailelerinin ve bir parçası oldukları toplumun ne düşüneceğinden korkarlar. Kendilerinin ve ailelerinin binlerce yıldır gururla tâbi olduğu dine, gelenek ve göreneklere aykırı bir davranışta bulunmak istemezler. Aile üyeleri herhangi bir dinin âlimi veya hatibi ise hele, o dinden çıkmaları iyice zorlaşır. Çünkü mesele, sadece kendileriyle ilgili olmaktan çıkar; aileleri, ataları ve onlara olan bağlılıkları da meseleye dâhil olur. Peki Allah (cc) bu ayette ne buyuruyor? tüm bu bağlılıklarınızı gözden geçirmeniz gerekir, diyor. "الَّذِي خَلَقَكُمْ وَالَّذِينَ مِنْ قَبْلِكُمْ" "O sizi ve sizden öncekileri de yaratandır." Eğer bağlılığınız neslinize ise, neslinize ihanet edecekmiş gibi olacağınız düşüncesinde iseniz biliniz ki sizin de neslinizin de bağlılığı, sizi de neslinizi de yaratan Allah'adır, demektedir. Bu ayette manalı bir sıralama vardır.

Ayrıca Bakara Suresi'nin 21. ayeti kendi içerisinde farklı derinlikler de içerir. Bunlardan biri ayetler arasında bir geçiş söz konusu olmasıdır. Bakara Suresi'nin buraya kadarki ayetlerine dikkatle bakarsak üçüncü çoğul şahıs kullanıldığını görürüz: "Onlar görünmeyene inanırlar." "Onlar sana indirilene ve senden önce indirilene iman ederler..." "İşte onlar, Rablerinden gelen bir hidayet üzeredirler ve kurtuluşa erenler de ancak onlardır."

Hitabette üçüncü şahıs, yani "onlar" kullanılıyorsa muhatap uzakta demektir. Kullanılan üçüncü şahıs zamiri ile bir kopukluk ve uzaklık tasvir edilir. Sanki onlar bir çölün ortasında kaybolmuş durumdalar, duyamaz; bir uçurumun kenarında, şiddetli yağmur altında, yapayalnız bir haldeler.

Bu ayette Allah (cc) Peygamber'ine (sav) "onlara de ki" diyerek dolaylı bir hitap kullanmak yerine direkt olarak sadece Müslümanlara değil, tüm insanlara hitap ediyor.

"يَا اَيُّهَا النَّاسُ اعْبُدُوا رَبَّكُمْ"

"Ey İnsanlar! Rabbinize kulluk edin."

Kur'ân'daki "Ey insanlar!" hitabı, Allah'ın vahyinde çok içten bir andır; çünkü o anda senin yaratıcın seninle direkt olarak konuşmaktadır: "Ey İnsanlar! Rabbinize kulluk edin."

Fahreddin er-Râzî bu ayetten çok etkilenmiştir. Der ki: "Mü'mine ibadet etmesi emredildiği gibi mü'min olmayana da ibadet etmesi emrediliyor." "يَا أَيُّهَا الَّذِينَ آمَنُوا آمِنُوا" "Ey İman Edenler! İman edin." (Nîsa, 136) ayetinde muhatap, iman edenlerdir. Onlar iman sahibi olmalarına rağmen, imanlarını artırmaları emrediliyor. Aynı şekilde tüm insanlığın yaratıcısı olan Allah (cc), Müslüman olmasalar bile tüm insanlara kullukta bulunmayı emretme hakkına sahiptir. Çünkü bu Kitap sadece Müslümanlar için değil, tüm insanlık için bir çağrıdır.

Şunu düşünebilirsiniz; Mekke'de inen ayetler daha çok Müslüman olmayanlara seslenirken Medine'de inen ayetler ise çoğu zaman Müslüman topluluklara odaklanıyordu. Ancak Bakara Suresi Medenî bir sure olmasına rağmen başından beri henüz "يَا اَيُّهَا الَّذِينَ اٰمَنُوا" "Ey İman Edenler!" hitabını duymadık. Duyduğumuz ilk hitap: "يَٓا اَيُّهَا النَّاسُ اعْبُدُوا رَبَّكُمُ" "Ey insanlar! Rabbinize kulluk edin." oldu.

İbni Abbas ve bazı arkadaşları, "*nâs*" kelimesinin "*insan*" kelimesinin çoğulu olduğunu, kökeninin de "*nisyân*" olduğunu söyler. "*Nisyân*" unutkanlık demektir. İnsanoğlu tabiatı gereği unutkandır. Allah (cc), insanlardan henüz onlar bu dünyaya gönderilmeden önce söz almıştı, fakat insanlar bu sözü unuttu. "Ey bir Rabbi ve Sahib'i olduğunu unutan insanlar! O'na döneceğinizi ve O'na karşı olan sorumluluklarınızı yerine getirmeniz gerektiğini kendinize hatırlatın."

"*Nâs*" kelimesinin ikinci anlamı ise "*ânese*" fiilinden gelir. Ve "*inâse*"nin Arapçadaki anlamı bir şeyi algılamak ya da bir şeyi görmek demektir. "*Fellezî yü'nes*"görülebilir kişi demektir. "İnsan" ve "cin" arasında bu anlamda bir zıtlık vardır. "*Cin*" kelimesi "*cenne*" fiilinden gelir ve örtülü olmak, saklanmak demektir. Gözlerden saklı olması sebebiyle "*cin*" şeklinde adlandırılır. "*Cennet*" de aynı kökten gelir. Rahimdeki bebeğe de "*cenîn*" denir, çünkü rahim bebeği saklar. Buna karşın insanoğlu gizli değildir, görülebilir; bu yüzden "insan" şeklinde adlandırılır ve görünmek yönünden, "*nas*"ın uzantısıdır.

En çok kabul gören ve aynı zamanda en tatmin edici olan üçüncü çıkarım ise "*nâs*" kelimesinin "*üns*" kelimesinden geldiğidir. "*Üns*" ise aslında Arapçada "*vahş*" kelimesinin karşıtıdır. "*Vahş*" yabani, merhametsiz anlamına gelir. Kurt avını parçalamadan önce ona nazik davranmaz. Onu bir hayvana yaraşır şekilde vahşice parçalar. İnsanoğlu ise yapı olarak nezaket ve incelik sahibidir. Hayvanlar insanların sahip olduğu türden bir merhamet taşımayabilir, ama öyle bir an gelir ki, "Sonra onu, aşağıların aşağısına indirdik." (Tin, 5) ayetinde ifade edildiği gibi insanoğlu hayvandan aşağı davranışlar sergileyebilir. Hayvanlar acıktıklarında avlarının peşine düşer, tehlike içinde olduklarında kendilerini savunurlar. Tehlike bittiğinde, karınları doyduğunda normal yaşamlarına devam ederler; kimseyi nefret duygusuyla veya hiçbir sebep yokken öldürmezler. İşte insanoğlu böyle davranışlar sergilediğinde hayvanlardan daha aşağı bir konuma düşer. Bu aşağıların aşağısı olan esfel-i safilîndir. Bu yüzden Allah (cc) çeşitli yerlerde insanları sığırla, hayvanla karşılaştırır, der ki: "Onlardan bile daha sapkındırlar." (Furkân, 44) Onlardan bile daha kötüdür. Hayvanlar kendi doğalarına göre davranır. Oysa bütün bunlar insanın fıtratına tamamen aykırıdır.

Baskın olan görüşe göre insanoğlu şefkatli bir varlıktır. Yaratılan diğer varlıklardan farklı olarak özünde sevgi, merhamet ve şefkat gösterebilme kabiliyeti vardır. Bu yüzden sadece kendimize değil; ailemize, komşularımıza, yabancılara, hayvanlara, bitkilere, tüm çevremize şefkat gösteririz. Sokakta yürürken bir taş gördüğümüzde onu yoldan kaldırarak şefkatimizi gösteririz. İnsan olmanın bir gereğidir bu. Başka bir deyişle insanoğlu diğer insanları önemser. Ve bu özellik insandan alındığında geriye kalan artık insan bile değil; beşerdir.

Allah (cc) okuduğumuz ayette başka ifadeler kullanmak yerine, "Ey insanlar!" diyerek insanlığın merhametine sesleniyor. Bu bizimle Allah (cc) arasındaki ilk çağrıdır. Allah (cc) ile olan ilişkimiz en başta, benim sevgiye arzu duymama dayanır. Allah'a şehadet getirirken "*La İlahe İllallah*" "Allah'tan başka ilah yoktur." deriz. Allah (cc) için "*İlâh*" kelimesini kullanırız. "*İlâh*" kelimesi "*eliha*" fiilinden gelir ki anlamı birini aşırı derecede sevmek, ona güvenmek, ona dayanmak demektir. Eskiden Araplar sevgiyi on kademeyle tanımlarlardı. Yeri geldiğinde Ayete'l Kürsi'de detaylı olarak izah edeceğiz ama burada da kısaca işaret edelim.

Dokuzuncu kademe "İlah" sevgisidir; sadece kulluk etmek değildir. Bu kademede duyduğunuz sevgiden dolayı bir acı hissetmezsiniz çünkü o sevgi sizin kalbinizi doldurmuştur. Bu yüzden bu kademedeki sevgi, Allah (cc) sevgisinin en uç noktasıdır. Evet, Allah (cc) insanın mayasına ünsiyet ve şefkat koymuştur. Bu yüzden Allah (cc) ile ilişkimizin kökünde de bu vardır. Sevgi ve merhameti arzu etme ve arama...

Bu her şeyden önce otoriter değil, aksine sevgi dolu bir ilişkidir. Ve bu sizi "ibadet" kelimesine götürür. Rabbinize ibadet edin, Rabbinize kulluk edin. Bu konuyu tam anlamıyla kavrayabilmek için Kur'ân'ın edebi sıralaması ile ilgili bazı önemli noktalara temas etmek isterim:

Bakara, Kur'ân'ın ikinci suresidir. 21. ayette "*ibâde*" kelimesi ikinci defa geçer: "يَٓا اَيُّهَا النَّاسُ اعْبُدُوا رَبَّكُمْ" İlk olarak Fatihâ Suresi'nde geçmişti: "اِيَّاكَ نَعْبُدُ" Fatihâ'da Allah (cc) ile direkt olarak konuştuk ve: "Sana ibadet etmeye hazırız. Sana ibadet etmek istiyoruz." dedik. O'nun kulu olmak istediğimizi beyan ettik. Bu ilk aşamaydı. Bakara 23. ayette ise Allah (cc) bizimle konuşuyor: Böylece konuşma tamamlanıyor. Fatihâ Suresi'nde biz Allah (cc) ile konuştuk: "اِيَّاكَ نَعْبُدُ" dedik. Yine birkaç ayet önce Allah (cc) "رَبِّ الْعَالَمِينَ" "Âlemlerin Rabbi" diyordu. Yani bütün âlemlerin ve ulusların Rabbi. "*El-âlemîn*"in farklı bir ifadesi de "nâs"tır. Bakara Suresi'nde Allah (cc), Fatihâ Suresi'nde kulluk etmeye hazır olduğumuzu beyan eden bizlere sesleniyor ve diyor ki: Devam edin, sözünüzü yerine getirin, Rabbinize ibadet edin.

Bu iki ayet arasındaki geçiş gerçekten çok güzeldir. O'na ibadet edip, O'na kulluk edeceğimizi beyan ettiğimiz Fatihâ'da üç gruptan bahsedilir: Birincisi Allah'ın nimet verdikleri yani hidayeti alan, hidayetle yaşayanlar; ikincisi ise gazaba uğrayacak olan, gazabı hak edenler; üçüncü grup ise sapanlardır.

Bakara Suresi "hidayet"e sarılanlarla başlar: "هُدًى لِلْمُتَّقِينَ" "أُولٰٓئِكَ عَلٰى هُدًى" "İşte bunlar, Rablerinden olan bir hidayet üzeredirler." Bu grup insanlardan Fatihâ'da: "صِرَاطَ الَّذِينَ اَنْعَمْتَ عَلَيْهِمْ" "Nimet verdiklerinin yoluna" ayetinde bahsedilir.

İkinci grupta ise, Allah'ın (cc) kalplerini, kulaklarını mühürlediği, gözlerini kapadığı insanlar vardı. Bunlar kaybolmuş gibiydi. Bir ateş yanıyordu ama onlar kördü. Bunların en kötüsü, "غَيْرِ الْمَغْضُوبِ عَلَيْهِمْ" "Gazaba uğrayanlar"dı.

Üçüncü grupta ise bir kısım insandan bahsedilir ki tamamen gazaba uğrayanlar gibi değildirler ama yine de sapmış, yollarını bulmaya çalışmaktadırlar. Küçücük bir şimşek çakar, yollarını bulurlar. Sonra ışık gider ve oldukları yerde kalakalırlar. Açıkça söylemek gerekirse bu insanlar sapmış durumdadır.

Özetle, Fatihâ'da bahsedilen bu üç grup insan Bakara Suresi'nin başında ayrıntılarıyla ele alınmıştır. Burada güzel olan nokta şudur ki ayetler arasında bir simetri vardır: Allah (cc) Fatihâ'da kulluk ve ibadet ile başlar ve bu üç gruptan bahseder. Bakara Suresi'nde ise bu üç gruptan bahseder; ardından kulluk ve ibadetle bitirir. Ve "يَٓا اَيُّهَا النَّاسُ اعْبُدُوا رَبَّكُمُ" "Ey insanlar! Rabbinize kulluk edin." (Bakara, 21) ile tablo tamamlanır.

Fatihâ Suresi'nde biz Allah (cc) ile konuşuyoruz; Bakara Suresi'nde Allah (cc) bizimle uzun uzun konuşuyor ve konuşma tamamlanıyor. Bu ayetin diğer bir güzelliği "iltifât"tır[1].Bakara Suresi'nde gördüğünüz son resim çölde kaybolan ve hiçbir yardım bulamayan insandı, Allah (cc) onlardan yüz çevirmişti: "وَتَرَكَهُمْ فِي ظُلُمَاتٍ لَا يُبْصِرُونَ" "...ve onları karanlıklar içinde bırakır; (artık hiçbir şeyi) görmezler." (Bakara, 17) "وَلَوْ شَٓاءَ اللّٰهُ لَذَهَبَ بِسَمْعِهِمْ وَاَبْصَارِهِمْ" "Allah dileseydi onların kulaklarını sağır, gözlerini kör ederdi." (Bakara, 20)

Bu ayetleri dinleyen herkesin aklında şu resim vardır: İnsanoğlu terk edilmiş, kaybolmuş, yalnız, ayrılmış... Bu durum bizi korkutuyor. Çünkü bu zamana kadar Bakara'da üç grup betimlendi: İnananlar, inatçı bir şekilde inanmayanlar, nifakta kaybolmuş olanlar. Bu ayetleri dinleyenler kendilerine "Hangisi benim?" diye sormalıdır. Bu arada bazı insanlar bu kategorilerden hiçbirine dâhil değildir. Kur'ân'ı dinledikleri halde inanmamışlardır ama inatçı bir tavırla nifakta da kaybolmamışlardır, yine de nereye ait olduklarını bilmezler.

Kur'ân'ın çağrısına kulak verenlerin bir tercih yapması gerekir. Şimdiye kadar her şeyi akışına bırakmıştınız, nötrdünüz. Ama şimdi bunu duydunuz. Sadece hidayeti kabul edenler kurtulacak. Bu yüzden Allah (cc) diyor ki: ذٰلِكَ الْكِتَابُ لَا رَيْبَ فِيهِ هُدًى لِلْمُتَّقِينَ "O kitap; onda asla şüphe yoktur. O, müttakîler için bir yol göstericidir." (Bakara, 2) Konu dönüp dolaşıp müttakîlere geliyor: يَا اَيُّهَا النَّاسُ اعْبُدُوا رَبَّكُمُ الَّذِي خَلَقَكُمْ وَالَّذِينَ مِنْ قَبْلِكُمْ لَعَلَّكُمْ تَتَّقُونَ Allah (cc) "Ey insanlar! Sizi yaratan, sizden öncekileri yaratan Rabbinize kulluk edin.

1 İltifât: Bir beyitte veya kısa sözde beklenmedik şekilde şahıs, zaman ve üslup bakımından değişiklikler yapmaktır. Bu değişiklikler monotonluğu kırarak muhatabın ilgisini uyandırmak ve konunun önemine dikkat çekmek gibi amaçlarla yapılır.

Umulur ki, böylece sakınırsınız." (Bakara, 21) dediğinde Rabbinize; sizi meydana getirene, sizi yaratana, sizden çok daha öncekileri yaratana kulluk etmek istersiniz. Böylece kendinizi koruyabilir, birinci gruba dâhil olabilirsiniz. Bu bir çağrıdır. "Ey bu mesajı duyan insanlar, harekete geçin!"

İslam sadece bir felsefe, sadece düşünce boyutundan ibaret bir inanç değil; insanın hayatında değişiklik yapması için gelen bir çağrıdır.

Doktorasını teoloji ve felsefe alanlarında yapan insanlar vardır. Onlar bu dünyada yaşar, zihnen bu meselelerle uğraşırlar ama hayatlarında hiçbir değişiklik görülmez. İnançları ya da fikirleri, onları herhangi bir eyleme yönlendirmez. Gerçekte o insanlar boşlukta kaybolmuştur. Onları dışarıdan darmadağın görürsünüz. Oysaki bizim "gayb"a olan inancımız bizi harekete geçmeye çağırır. Bir şeylere sadece inanıp bu dünyada kendini değiştirmeden kalamazsın. En büyük değişiklik Rabbimize kulluğumuzdur.

Rab-Abd İlişkisi

Allah'ın "Rab" ismini ilk defa Fatihâ Suresi'nde görürüz: "اَلْحَمْدُ لِلّٰهِ رَبِّ الْعَالَمِينَ" "Âlemlerin Rabbi olan Allah'a hamd olsun."

Bakara Suresi'nde üzerinde çalıştığımız yirmi birinci ayete kadar Allah (cc) henüz kendini tanıtmamıştı. Bu zamana kadar vahiyden, kendisine inandığını iddia edip aslında inanmayan insanlardan bahsetti. Yani Allah'tan direkt olarak değil, dolaylı olarak bahsedildi. Ama bu ayette Allah (cc) ilk defa bir bakıma bütün Kur'ân'ın özeti olan iki terimi bir araya getiriyor.

Uzun yıllar önce kendisiyle Kur'ân'ın tamamı üzerinde ders yaptığımız ve Arapça çalıştığımız hocam bana bir soru sormuştu: "Nouman, bütün Kur'ân'ı bir cümlede özetlesen ne dersin?" Ona şöyle cevap vermiştim: "Allah'tan başka bir Rabbin olmadığını ve O'nun kulu olduğunuz gerçeğini kabul etmek." Verdiğim cevap doğruydu. Aradan geçen yaklaşık 20 yıl içinde tefsir ve Arapça dilbilgisi üzerine birçok çalışmalar yaptıktan sonra bu özetin her zamankinden daha doğru olduğunu söyleyebilirim.

Hayatımız ilişkiler üzerine kuruludur. Çocuklarımızla, eşimizle, ebeveynlerimizle, komşularımızla, patronumuzla, iş arkadaşlarımızla ve şu bir gerçek ki kendimizle de bir ilişkimiz var. Kur'ân ise bizim Rabbimizle aramızdaki ilişkiyi dile getirir. Her ilişkinin bir tanımı, belli doğruları ve sorumlulukları vardır. Bir öğretmenin belli sorumlulukları vardır, bir öğrencinin belli sorumlulukları vardır. Öğretmenlerin hakları olduğu gibi öğrencilerin de hakları vardır. Eğer hak ve sorumluluklar konusunda açık değilseniz ilişki bozulur.

Allah'ın birçok ismi, esmâ-i hüsnâsı vardır. Allah (cc) kullarıyla esmâ-i hüsnâsı üzerinden ilişki kurar. Örneğin, Allah er-Rahîm'dir. O merhamet edendir, kulun merhamet edilmeye ihtiyacı vardır. Allah el-Hâdî'dir. O rehberdir. O tek yol gösterendir; kulun bir rehbere ihtiyacı vardır. Allah el-Hâlık'tır. O yaratıcıdır, kulun yaratılmaya ihtiyacı vardır. Allah'ın birçok ismi, benim yapmak zorunda olduğum şeylere karşılık gelir. Peki kulun Allah (cc) ile arasındaki temel ilişki hangi isimle tanımlanır?

Kur'ân'daki temel ilişki, Rab ve abd ilişkisidir. Bu ilişki anlaşıldığında taşlar yerine oturur. Allah'ın diğer isimleri üzerinden kurulan ilişkiler ikincildir. El-Mâlik, el-Mürebbî, el-Hakîm, el-Hayy, el-Kayyûm vs., hepsi Rabbin özellikleridir. Rab sahip demektir. Bir şeyi gözeten, bakımını üstlenen, her türlü ihtiyacını karşılayandır.

Biz Allah'a (cc) "Rab" olarak sesleniriz. Birine "Rab" diye seslendiğinizde, bu O'nun bize hiçbir şey borçlu olmadığı anlamına gelir. Ve kendinizi "abd/kul" olarak adlandırdığınızda, bu sizin hiçbir hakkınız olmadığı anlamına gelir. Çalışan maaş hakkına sahiptir, iş ortağı hisse hakkına sahiptir. Çocuklar bazı haklara sahiptir. Ama bir kul hiçbir hakka sahip değildir. Gerçek şu ki yaratıcının verdiği her şey hediyedir. "O'nun benzeri yoktur." (Şûrâ, 11) O'na (cc) benzer hiçbir şey yoktur. O (cc) başka hiçbir efendiye benzemez. Allah (cc) ile kul arasındaki ilişkinin kökü sevgidir. Tarihteki hangi efendi-köle ilişkisinin temeli sevgidir? Bunun bir benzeri yoktur. Ama Allah (cc) ile olan ilişkimiz böyledir.

Efendilere itaatsizlik etmenin cezası vardır. Hâlbuki bir sürü ateist var, inanmayan bir sürü insan var, İslam'ı bırakıp Kur'ân'a lanet edenler var ama bunların her türlü ihtiyaçlarını Allah (cc) karşılamaya devam eder. Hepsi er-Rahmân olan Allah'tan geliyor. Allah (cc) kendini "Rab" olarak ilk kez Fâtiha'da "اَلْحَمْدُ لِلّٰهِ رَبِّ الْعَالَمِينَ" ayetinde tanıtır. Rabbin ilk özellikleri er-Rahmân ve er-Rahîm olmasıdır.

Hangi efendi "Kölelerim, isterseniz köle olun, istemezseniz inkâr edin." der? "Artık dileyen iman etsin dileyen inkâr etsin." (Kehf, 29) Hangi efendi yapar bunu? Hangi efendi tasavvur edilemeyecek öyle bir merhamet gösterir ki kölesi kendisine itaat etmese bile, O'na lanet etse bile, O'nu unutsa bile, O'na düşman olsa bile, O'nunla dalga geçse bile, merhamet gösterir. Şimdiye kadar hangi efendi yaptı bunu?

"الَّذِي خَلَقَكُمْ وَالَّذِينَ مِنْ قَبْلِكُمْ"

"Sizi ve sizden öncekileri yaratan."

Allah'ın (cc) bizi yaratması, O'nun (cc) sevgi dolu merhametinin göstergesidir. Allah'ın (cc) bize verdiği bu hayat O'nun (cc) sevgi ve merhametinin göstergesidir. Hayat hediyesi karşısında son derece nankör olan insanlar; "Yaratılmayı ben istemedim ki!" "Burada olmayı ben mi seçtim? Dünyaya gelirken bana mı soruldu?" gibi sözler sarf edebilirler. İnsanın sahip olduğu en değerli hediye hayattır fakat insan hayatın değerini bilmez. Hayatın kendisi Allah'ın (cc) kuluna olan rahmet ve merhametinin göstergesidir. Hayat bir cezalandırma, bir lanet değildir.

Tahrif edilmiş Hristiyan inancına göre Hz. Âdem zamanından beri bu dünyadaki hayat bir cezadır. Oysa İslam bu düşünceyi benimsemez. İslam'a göre hayat nimettir, Allah'ın sevgi ve merhametinin göstergesidir. Allah'ın yarattığı her şeyin, özellikle de insanoğlunun yaratılış sebeplerinden biri Allah'ın merhametidir. Nitekim Kur'ân, "إِلَّا مَنْ رَحِمَ رَبُّكَ وَلِذٰلِكَ خَلَقَهُمْ" "Ancak Rabbinin merhamet ettikleri müstesnadır. Zaten Rabbin onları bunun için yarattı." diyor. (Hûd, 119)

Allah (cc) bizi ve bizden öncekileri severek ve merhametle yaratan Rabbimize dönmemizi, O'na kulluk etmemizi istiyor.

Allah'ın (cc) merhametinin bir parçası da kulunu yaratıp öylece bırakmamasıdır. Sizi yarattı, size yetenekler verdi ve sonra hem bu dünyada daha iyi yaşamanız hem de sonsuz hayatı kazanmanız için bir kılavuz verdi. Ve bunu sadece size değil sizden öncekilere de yaptı. Bu durum, "Sana indirilene ve senden önce indirilene iman ederler." (Bakara, 4) ayetiyle paraleldir.

Yaratılan ve yol gösteren arasında yakın bir ilişki vardır. Rahmân Suresi'nde Allah (cc); "Kur'ân'ı öğretti. İnsanı yarattı." diyor. (Rahmân, 2-3) Yani önce vahiyden, sonra yaratılıştan bahsediyor. Aynı şekilde, Bakara Suresi'nde de "Sana indirilene inanırlar." (Bakara, 4) derken yine ilk olarak vahiyden bahsediyor. Vahiy olmadan insanın anlamı olmaz. Kullanım talimatı olmadan bir ürünün anlamı olur mu? Biz de yaratıldık, Allah (cc) bizim kullanım talimatımız olan vahyi gönderdi ki yaratılış amacımıza ulaşalım. Bu sayede amacımızı gerçekleştirebiliyoruz.

"لَعَلَّكُمْ تَتَّقُونَ"

"Umulur ki, böylece sakınırsınız."

Kur'ân'daki her bir kelimenin içerdiği mana çok derindir. Ve bulunduğu metnin bağlamına göre anlam kazanır. Neyden sakınacaksınız?

"İnkâr edenleri uyarsan da uyarmasan da birdir." (Bakara, 6) ayetinde geçenlerden olmaktan sakınacaksınız.

"İnsanlardan bazıları da vardır ki inanmadıkları hâlde 'Allah'a ve âhiret gününe inandık.' derler." (Bakara, 8) ayetindekilerden olmaktan sakınacaksınız.

"Artık onlar sağırlardır, dilsizlerdir ve körlerdir; bu yüzden geri de dönemezler." (Bakara, 18) ayetindekilerden olmaktan sakınacaksınız.

"Yıldırımlar yüzünden ölümden korkarak parmaklarıyla kulaklarını tıkarlar." (Bakara, 19) ayetine muhatap olmaktan sakınacaksınız.

Tüm bu negatif ifadeler yol gösterenin değerini bilmeyenler veya kılavuzun değerini kaybedenler için korkutucudur. Allah (cc) diyor ki benim kulum olacağınıza söz verirseniz korunacaksınız.

"لَعَلَّكُمْ تَتَّقُونَ" "Umulur ki, sakınırsınız." "تَتَّقُونَ" "*tettekûn*" kelimesi üzerinde tekrar durmak istiyorum. Arapçada sadece "تقُونَ" "*tekûn*" derseniz bu korursunuz anlamındadır, eğer "tukâûn" derseniz korunursunuz anlamındadır. Böylece korunursunuz. "*İttekâ*" derseniz burada lazım-müteaddi fiil ayrımı söz konusu olur. Yani geçişli ve geçişsiz dediğimiz, nesne alan ve almayan fiiller arasındaki ayrım. Basitçe anlatmak gerekirse kendinizi korumak için önlem alabilirsiniz, demektir; siz bundan sorumlusunuz.

Allah (cc) insanoğlunu kendini korumakla sorumlu tutmuştur. Eğer tehlikeli bir muhitte yaşıyorsanız kapıyı kilitlemeden uyumak hırsızlara davetiye çıkarmaktır. Eşyaları çalınan kimse "Bunu Allah yaptı." diyemez. Çünkü başına gelenin sebebi, kendi hatasıdır. Allah (cc) kılavuzluk yapar, Allah (cc) hidayet verir, Allah (cc) imanı güçlendirir ama diğer taraftan Allah (cc) insanları kendi takvalarını inşa etmekten sorumlu tutar. "*İttikâ*" kelimesi Allah'a değil, insanoğlunun sorumluluklarına atfedilir. "*Tukâûn*" yani korunabilirsiniz şeklinde değil. Öyle olsa Allah (cc) seni bir şekilde koruyacak anlamına gelirdi fakat Allah (cc) herkese kendini koruyabilmesi için araçlar vermiştir.

Bu kelimeye göre hepimize takva insanı olma fırsatı verilmiştir. Biz bundan uzak kalıyorsak bunun için Allah'ı (cc) suçlayamayız. Kimse "Allah bir gün bendeki takvayı ortaya çıkaracak, eninde sonunda takva sahibi olacağım, dua et Allah beni müttakîlerden kılsın." demekle yetinemez. İnsan elinde olmayan şeyler için sadece duaya sarılabilir. Fakat elinden gelen bir şey varsa önce onları yerine getirme sorumluluğu vardır. Allah (cc) müttakî olmak için gereken her şeyi zaten herkese vermiştir. "Allah bizim takvamızı artırsın ama biz bu imkâna sahip değiliz, onu elde etmemizin hiçbir yolu yok." demek, Kur'ân'a göre doğru değildir.

Yeri Döşek, Göğü Tavan Kıldık

اَلَّذ۪ي جَعَلَ لَكُمُ الْاَرْضَ فِرَاشاً وَالسَّمَٓاءَ بِنَٓاءًۖ وَاَنْزَلَ مِنَ السَّمَٓاءِ مَٓاءً فَاَخْرَجَ بِه۪ مِنَ
الثَّمَرَاتِ رِزْقاً لَكُمْۚ فَلَا تَجْعَلُوا لِلّٰهِ اَنْدَاداً وَاَنْتُمْ تَعْلَمُونَ

"O Rab ki, yeri sizin için bir döşek, göğü de bir tavan yaptı. Gökten su indirerek onunla, size rızık olsun diye (yerden) çeşitli ürünler çıkardı. Artık bunu bile bile Allah'a şirk koşmayın."

(Bakara, 2/22)

"اَلَّذ۪ي جَعَلَ لَكُمُ الْاَرْضَ فِرَاشاً"

"Sizin için yeri döşek kıldı."

Ayette kullanılan "*ceale*" fiili yerine "*haleka*" fiilinin kullanılmasını bekleyebilirdik. Fakat öyle olmamış. "*Ceale*" fiili "*li*" harf-i ceri ile kullanıldığında senin için döşeyen, seni rızıklandıran, senin işlerini normalin çok üzerinde kolaylaştıran manasına gelir.

"*Firâşen*" döşenmiş, yumuşak, üstünde yürünmesi kolay olan demektir. Allah (cc) yeryüzünü cehennem gibi yaratmamıştır. Yüzeyi çok sıcak olan gezegenler vardır, koruyucu giysiler bile bu sıcaklığa dayanamaz erir. Zemin uygun sertlikte değildir, ayağınızı bastığınızda içine batarsınız. Yüzeyi pürüzlüdür, ayağınıza zarar verir. Allah (cc) yeryüzünü yürünmesi, üstünde uyunması en kolay olacak şekilde yarattı. Yeryüzünü üstünde yaşayamayacağımız şekilde yaratmadı. Şu bir gerçek ki burada "*firâşen*" kelimesi ile bir yatak tasviri yapılıyor. Eski zamanlarda insanlar yere hasır serip uyurlardı. Yeryüzü sizin için yüksek tavanlı bir yatak odası gibidir adeta. Herhangi bir yerde kamp kurabilirsiniz.

"وَالسَّمَّاءَ بِنَاءً"

"Göğü bir tavan."

Tavanınızı, çatınızı göğün üstüne inşa etti. Tüm dünyayı sizin için yaşam alanı yaptı. Bu tasvir özelde bedeviler için yapılmış olmakla birlikte hakikatte hepimizi kapsar. Tüm dünya bir ev, hatta içine girip dinlendiğiniz bir yatak odası gibidir. İnsan hayatında iki büyük ihtiyaç vardır: Uyku ve yemek. "*Firâşen*" uyku rahatlığının resmidir.

"وَاَنْزَلَ مِنَ السَّمَّاءِ مَّاءً"

"Gökten su indirdi."

O gökyüzünden su indirir.

"فَاَخْرَجَ بِهٖ مِنَ الثَّمَرَاتِ رِزْقاً لَكُمْ"

"Onunla türlü türlü meyvelerden sizin için rızık çıkardı."

Su ile çeşitli meyveleri meydana getirir. Ayette tohum ya da ekinden söz edilmemiştir, tam olarak dünyada yiyebileceğimiz en tatlı şeyden, meyveden bahsedilmiştir. Meyveler; rengi, kabuğu, tadı, şekli, kokusu, güzelliği ile Allah'ın (cc) insanoğluna yaşamayı ne kadar güzel kıldığını hatırlatır. Allah'ın (cc) yeryüzünde beslenebilelim ve dinlenebilelim diye bize sağladığı rızıklar ne kadar da güzeldir.

Geçmiş yıllarda bir arkadaşım midesindeki bazı rahatsızlıklardan dolayı hastaneye kaldırılmıştı. Altı aydır katı yiyecek yiyemiyordu. Bu yüzden iki ay boyunca içerisinde vücudunun ihtiyacı olan protein, karbonhidrat, vitamin vs.'nin bulunduğu bir sıvı karışımı içmek zorunda kaldı. Tekrar katı yiyecekler yiyebileceği zamana kadar kahvaltısı, öğle yemeği, akşam yemeği sadece bu oldu. Bir gün onu ziyarete gittim. Bana "Şu içeceğin tadına bir bakmak ister misin?" diye sordu. Bir yudum aldım, dayanılmaz bir tadı vardı. O süre zarfında sadece bu içecekle hayatta kalabilmişti. Allah (cc) bizim hayatta kalmamız için gereken gıdaları lezzetli, iştah açıcı güzellikte sunmaya mecbur değildi. Hayvanların güzel bir sunuma ihtiyacı yoktur, onlar yiyeceklerini ne şekilde ve nerede olursa olsun yerler. Allah (cc) meyveleri en güzel şekilde ambalajlayarak ağaçların üzerine yerleştirdi. Meyvelerle yüklenmiş bir ağaç tasviri bile ne kadar güzeldir. Her meyve kendi rengine, tadına, dokusuna, kendi fıtratına sahiptir. Allah (cc) bunların hepsini bize rızık olarak verdi. Diğer bir deyişle Allah (cc) kullarını her şeyin en güzeli ve en lezzetlisi ile rızıklandırdı.

"فَلَا تَجْعَلُوا لِلّٰهِ اَنْدَاداً"

"Öyleyse Allah'a ortak koşmayın."

"*Nidd*" kelimesi birine eşdeğer olmak, birine alternatif olmak, rakip olmak manasına gelir. "*Tendîd*" birine karşı sesini yükseltmek demektir. Buradaki anlam, sadece Allah'a (cc) herhangi bir şeyi ortak koşmak değil, aynı zamanda yaratana karşı çıkmak, hayatını O'na karşı çıkacak şekilde yaşamaktır.

"وَأَنْتُمْ تَعْلَمُونَ"

"Bile bile yapıyorsunuz bunu."

Siz bunu bilinçli olarak yapıyorsunuz. Allah (cc) başka bir ayette ortak koşanlar hakkında şöyle buyurur: "İnsanlardan bir kısmı Allah'tan başka bazı varlıkları Allah'a denk sayar ve bunları Allah'ı sever gibi severler. İman edenler ise en çok Allah'ı severler." (Bakara, 165)

Bizim için bu ortaklar nelerdir? Şimdiye kadar Allah (cc) ile olan "Rab ve abd" ilişkisi üzerinden bir resim çizmeye çalıştım. Bu ilişkinin temeli "sevgi" olduğu için insanlar önce bu noktada ortaklar edinirler. Bazen Allah'a ortak koşulan şey "para" olur, bazen "şehvet" olur, bazen "şöhret" olur, bazen "gurur" olur, bazen "aile" olur vs. Allah (cc) kalbimizde yaşattığımız ortakları söyleyerek bize hatırlatıyor ve diyor ki: "Verdiğim meyvelere, yiyeceklere, her türlü rızka bak ve neden Allah'a ortak koşmaman gerektiğini düşün." Çünkü siz bunu çok iyi biliyorsunuz.

İlim bazen vahiy bilgisidir, önceki kutsal kitabın bilgisidir, dilbilgisidir, "ahkâm" bilgisidir; ama bu ayette bu bilginin Allah'ın sizin için yaptıklarının bilgisi olduğu söyleniyor. Ne kadar az tanıyor ve ne kadar az biliyorsunuz. Yüreğinizin derinliklerine bakın, Allah'ın sizin için yaptıklarını aslında biliyorsunuz. Arapçada buna "*istidlâl*" denir. Allah (cc) neden Kendisi'ne yönelmemiz gerektiğinin delilleri üzerinde düşündürüyor. Çünkü bizi öylesine değil, Rab olarak sevgiyle yarattı. Bu yüzden Allah'a (cc) yönelmelisiniz.

Allah'ın Kölesi Olmak

وَاِنْ كُنْتُمْ فٖي رَيْبٍ مِمَّا نَزَّلْنَا عَلٰى عَبْدِنَا فَأْتُوا بِسُورَةٍ مِنْ مِثْلِهٖ وَادْعُوا شُهَدَٓاءَكُمْ
مِنْ دُونِ اللّٰهِ اِنْ كُنْتُمْ صَادِقٖينَ

"Eğer kulumuza indirdiklerimizden herhangi bir şüpheye düşüyorsanız, haydi onun benzeri bir sure getirin, eğer iddianızda doğru iseniz Allah'tan başka şahitlerinizi de çağırın."

(Bakara, 2/23)

"وَاِنْ كُنْتُمْ فٖي رَيْبٍ مِمَّا نَزَّلْنَا"

"Eğer indirdiklerimizden herhangi bir şüpheye düşüyorsanız..."

Şüphe anlamına gelen "*rayb*" kelimesi burada, Bakara Suresi'nde ikinci kez geçiyor. İlki "ذٰلِكَ الْكِتَابُ لَا رَيْبَ فٖيهِ" "Bu Kitap'ta hiçbir şüpheye yer yoktur." (Bakara, 2) ayetinde geçmişti. Kitap'ta hiçbir şüphe olmadığı halde eğer insan hâlâ bunun Allah'ın Kitabı olduğundan emin değilse, tüm zamanlarda Allah'ın kullarına indirdiği herhangi bir şeyden şüphesi varsa, manasındadır.

"عَلٰى عَبْدِنَا"

"Kulumuza"

Burada ayete dikkat edersek Allah'ın (cc) "Resûlümüz" yerine "kulumuz" ifadesini kullandığını görürüz. İnsanlığa kul olması söylendi. Aranızda bir kul var, onun gibi olun dendi; bu kul Resûlullah'tır (sav). Ve şimdi onu "abd" olarak hatırlama zamanıdır.

Kur'ân'da Resûlullah'ın (sav) en yüksek makama ulaştığı yerlerde, en muhteşem anlarda ona "Resûl" olarak değil "abd" olarak seslenilir. "Böylece Allah, kuluna vahyini iletti." (Necm,10) O "Sidretü'l Müntehâ"ya ulaşıyor. O en yüksek yere, hiçbir insanoğlunun gidemeyeceği, Cibril'in (as) "Ben daha fazla gidemem, sadece sen geçebilirsin." dediği yere ulaşıyor. Ve Allah (cc) ona "abd" olarak sesleniyor. Bir gece yarısında Allah (cc) O'nu (sav) alıyor ve yolculuk başlıyor. "Bir gece, kendisine bazı âyetlerimizi gösterelim diye kulunu Mescid-i Harâm'dan çevresini mübarek kıldığımız Mescid-i Aksâ'ya götüren Allah eksikliklerden münezzehtir." (İsrâ, 1) Kur'ân'da Resûlullah'tan (sav) bahsedilen en yüksek nokta "abd", kulluk makamıdır.

Gayba inandığımızdan dolayı dinimizde adeta tersine işleyen bir mühendislik söz konusudur. Bu düşünceyi çok iyi anlamalıyız. Bu dünya hayatında bir insana verilebilecek en düşük mertebe köleliktir. Bu terimi kullandığınızda insanlar bunu aşağılayıcı ve utandırıcı bulurlar. Nitekim toplumlar da bununla ilgili bir algıya sahiptir. Oysa kölelik Allah'a (cc) bağlandığında, insan için Allah'ın kölesi olmaktan daha yüksek bir varoluş makamı yoktur. Çıkılacak en yüksek makam Abdullah (Allah'ın kulu) olmaktır.

Nihai mahviyet mevkisi, bu din sayesinde en büyük haysiyet mevkisi hâline gelir. Neden? Çünkü bir köle sadece efendisini mutlu etmek için uğraşır, gerisi umurunda olmaz. Ve Allah'a köle olmayı kabul ettiğimizde "İçinde yaşadığım toplum benim hakkında ne düşünür?" "Bu toplumun kültürel kodları benim için ne der?" "Hükümet ne düşünür?"

"Medya ne düşünür?" "Arkadaşlarım ne der?" düşünceleri anlamsız kalır. Biz gerçekten de bunlardan hiçbirini razı etmek zorunda değiliz. Sadece Allah'ı razı etmeliyiz. Artık modanın kulu değilim, kültürel trendlerin kulu değilim, çevre baskısının kulu değilim. Her türlü kulluktan azat oldum, çünkü Allah'ın kulu olmayı kabul ettim düşüncesi özgürlüğün en üst noktasıdır. Eğer Allah'a (cc) kul olmazsan başka bir şeylere kul olacağın garantilenmiştir. Kulluğun tüm formlarından kurtulmanın tek yolu gerçekten Allah'ın kulu olmaktır.

Benzer Bir Sure Getirin de Görelim!

"فَأْتُوا بِسُورَةٍ مِنْ مِثْلِهِ"

"Benzeri bir sure getirin."

Araplar daha önce *"sure"* kelimesinin bu şekilde kullanıldığını duymamış, dilin hiçbir birimi için bu kelimeyi kullanmamışlardı. Bu kullanım Kur'ân'a özeldir. Bizim "bölüm" olarak adlandırdığımız kısma Allah (cc) *"sure"* dedi. Bu kelimenin derinine indiğinizde Kur'ân'ın Araplara meydan okuduğunu görürsünüz ki bu dikkate değer bir şeydir; Allah (cc) Arapları gurur duydukları dilleri konusunda aciz bırakmıştır. Üstelik "sure" kelimesinin bu şekilde kullanımı sadece bir örnektir.

"Sure" eski şehirleri çeviren dış duvarlar anlamındaki "sur" kelimesinden gelir. Surlar devasa duvarlardan oluşur ve sadece yer yer içeri girebileceğiniz kapıları vardır. Bu duvarların inşa edilme amacı şehri korumak ve ayrıca şehre giriş çıkışları kontrol etmektir. Surlarla çevrili bir şehre kimse doğrudan giremez, giriş çıkış için onay alması gerekir. Tırmanarak içeri girilmesine engel olmak için duvarlar çok yükseltilir. Yine bu duvarlar kolay kolay yıkılmayacak kadar kalın yapılmıştır. "Artık onu ne aşabildiler ne de delebildiler." (Kehf, 97)

Şehrin etrafını çevreleyen dış duvarlar özel mülk değildir. Şehir içinde evi olan bir adam bu suru yapamaz. Bu surları ancak krallar yaptırır. Diğer bir deyişle, bir şehrin surlarla çevrelenmiş olması "Bu şehir, insanların değil kralın mülküdür." anlamına gelir. "Sure" kelimesi üzerine tefekkür ettiğinizde hemen bunun hangi "kral"a ait olduğunu düşünürsünüz.

İkinci önemli nokta ise Arap şehirlerinin surlarla çevrili olmamasıdır. Çünkü Arapların bu şekilde korumak istedikleri bir şehirleri yoktu. Hiç kimse onların geniş köyleriyle ilgilenmiyordu. Onlar yaptıkları ticarî yolculuklar sırasında Romalılarda ve Perslerde bu heybetli surları görmüşlerdi ve anlamışlardı ki bir kral ancak korumaya değer kıymette olan şehirlerin etrafını büyük yatırımlar yaparak korurdu.

"*Sur*" kelimesi öncelikle "kral"ı, ikinci olarak içindekinin değerini, son olarak da Arapların böyle bir şeye sahip olmadığını hatırlatır. Ayrıca "sur"un, üstünden tırmanamazsınız, "sur"u kazamazsınız, tıpkı Kur'ân surelerinde olduğu gibi üstesinden gelemezsiniz. Elinizden gelenin en iyisini yapsanız bile, onu alt etmeyi başaramazsınız.

Surlarla çevrili bir şehir hayal edin. Eğer birisi duvarların üstünden tırmanmaya çalışırsa bu, surları inşa ettiren krala karşı yapılmış bir saldırıdır. Ve bir "sure"ye saldırıda bulunmak, bir sureyi eleştirmek, "sure" üstüne teşebbüste bulunmak hakikatte Allah'a karşı girişilmiş bir saldırıdır.

Kralın korumaya değer gördüğü şehrin etrafına ördüreceği surun yapımı kısa süreli bir proje midir? Hayır. Öncelikle temel atılması gerekir, sonra büyük tuğlalar konularak duvarlar örülür. Surların inşası uzun zaman alır ve sınırlı bir büyüklüktedir.

Dünya üstünde inşa edilmeye çalışılacak herhangi bir sur aşağıdan yukarı olacaktır, ama Allah'ın (cc) inşa ettiği sure gökten yere inmiştir. Ve gökten yere inişinin sonu yoktur, ona karşı sizin ne kadar yükseğe çıkmayı iddia ettiğinizin hiçbir önemi yoktur. Allah'ın kelamı mükemmeldir.

Kur'ân, "وَاِنْ كُنْتُمْ فٖي رَيْبٍ مِمَّا نَزَّلْنَا عَلٰى عَبْدِنَا فَأْتُوا بِسُورَةٍ مِنْ مِثْلِهٖ" "Kullarımızın üzerine gönderdiğimiz şey hakkında şüphe içerisindeyseniz, buna benzer bir sure getirin." (Bakara, 23) diyor. Eğer bizim indirdiğimizle ilgili bir şüpheniz varsa, haydi bakalım benzer bir sure getirin de görelim.

Allah (cc), "سُورَةٍ مِثْلِهٖ" *"sûretin mislihî"*nin yerine "سُورَةٍ مِنْ مِثْلِهٖ" *"sûretin min mislihî"* diyor. Yani bana onun küçücük bir parçasını getirin; yüzde biri bile olur; getirin, diyor.

Her sure, zamandan münezzeh olan irşad, nasihat, istişare ve talimatları korur. Tevhidi, Resulullah'ın (sav) risaletini korur. Emir ve yasaklar bellidir, haram ve helaller bellidir. Emredilenler ve nehyedilenler bellidir ve bunlar paha biçilmez talimatlardır.

Önceden nazil olan vahiylerde de Allah (cc) İsrailoğullarına helal ve haramları bildirmişti. Allah (cc) emir ve yasaklarını Hz. Salih'in (as) kavmine de bildirmişti, Hz. İbrahim'in (as) kavmine de bildirmişti. Ancak zamanla o talimatları koruyan bir sur kalmadı. Zamanla bu öğretiler yozlaştırıldı. Kur'ân'ın mucizevi mükemmelliği ise, nesilden nesle aktarılan vahyin Resûlullah'a (sav) nazil olduğu şekilde muhafaza edilmesidir. Bu, insanlık tarihi boyunca hiç yaşanmamış bir durumdur. Daha önce aynı saf öğretiler birkaç nesil içinde yozlaşmaya başlamıştı. Esasında İsrailoğullarına her nesil yeni bir peygamber gönderildi ama onlar yine de Kitab'ı değiştirip kendilerine göre düzenlemeler yaptılar. Sonra tekrar bir peygamber gelip düzeltti; onlar yine tahrif etti. Hz. İsa (as) gelene kadar bu durum bu şekilde devam etti.

Hz. İsa'nın (as), İsrailiyat'ın farklı yerlerinde, Kudüs ve Nasıra'da kaydedilen birçok sözüne, vaaz ve öğütlerine baktığınızda Allah'ın kelamındaki hükümleri değiştiren hahamlara karşı çok öfkeli bir üslup görürsünüz. Hz. İsa (as), Roma İmparatorluğu'nu, İsrailoğulları'nı ve ümmetin içindeki yozlaşmayı kınadığı kadar kınamamıştır.

Dilbilimsel Açıdan Kur'ân'ın Arapçadan Farkı

Ayetteki meydan okuma birkaç sure veya "ona benzer" bir şey getirilmesi üzerineydi. Bu meydan okuma, bundan önce Mekke döneminde beş defa tekrar edilmişti. Bu ayet ise Resûlullah (sav) Medine'deyken, hicretin ilk dönemlerinde nazil olan ayetlerdendir. Bakara Suresi'nin büyük kısmı İslam'ın ilk savaşı olan Bedir'den önce nazil olmuştur. Ayrıca Müslümanları savaşa hazırlayan ayet de Bakara Suresi'ndedir.

Bundan önce inen birkaç ayete bakalım: "'Onu kendisi uydurup söyledi' mi diyorlar? Hayır, onlar iman etmezler." (Tûr, 33) Sonra, "فَلْيَأْتُوا بِحَدِيثٍ مِثْلِهٖٓ اِنْ كَانُوا صَادِقِينَ" "Eğer doğru söylüyorsanız, ona benzeyen yeni bir şey getirin." (Tûr, 34) Ayette geçen "hadîs" kelimesi "hades"ten gelir, "yeni bir şey" manasındadır.

"Ahmed Bessâm Sâî" Kur'ân mucizeleriyle ilgili hem Arapça hem İngilizce yazılar, kitaplar yazmış bir dil bilimcidir. Yaptığı çok önemli bir çalışma vardır. Resûlullah'ın (sav) sahih, zayıf, hasen hadislerinin hepsini bir araya toplayarak üzerlerinde dil bilimsel bir analiz yaptı. Resûlullah'ın (sav) kullandığı konuşma tarzı binlerce hadis üzerinden incelendiğinde ortaya bir kalıp ve konuşma tarzı çıktı. Resûlullah'ın (sav) konuşma tarzını inceledi ve Kur'ân'ın belagatıyla karşılaştırdı. Bu tamamen batılı prensiplerle yapılmış akademik, dilbilimsel bir analizdi; dinle, İslam'la, maneviyatla hiçbir ilgisi yoktu.

Ortaya çıkan veriler olağanüstüydü. Araştırmacı Kur'ân'da, Resûlullah (sav) tarafından asla kullanılmamış fiil, isim ve edatlardan oluşan bir kombinasyonun kullanıldığını fark etti. Hatta bunların birçoğu daha önce Araplar tarafından bile kullanılmamıştı. Sadece Fatihâ Suresi'nde Araplar tarafından daha önceden hiç kullanılmamış elli sekiz tane kombinasyon örneği tespit etti. Mantıklı ama daha önce hiç kullanılmamış yeni bir üslup. Örneğin, Fatihâ Suresi'nde "غَيرِ المَغضُوبِ عَلَيهِمْ وَلاَ الضَّالِّينَ" ayetinde yan yana gelen iki kelime "*gayri*" ve "*lâ*"dır. Arapça dilbilgisine dair tüm kayıtları incelerseniz "*lâ*" ve "*lâ*" bulursunuz. Bu "ne... ne" kalıbıdır. "*leyse*" ve "*lâ*" gibi, "*mâ*" ve "*lâ*" gibi, "*gayri*" ve "*gayri*" gibi, "*gayri*" ve "*ev*" gibi... "*gayri*" ve "*lâ*"yı birlikte asla göremezsiniz. Kur'ân'da bunu tek görebileceğiniz yer Fatihâ Suresi'dir.

Yine bir başka örnek gerçekten büyüleyicidir. Arapçada "كَانَ" "*kâne*" her zaman geçmiş zamanı ifade etmek için "-dı, -di" manasında kullanılır; Kur'ân ise "*kâne*"yi geniş zamanı ifade etmek için "-dır, -dir" manasında kullanır. "Kâne" daha önce hiç bu şekilde kullanılmamıştır! "وَكَانَ اَللّٰهُ غَفُورًا رحِيمًا" "Allah, çok bağışlayandır, çok merhamet edendir." (Fetih, 14) Hep öyleydi ve hâlâ da öyledir. Aşırı derecede affeden, kullarını seven ve merhamet eden demektir. Yani "kâne"nin hakiki manası geçmiş zamandır ama Kur'ân yüz doksandan fazla yerde geniş zaman manasında kullanır. Bu Kur'ân'ın eşsiz belagatine bir örnektir. Ancak Resûlullah (sav) binlerce hadisinde "*kâne*"yi bir defa bile "geniş zaman" olarak kullanmamıştır. Resûlullah'ın (sav) konuşma tarzında "kâne"nin geniş zaman manasında kullanımına rastlamıyoruz. Akademisyenlerin dediği gibi müellif, üslubundan hemen ayırt edilir, yani Kur'ân ve hadis söz konusu olduğunda müelliflerin aynı olmadığı apaçık ortadadır. Bu sebeple Resûlullah'ın üslubundaki farkı gördükten sonra ona "Kelamullah" demeye cüret edemezler.

Bu Kur'ân'a ait bir yeniliktir. Resûlullah'ın (sav) bazı hadislerinde direkt olarak ayeti alıntıladığı olmuş ama bunun dışında tamamen Kur'ân'ın üslubundan bariz bir şekilde farklı bir üslup kullanmıştır. Bu altı çizilmesi gereken bir durumdur.

Allah (cc) meydan okumayı bir adım daha ilerleterek tüm Kur'ân'a şamil kılar.

"Eğer doğru sözlü iseler onun benzeri bir söz getirsinler." (Tûr, 34) ayetinde geçen "حَدِيث" "hadîs" kelimesi tüm Kur'ân demektir. "De ki: "Andolsun, insanlar ve cinler bu Kur'ân'ın bir benzerini getirmek üzere toplansalar ve birbirlerine de destek olsalar, yine onun benzerini getiremezler." (İsrâ, 88) Tüm insanlığın aklını tarasanız ve gökyüzüne erişebilen cinleri de çağırsanız, Kur'ân'a yakın bir şeyle bile gelemezsiniz. Bu meydan okuma, tümüyle Kur'ân'la ilgilidir.

Sonra Allah (cc) çağrısını bir adım daha öteye götürür: "Yoksa 'Kur'ân'ı kendisi uydurdu' mu diyorlar? O zaman buna benzer on sure yapıp getirin." (Hud, 13) Buna benzer bir sure getirmek kolay ise neden on tane sureyle gelmiyorsunuz? Hadi, gidin on sure getirin. "İstesek biz de bunun benzerini elbette söyleriz." (Enfal, 31) demiştiniz, öyleyse yapın da görelim!

Onlar Kur'ân'ın meydan okumasını görüp adeta çocuklar gibi; "Eğer isteseydim yapardım ama yapmak istemiyorum!" diyorlar.

Daha sonra bu meydan okuma daha da yoğunlaşıyor. Allah (cc) Yûnus Suresi'nde "Neden o zaman onun gibi yalnızca bir sure getirmiyorsunuz?" diye soruyor. Sadece bir sure. En kısa sure o zamana kadar çoktan inmişti: "إِنَّا أَعْطَيْنَاكَ الْكَوْثَرَ" "*İnnâ a'taynâ ke'l kevser*" (Kevser, 1) İki satırcık. "وَالْعَصْرِ إِنَّ الْإِنسَانَ لَفِي خُسْرٍ" "*Ve'l asr. İnne'l insâne lefî husr*" (Asr, 1-2) Çok değil. Sayfanın üçte biri bile değil. Bunun gibi bir şey yapabilirsiniz değil mi? Hadi o zaman!

Münafıkların bu meydan okumayı kabul etmesi birçok sebepten imkânsızdı. Dilbilim bu sebeplerden sadece bir tanesiydi, ama başka sebepler de vardı...

Ümmî Peygamber (sav) ve Kur'ân'ın İçeriği

Kur'ân Arapların hayatları boyunca duymadığı tarihî bilgilerden bahseder. Kur'ân'ın "uydurma insan işi" olduğunu iddia edip bunu kanıtlamaya çalışan Batılı akademisyenler "Peygamber İncil'den, Yunan tarihinden, Habeşistan'dan, oradan buradan hikâyeler alıntılamış." derler. Bunu duyduğunuzda "Peygamber ne kadar da çok seyahat etmiş ki böyle!" dersiniz. Ve kaç tane akademiden derece alıp böyle gizli, arkaik, belirsiz yazıları bulup Kur'ân'a benzetmiş; "Aa, şu şu kısmı alıntılayayım." demiş!

Hâlbuki Kur'ân'da dünya tarihine dair ipuçları bulmanız, onun direkt olarak Allah'tan geldiğinin göstergesidir. Kur'ân'ın içeriği kendiliğinden bunu kanıtlıyor; çünkü bu sözler, çölde yaşayan ve ümmî olan bir kimsenin (sav) kendi kendine bir araya getirebileceği sözler değil.

Yusuf Suresi Kur'ân'ın 12. suresidir. Sure nazil olduğunda Resûlullah (sav) Mekke'deydi, surenin tamamı Mekke'de indirildi. Yahudiler ise Medine'deydi. Resûlullah'ın (sav) Yahudi topluluklarıyla hiçbir bağlantısı yoktu. Surede Yahudi geleneğinde önemli bir figür olan Hz. Yusuf'un (as) hayatıyla ilgili pek çok detay vardır. Kur'ân, İncil'de anlatılan Hz. Yusuf (as) kıssasının tüm çelişki ve hatalarını düzeltir. Araplar kıssayı dinlediklerinde "Kim bu Yusuf? Onu hiç duymadık!" dediler. Resûlullah'ın (sav) Yahudilerle hiçbir irtibatı olmadığı halde Kur'ân Mekki olan özellikle Tâhâ ve Kasas surelerinde Hz. Musa'dan (as) uzun uzun bahseder. Yahudi geleneğine atıfta bulunan ayetlerin Resûlullah (sav) Medine'deyken indirilmesi beklense de öyle olmamıştır. Resûlullah (sav) Medine'ye geldiğinde onların sahip olduğu bilgilere meydan okuyabilecek donanıma sahipti.

Bir hahamla konuşmuştum. Ondan bana Hz. Musa'dan (as) bahsetmesini istedim. İbranice İncil'in beş kitabından dördünün Hz. Musa'nın (as) hayatına ayrıldığını ve muazzam bir siyer bilgisine sahip olduklarını biliyordum. Onun için ona vahyin başlangıcını sordum. "Yolculuk yaparken ateş görmüş." dedi. "Yalnız mıydı?" diye sordum, "Hayır, bir koyunla birlikteyken görmüş." diye cevap verdi. Hâlbuki yanındaki, bir koyun değil, ailesiydi. "Ailesine, 'durun, bekleyin' demişti." (Tâhâ, 10) Hz. Musa'nın (as) yanında ailesinin bulunduğunu sakladılar. Çünkü ailesi Medyenliydi. Hz. Musa (as) Medyen'de evlenmişti. Medyen Arapların yaşadığı bir şehirdi ve dolayısıyla eşi Arap'tı, çocukları da Arap bir anneden doğmuştu. Yahudilere göre uyruk anneden geldiği için eğer bu bilgiyi kabul ederlerse Hz. Musa'nın (as) çocuklarının da Arap olduğunu kabul etmeleri gerekecekti. Bu ise onlar için başlı başına bir problemdi. O yüzden "Bir koyunla birlikteydi. Sonra gidip vahiy aldı." dediler. Ne kadar da pratik bir çözüm... Kur'ân bu durumu ifşa eder. Çünkü Yahudiler Araplarla hiçbir bağları olmamasını arzu ediyorlardı, her türlü ilişkilerini kesip bağlarını koparmak istiyorlardı. Hakikatte ise Hz. Musa (as) Medyen'e gitmiş ve Medyenli bir kadınla evlenmişti.

Kur'ân, kayınpederinin Hz. Musa'dan (as), yanında bir süre kalıp ona hizmet etmesini isteyişini anlatırken "ثَمَانِيَ حِجَجٍ" "*semâniye hicec*" "Sekiz hac zamanı" tabirini kullanır; "sekiz yıl" demez. "حِجَجٍ" "*hicec*" kelimesi "حَجَّ" "*hacce*"nin çoğuludur. Kayınpederi, Hz. Musa'ya (as) haccı referans olarak verir. Bu da demektir ki Hz. Musa (as) Kâbe'yi ve haccı biliyordu. Oysa Yahudi kaynaklarına göre "hac" diye bir şey yoktur; Hac sadece Hz. İbrahim (as) tarafından inşa edilen Kâbe için yerleşmiş bir gelenekti. Kur'ân tarihi gerçekleri böyle açığa çıkarır.

Meydan Okumanın Dozu Artıyor

Medine'de putperest Evs ve Hazrec kabileleri ile birlikte Yahudiler ve Hristiyanlar da vardı. Ve bunlar geçmiş dinler hakkında bilgisi olan insanlardı. Bu nedenle bu konuda Mekke'de yapılan meydan okumayla Medine'de yapılan arasında fark vardı. Mekke'deki meydan okuma, şiir yazma şeklinde olabilirdi ama Medine'deki meydan okuma "O'na (sav) Tevrat'tan bir sayfa ya da Kur'ân'la uyuşacak bir şey gösterelim." şeklinde olurdu. Eğer Tevrat'tan bir parça getirebilseydiler esasen o da Kur'ân'ı tasdik edecekti.

Allah (cc) meydan okuyuşunun dozunu artırarak "فَأْتُوا بِسُورَةٍ مِثْلِهِ" "Benzer bir sure getirin." demek yerine "فَأْتُوا بِسُورَةٍ مِنْ مِثْلِهِ" "Ona yakın bir şey getirin!" diyor. Diğer bir deyişle, Medine'deki Yahudilere adeta: "Sizler bu meydan okumaya muhatap olan en nitelikli kişilersiniz; sizi bu en zor meydan okumaya davet ediyorum. Bana bir sure getirmeyin, bana ona çok yakın olabilecek bir şey getirin." diyor. "Neden bu kadarını bile denemiyorsunuz?"

"وَادْعُوا شُهَدَاءَكُمْ مِنْ دُونِ اللّٰهِ"

"Allah'tan başka şahitlerinizi çağırın!"

Şahidin iki anlamı vardır. Uzman, bilirkişi anlamına gelebilir ve bu şahitler, getirilen şeyin gerçekten Kur'ân'a benzeyip benzemediğini tasdik edecek durumdaki kişiler olabilir, bir diğer mana da yardımcılar olabilir. Allah'tan başka yardımcılarınızı çağırın.

"إِنْ كُنتُمْ صَادِقِينَ"

"Eğer doğru sözlü iseniz."

Allah (cc) onların blöf yaptıklarını söylüyor. Çünkü "وَإِنْ كُنتُمْ فِي رَيْبٍ" "Eğer şüphe içindeyseniz" diyor, "كُنتُمْ فِي رَيْبٍ" "Şüphe içindesiniz." demiyor. "Eğer" şüphe içindeyseniz... Yani Allah (cc) sonunda adeta şöyle söylüyor: "Size sesleniyorum, doğruyu söylemiyorsunuz; bunun Allah'ın kelamı olduğu hakkında tek bir kuşkunuz yok. Sadece yozlaşmanızı örtmek için gururdan iftira atıyorsunuz. Bu eleştiriyle gelmenizin tek sebebi bu."

YEDİNCİ BÖLÜM

فَاِنْ لَمْ تَفْعَلُوا وَلَنْ تَفْعَلُوا فَاتَّقُوا النَّارَ الَّتِي وَقُودُهَا النَّاسُ وَالْحِجَارَةُ اُعِدَّتْ
لِلْكَافِرِينَ ﴿٢٤﴾
وَبَشِّرِ الَّذِينَ اٰمَنُوا وَعَمِلُوا الصَّالِحَاتِ اَنَّ لَهُمْ جَنَّاتٍ تَجْرِي مِنْ تَحْتِهَا الْاَنْهَارُ
كُلَّمَا رُزِقُوا مِنْهَا مِنْ ثَمَرَةٍ رِزْقاً قَالُوا هٰذَا الَّذِي رُزِقْنَا مِنْ قَبْلُ وَاُتُوا بِهِ مُتَشَابِهاً
وَلَهُمْ فِيهَٓا اَزْوَاجٌ مُطَهَّرَةٌ وَهُمْ فِيهَا خَالِدُونَ ﴿٢٥﴾

"Eğer yapamazsanız -ki elbette yapamayacaksınız- yakıtı, insanlar ve taşlar olan cehennem ateşinden sakının. Çünkü o ateş kâfirler için hazırlanmıştır." (24)

"İman edip iyi davranışlarda bulunanlara, içinden ırmaklar akan cennetler olduğunu müjdele! O cennetlerdeki bir meyveden kendilerine rızık olarak yedirildikçe: Bundan önce dünyada bize verilenlerdendir bu, derler. Bu rızıklar onlara benzer olarak verilmiştir. Onlar için cennette tertemiz eşler de vardır. Ve onlar orada ebedî kalıcılardır." (25)

(Bakara, 2/24-25)

"Kendinizi Ateşten Koruyun!"

فَإِنْ لَمْ تَفْعَلُوا وَلَنْ تَفْعَلُوا فَاتَّقُوا النَّارَ الَّتِي وَقُودُهَا النَّاسُ وَالْحِجَارَةُ أُعِدَّتْ لِلْكَافِرِينَ

"Eğer yapamazsanız -ki elbette yapamayacaksınız- yakıtı, insanlar ve taşlar olan cehennem ateşinden sakının. Çünkü o ateş kâfirler için hazırlanmıştır."

(Bakara 2/24)

"فَإِنْ لَمْ تَفْعَلُوا"

"Eğer yapamazsanız."

Buradaki "Eğer" şart edatıdır. Allah (cc) ayette Yahudilere, özellikle de hahamlara sesleniyordu. Peygamber (sav) Medine'ye geleli birkaç ay olmuştu, onlar da birkaç aydır Kur'ân ve Resûlullah'la (sav) iletişim içindeydiler. Aslında Kur'ân nazil olmaya başladığından beri gizlice Kureyş'le birlik olmuşlardı; kendilerince Resûlullah'ı (sav) zorlamak için Kureyşlilere sorular veriyorlardı. Yani Kur'ân'a aşinaydılar. Şimdi ise aşina oldukları ortaya çıkıyordu ama yine de inkâr ettiler.

Allah (cc) "فَإِنْ لَمْ تَفْعَلُوا" *"fein lem tef'alû"* diyor. Buna "Şart cümlesi" denir.

"Eğer gelseydi" şart cümlesidir, "Eğer gelse" şart cümlesinden daha geneldir. Çünkü "eğer gelse" cümlesi henüz gelmemiş demektir. "Eğer üç saat önce gelseydi iyi olurdu."

manasında olduğu gibi ayrıca "Eğer şimdi gelseydi iyi olurdu" manasında da olabilir. Yani geçmiş zaman kullandığınızda bu, geçmiş ve şimdiki zamanı da kapsar. "Eğer" şart edatını kullandığınızda geçmiş zaman, hem geçmiş hem de gelecekle ilişki içinde olabilir.

"إِنْ لَا تَفْعَلُوا" *"in lâ tef'alû"* sadece şimdiki zamanı kapsar. Ama "إِنْ لَمْ تَفْعَلُوا" *"in lem tef'alû"* ise hem geçmiş hem şimdiki zamanla ilişki içinde olur. Yani cümle "Eğer bu zamana kadar ve şu an bile bir şey yapamadıysanız." diyor. Tüm bu anlam *"in lem tef'alû"* cümlesinde yakalanıyor. Burada "تَعْمَلُوا" *"ta'melû"* yerine "تَفْعَلُوا" *"tef'alû"* kullanılması çok önemli bir noktadır. Arapçada fiil bir şey yapmaktır. Amel ise bilinçli bir şekilde emek verilerek yapılır. O yüzden "عَمِلُوا الصَّالِحَاتِ" *"amilu's sâlihât"* diyoruz. "Onlar belli iyi bir niyetle amel işlerler." "فَعَلُوا الصَّالِحَاتِ" *"fealu's sâlihât"* "Bilinçli ya da bilinçsiz iyi şeyler yaparlar." demiyoruz. Nefes almak *"feale"*dir, "Dur bir saniye, nefesimi vereyim." demiyoruz; düşünerek yapmıyoruz, kendiliğinden oluyor; bu *"feale"*dir. Yazı yazmak *"amele"*, bir maksat gözetmeden yapılan davranışlar ise *"feale"*dir. İkisi arasındaki böyle bir fark vardır. Allah (cc) ayette "Siz kazara, rastgele bile akıllıca bir şey yapamazken bir amaçla nasıl yapabilesiniz?" diyor.

Bir diğer nokta da şudur: *Feale* herhangi bir şeyi yapmanın en genel adıdır. Ayetteki *feale*, "فَأْتُوا بِسُورَةٍ" "Bir sure getirin"di. Bir önceki ayetteki fiil gibi buradaki fiil de aynı kalsaydı "فَإِنْ لَمْ تَأْتُو بِهِ وَلَنْ تَأْتُو بِهِ" olurdu. Bir önceki ayetle tutarlı olurdu ama Allah (cc) değiştirmeyi tercih ediyor. *"fein lem tef'alû"* diyor, neden? Çünkü Allah (cc) "Sure getirmeyi bırakın, o yöne giden ilk adımı bile atamazsınız." diyor.

"*İn lem tef'alû*"Bu konuşma tarzındaki bir diğer güzellik ise şudur: "Eğer 'bunu' yapacak ya da 'öyle' yapacak kapasitede olsanız bile." Ayetin Arapçasında "bu" ifadesi yok. Neden, biliyor musunuz? Çünkü onlar hiçbir şey yapamıyorlar, hiçbir şey.

"وَلَنْ تَفْعَلُوا"

"Gelecekte de asla ama asla hiçbir şey yapamayacaksınız."

Bu kadar sert bir meydan okumadan sonra birinin çıkıp "Ne var bunda?" deyip birkaç yapmacık cümle yazması, bazı sahte dostlarının da "Evet evet, gerçekten Kur'ân'a benziyor bu." demesi muhtemeldi. Çünkü Allah'ın istediği tek şey şahitlerini çağırmalarıydı: "وَادْعُوا شُهَدَاءَكُمْ" Şimdi meydan okumak daha da kolaydı, çünkü kim olursa olsun herhangi bir şahit getirmeleri yeterli olacaktı. Ama bu ayetler Mekke'nin ve Medine'nin Araplarına boyun eğdirdi. Sadece kelimelerle bile olsa bu meydan okumayı kabul etmeye cüret edemediler.

O topraklardaki en güçlü kabile olan Kureyş, en belagatli şairlere sahipti; eğitim, ekonomi ve ticaret açısından en iyi durumda olandı. Resûlullah (sav) onları silahla ve güçlü ordularla tehdit etmiyordu. Resûlullah'ın (sav) onlara getirdiği en tehlikeli şey "kelimeler"di. Ve kelimelerle yapılacak en kolay iş, onları kelimelerle öldürmektir.

Kureyşliler kan akıtmaya, sırf Müslüman oldu diye kendi ailelerini bile öldürmeye veya şehirden sürmeye, savaşa katılmaya hazırdılar ama kelimelere karşı koyamadılar. Kur'ân'a benzer bir şeyle gelebilselerdi tartışma orada bitecekti. O zaman kimseyi öldürmelerine, savaşmalarına gerek kalmayacaktı. Bu pahalı girişim en baştan bitecekti. Allah (cc) onları kendi kelimeleriyle mağlup etti. Bu kelimeler çok daha ağır ve zordu. Babalarına, kardeşlerine, çocuklarına karşı savaşmak onlar için daha kolaydı.

Resûlullah (sav) peygamber olduğunu ilan ettiğinde kırk yaşındaydı. Ve O (sav) bu görevi 23 yıl boyunca sürdürdü. Yani Kur'ân o anda dünyada ismi anılmayan bir yarımadada 23 yılda indirildi. Medeniyet yoktu, belirli bir siyasi düzen yoktu, kayda değer bir üretim yoktu, hiçbir şey yoktu. Böyle bir coğrafyaya indirildi Kur'ân ve böyle bir coğrafyaya indiği için bölgesel kalması, dünya çapında ses getirmemesi beklenirdi. Resûlullah (sav) henüz Mekke'deyken Roma ve Pers imparatorluklarının yıkılacağını ve İslam dininin her yere yayılacağını haber verirken, etrafında sadece yirmili yaşlarda, Kâbe'de namaz kıldıkları için dayak yiyerek bedel ödeyen sahabeler vardı. Onlar bu haberi tasdik ettiler. Konuşulanlara bir bakın! Bunlar kimsenin inanacağı türden haberler değildi.

Bu 23 yılda ne oldu?

Resûlullah (sav) vahiy ile toplumda çok büyük dönüşümlere sebep oldu. İnsanların sadece yeme içme âdetleri değişmedi, uyuma ve uyanma şekilleri de değişti. Temizlenme biçimleri değişti. Evlenme ve boşanma hukukları değişti. Nefret ettikleri ve sevdikleri davranışlar değişti. Bakışlarının şekli değişti. Seslerinin rengi değişti. Sohbet konuları değişti. Dost-düşman olma kriterleri değişti. 23 yılda kültürel, sosyal, dinî, ekonomik, siyasi açıdan her şey değişti. İnsanların eski hallerinden eser kalmadı; kalan sadece kendi dilleriydi. Araplar yüzyıllardır şiirleriyle iftihar ediyorlardı. Sonraki yüzyılda ise artık kimse şiir yazmıyordu çünkü artık nesilden nesle geçen tek şey Kur'ân ve Resûlullah'ın (sav) sünneti olmuştu.

Bu durumu -bu kelimeyi sevmiyorum ama- 23 yıl süren herhangi bir devrimle karşılaştırın. Devrim sona erdiğinde, ekonomik ya da siyasi sistem belki değişir ama dinî görüş genellikle aynı kalır. Siyasi görüş belki değişir ama kültür aynı kalır. İslam söz konusu olduğunda ise "Ne değişti?" değil, "Ne değişmedi ki?" demeniz gerekir.

Resûlullah (sav) ilk vahyi 40 yaşında aldı ve topluma seslendi. O (sav), değişim fikirleri üreten bir aydın değildi. O (sav) Peygamberdi. Vahiy Ona (sav) verildi; bu fikirleri O (sav) üretmedi. Resûlullah (sav) bu görevi üstlendi. O (sav) bu hareketin lideriydi. 23 yıl boyunca siyasi, sosyal, kültürel, dinî, her bakımdan İslam hareketinin liderliğini yaptı. İnsanlık tarihinde böyle bir şey Ondan (sav) önce de Ondan (sav) sonra da bir daha hiç gerçekleşmedi.

Tüm dünyada kütüphanelerin raflarını dolduran edebiyat, hukuk, felsefe, teoloji, tarih vs. kitaplarını düşünün. Yeryüzünde, bütün örnekleri yok olsa bile yeniden bir anda bir araya getirilebilecek yegâne kitap Kur'ân'dır. Çünkü Kur'ân tüm dünyada insanların kalplerinde yaşıyor. "Hayır, o, kendilerine ilim verilenlerin kalplerinde (yer eden) apaçık âyetlerdir." (Ankebût, 49) İnsanların kalplerinde yaşayan, öyle ki bir anda toplanabilecek olan başka bir metin gösterin. "فَأْتُوا بِسُورَةٍ مِنْ مِثْلِهِ" "Ona yakın bir şey getirin." Getiremezsiniz...

Bir dalgıcın okyanusa daldığı zaman çıkartacakları, inci tanelerinden ibaret değildir. Okyanusun derinliklerinde, tüm insanlığın çıkarmaya güç yetiremeyeceği sonsuzlukta hazineler saklıdır ve keşfedilecek daha çok şey vardır. Allah (cc) kendi sözlerini okyanusla mukayese eder: "De ki: Rabbimin sözleri için denizler mürekkep olsa ve bir o kadar mürekkep ilâve etseydik dahi Rabbimin sözleri bitmeden önce mutlaka deniz tükenirdi." (Kehf, 109)

Kur'ân'ın meydan okuması işte budur; şu ana kadar bunun bir benzeriyle hiç karşılaşılmamıştır ve karşılaşılmayacaktır da.

"فَاتَّقُوا النَّارَ"

"O zaman gidip kendinizi ateşten koruyun."

Eğer Allah'a (cc) meydan okumak isterseniz size yapılacaklar; sizden önce Allah'a meydan okuyan milletlerin başına gelen şeyler olacaktır.

Bu ayetle ilgili bir yorumum da bugün bu ayetlerin yanlış zamanda kullanımıyla ilgili. Kur'ân gibi bir sure getirmeleri için insanlara meydan okumak, davette atılacak ilk adım değildir. İşin aslına bakarsanız, bu bir davet bile değildir. Bu noktayı çok iyi anlamak gerekiyor.

Allah (cc) insanları nasihatle, tavsiyeyle, adalet ve minnet duygularını hatırlatarak ve onların içlerindeki erdemi cezbederek çağırdı.

İnsanlığa ilk davet "الْحَمْدُ لِلَّهِ رَبِّ الْعَالَمِينَ اَلرَّحْمَنِ الرَّحِيمِ مَالِكِ يَوْمِ الدِّينِ" "Âlemlerin Rabbine hamd olsun. O Rahmân ve Rahîm'dir. Din gününün sahibidir." kelimeleriyle oldu. Allah (cc) Kur'ân'da insanlardan üzerlerine bina ettiği gökyüzü için, ayakları altına serdiği yeryüzü için, içtikleri içecekler için, yedikleri yemekler için, sevdikleri eşleri için hamd etmelerini ister. "Deveye bakmıyorlar mı, nasıl yaratılmıştır! Göğe bakmıyorlar mı, nasıl yükseltilmiştir!" (Ğaşiye, 17-18) Bu, Allah'ın insanlığın ilgisini saf fıtrata çekmesidir. Çünkü "Allah insanları en güzel bir fıtrat üzerine yaratmıştır." (Rûm, 30)

Tam bu noktada önceki kavimlere gönderilen peygamberlere temas etmek istiyorum. Onlar kavimlerini tevhide davet ettiklerinde az sayıda insan bu davete icabet etti. Allah (cc) insanları ikna etmek için peygamberlerine mucizeler gönderdiği zaman insanların inanmamak için bir bahanesi kalmaz.

İnsanlar bir davet, öğüt, tavsiye ve uyarıyı değil; mucizeyi reddettikten sonra ise geriye kalan tek şey cezadır. Çünkü size yol gösterecek en büyük delil gelmiş ve bu sizin için yeterli olmamıştır. Firavun buna çok iyi bir örnektir. Hz. Musa'yı (as) denize kadar takip etti. Her iki tarafa çekilmiş dağ kadar büyük su kütlelerini gördü. Bu manzara "Dur bir saniye, belki de Musa'nın (as) söyledikleri gerçekten doğrudur." demesi için yeterli değil miydi? Eğer bu da sizin için yeterli değilse o zaman helak olmayı hak etmişsiniz demektir. O yüzden bu ayette Allah (cc) adeta, "Bunun gibi bir sure getirin." derken "İnkâr edip bunun mucize olmadığını kanıtlamaya çalışın ve bunu yapamayacağınız için de ateşe hazırlanın." diyor. Bu bir davet değil, Kur'ân'ın gücüne inanmayanlar için bir meydan okumadır.

"الَّتِي وَقُودُهَا النَّاسُ وَالْحِجَارَةُ"

"Yakıtı insanlar ve taşlar olan ateşten."

Allah'ın mucizesine meydan... Bunların o insanların taptıkları taşlar olduğunu söyleyenler olduğu gibi kendi kalpleri taşa dönüşmüş kimseler olduğunu söyleyenler de vardır. Yani kalplerinin dönüştüğü o taşlarla yanmaları daha uygundur. Bazıları taşı yaktığınızda lav gibi olduğunu söyler. Çok sıcak ve odundan daha yoğun, alevli bir ateş, cehennem ateşinin yakıtı olarak tarif edilir.

"أُعِدَّتْ لِلْكَافِرِينَ"

"Kâfirler için hazırlandı."

Onlara gösterildiği halde Allah'ın mucizesini inkâr edenler için hazırlanan, yakıtı insanlar ve taşlar olan ateş...

Meydan okuyup ikna olmamak farklıdır. Meydan okuyamayacağını bildiği halde bunun hak olduğunu inkâr edenler baştan yenilmiştir ve cehennem ateşi bu kimseler içindir.

Şimdiye kadar münafıklardan, kâfirlerden, Kur'ân'a meydan okuyanlardan bahsettik. Şimdi Allah (cc) durumu aydınlatıyor, Resûl'üne direkt olarak sesleniyor:

"İnananları Müjdele!"

وَبَشِّرِ الَّذِينَ اٰمَنُوا وَعَمِلُوا الصَّالِحَاتِ اَنَّ لَهُمْ جَنَّاتٍ تَجْرِي مِنْ تَحْتِهَا الْاَنْهَارُ كُلَّمَا رُزِقُوا مِنْهَا مِنْ ثَمَرَةٍ رِزْقاًۙ قَالُوا هٰذَا الَّذِي رُزِقْنَا مِنْ قَبْلُ وَاُتُوا بِهِ مُتَشَابِهاً وَلَهُمْ فِيهَٓا اَزْوَاجٌ مُطَهَّرَةٌ وَهُمْ فِيهَا خَالِدُونَ

(Bakara, 2/25)

"وَبَشِّرِ الَّذِينَ آمَنُوا"

"Sen iman edenleri müjdele!"

Bunlar çok güzel kelimeler... Allah (cc) önceden "يَا أَيُّهَا النَّاسُ" "Ey İnsanlar!" diyordu. Şimdi ise Resûlullah'a (sav) emrediyor, O da (sav) Allah'ın emriyle bizimle konuşuyor. Çünkü Allah (cc) "Sen, inananları müjdele." diyor.

Bu ayette harikulade bir metot vardır. Ümmet-i Muhammed olarak İslam'ın mesajını yaymak istediğimizde ilk yapmamız gereken şey, "*tebşîr*" yani müjdelemektir. Kur'ân'ın müjdeleri ve uyarıları vardır. Biz ümmetle olan konuşmalarımızda öncelikle ne söyleyeceğiz? Bir daha görüşme ihtimaliniz olmayan biriyle konuşacaksınız. Ne dersiniz? Belki sadece birkaç dakikanız var. Çok dikkatli konuşmalısınız. Bu vakit onlara cehennemi hatırlatmak için değil, cennet umudu vermek içindir. İnananlara iyi haberler verin.

İslam hakkında neredeyse hiç eğitimi olmayan bir Müslüman ümmeti var. Müslümanların çoğu İslam hakkında fazla bir şey öğrenmiyor. Bayram veya Cuma namazı için nadiren mescide geldiklerinde onlara imalı sözler söylemeyin. Yoksa emin olun bir sonraki yıl Bayram Namazına da gelmezler. Tam da umut verme zamanını bulmuşken ne yapıyorsunuz? O insanların çoğu amellerinden dolayı vicdanları rahatsız olduğu için mescide geliyor. Bu tam da umut verilecek, yumuşak davranılacak bir vakit:

"Allah sizden vazgeçmedi. Siz uzun zamandır Allah'tan vazgeçseniz bile O (cc) vazgeçmedi. O'na (cc) geri dönebilirsiniz. Kapı açık. Cennet inanan herkes için." deme zamanı.

Dinden uzaklaşan Müslümanlar kendilerinin cehennem için yaratıldığını düşünebiliyor. Birçok Müslüman yanıma gelip, "Ben kötü bir Müslüman olduğumu biliyorum, iyi biri değilim ama bir sorum var..." dediklerinde, ben de "İyi ya da kötü bir insan olup olmadığını bilemem ama kendin hakkında böyle düşünme!" diyorum.

Kendinizle ilgili iyi düşünceleriniz olsun, Allah (cc) katında da öylesiniz çünkü. Kendinizden vazgeçmeyin; çünkü siz vazgeçmediğiniz sürece Allah (cc) sizden vazgeçmez. Allah'ın (cc) sizden vazgeçmediğinden emin olun; çünkü hâlâ nefes alıyorsunuz... Hâlâ hayatta olmanız Allah'ın sizden vazgeçmediğini gösterir. Eğer ümitsiz vakaysanız ve sizden hiçbir hayır gelmiyorsa o zaman artık yaşamanızın bir anlamı kalmaz.

Bu Resûlullah'ın (sav) sünnetidir. Mushafta Resûlullah'a (sav) direkt olarak gelen ilk emir "بَشِّرِ"dir. "Müjdele..." وَبَشِّرِ الَّذِينَ اٰمَنُوا وَعَمِلُوا الصَّالِحَاتِ Bu ayet, inananlara davet metodu veriyor.

"وَعَمِلُوا الصَّالِحَاتِ"

"Salih amelleri işleyenler"

"عَمِلُوا" "*Amilû*" bilinçli yapılan bir fiildir. "اَلصَّالِحَاتِ" "*es-Sâlihât*" da "salih amel" olarak anlaşılıyor ama sondaki "ات" dişil çoğul ek Arapçada, cemi müennes salim, müennes çoğuldur. Arap belagatında "cem'u kılle" denir. Çoğulun biraz daha azı demektir. Başka bir deyişle, "İman edenleri ve onlardan istenen salih amellerden işleyenleri müjdele." demektir. Allah (cc) sonsuza uzayan bir salih amel listesi yapmamış. Sizden temel amelleri istiyor. Bu durum Resûlullah'a (sav) gelen ve "Bana öyle bir şey söyle ki cennete gireyim." diyen adamın durumu gibidir. Resûlullah (sav) "Tamam, otur, sana kalbinin temizlenmesi için 800 şey söyleyeyim." demedi. Sadece "Sinirlenme" dedi. Birine de "Annene iyilik yap." dedi. Birine "*La İlahe İllallah* de, sonra istikamet üzere ol." dedi. Herkese aynı tavsiyeyi vermedi. İnsanları psikolojik ve manevi yönden teşhis etti ve onlara üzerinde çalıştıkları takdirde daha iyi bir insan olabilecekleri yalnızca bir şey söyledi. İnsanlara amel üstüne amel yüklemedi. Mescide sabah namazı için erkenden gelenler vardır. Bunlar ibadetlerinde hassastırlar; nafile oruç tutarlar. Bazıları da vardır ki İslam'a zar zor tutunur. Bu insanların uzun bir listeye değil tutunacakları sağlam tek bir dayanağa ihtiyaçları vardır. Resûlullah (sav) asla kimseyi geri çevirip "Neden tek bir şey istiyorsun? En az beş şey istemelisin!" demedi, kimseye böyle davranmadı.

Peki, ne elde ediyorlar?

"أَنَّ لَهُمْ جَنَّاتٍ"

"Muhakkak ki onlar için cennetler vardır."

Bir değil, birçok cennet bahçesi olacak. Bir tane de yeterli ama Allah (cc) birçok diyor. Cennetteki her meyvenin aynı olmadığını göreceğiz. Meyveler her tattığınızda tamamen farklı bir lezzete bürünecek. Eğer her meyve tamamen farklıysa bahçeleri tasavvur edebiliyor musunuz?

Meyve, bahçenin en küçük parçasıdır. Allah (cc) tek bir bahçe değil birçok bahçe veriyor; her bahçenin kendine has çiçekleri, vadileri, nehirleri olacak! Birine gittiğinizde "bunların hepsi aynı" demeyeceksiniz. California'da, Malezya ya da Hawaii'de bir sahile gittiğinizde göreceksiniz ki bunların hepsi büyük oranda aynıdır: Deniz, güneş, kum... Belki birinde farklı taşlar vardır, birinde su daha berraktır ama sonuçta çoğu birbirinin aynıdır. Dünyadaki ormanlar aşağı yukarı aynıdır, birbirine benzer ama Allah (cc) cennette öyle ormanlar veriyor ki ne göz görmüş ne kulak duymuş. Ormana, bahçeye girdiğinizde, kuşların cıvıltısını, rüzgârın esintisini duyarsınız. Ama cennet rüzgârının sesini, kuşlarının cıvıltısını hiç duymadınız.

"تَجْرِي مِنْ تَحْتِهَا الأَنْهَار"

"Altlarından nehirler akan cennetler."

Nehirlerin altta olması öncelikle yeraltı sularına işarettir. Bazıları bu bahçeleri Hz. Süleyman'ın (as) krallığı gibi. Yerin kendisi su, suyun üzerinde yürüyorsunuz. Yere bakıyorsunuz ve sadece su var.

"كُلَّمَا رُزِقُوا مِنْهَا مِنْ ثَمَرَةٍ رِزْقاً"

"Onlara karşılık olarak ne zaman bir meyve verilse,"

"رُزِقُوا" *"ruzikû"* burada meyveyi almak için kalkmanıza bile gerek yok iması vardır. "İkisinde de çeşit çeşit ve emsalsiz nimetler bulunur." (Rahmân, 48) Biliyoruz ki cennetin ağaçları devasa büyüklüktedir. Sakince oturuyorsunuz ve istekleriniz size getirilir. "Çevrelerinde sonsuza dek hizmet sunacak gençler dolaşır." (Vâkıa, 17) Allah'ın (cc) sadece cennette hizmet etmeleri için yarattığı yardımcılar etrafınızda dolanıp "Biraz daha ister miydiniz efendim?" diyecekler.

"قَالُوا هَذَا الَّذِي رُزِقْنَا مِنْ قَبْل"

"Bize önceden bu verilmişti, derler."

"وَأُتُوا بِهِ مُتَشَابِهاً"

"Onlara bu rızık, meyve verilecek ve önceden yediklerine görünüşte benzeyecek." deniyor.

"وَلَهُمْ فِيهَا أَزْوَاجٌ مُطَهَّرَةٌ وَهُمْ فِيهَا خَالِدُونَ"

"Onlar arındırılmış eşlere sahip olacaklar."

Kur'ân'da *"ezvâc"* kelimesi hem erkek hem kadın için kullanılır. Mesela, "Kocası hakkında seninle tartışan ve Allah'a yakınan kadının sözünü Allah işitmiştir." (Mücadele, 1) ayeti buna örnektir. Bir kadın gelip zevci (kocası) hakkında şikâyette bulunuyor. Aynı kelimenin kadın olarak kullanımı da vardır. "Onun zevcini (karısını) kocası için ıslah ettik." (Enbiya, 90) Zevc kelimesi Arapçada esasen "eş" demektir. "Mükemmel bir şekilde eşleşmiş eşler"e zevc denir. Güneş ve Ay "zevceyn"dir. Gece ve gündüz "zevceyn"dir. Dünya ve ahiret hayatı da "zevceyn"dir; birbirini tamamlarlar. Bu hayat ahiret hayatı için bir anahtardır. Ahiret hayatı da bu hayata bağlıdır. Birbirleriyle ilişki içindedirler. İnsanların vücudu ve ruhu zevceyndir; birbirlerine eştir, birlikte çalışırlar. Erkek ve kadın da zevceyndir. Arap dilinde erkek veya hanım olsun, eşlerin her birine genellikle *"zevc"* denirdi. "Zevce" diye bir kelime yoktu. Bu Kur'ân'da da sabittir. Kur'ân erkek ve kadın için *"zevc"* kelimesini kullanır.

Temas etmek istediğim diğer bir nokta, çoğul zamiri olan "هُمْ" *"hum"*'un hem kadın hem de erkek için kullanılmasıdır. Allah (cc) "Onlar arındırılmış eşlere sahip olacak." dediğinde bu ifadeden "Onlar birçok eşe sahip olacaklar." manası anlaşılmaz. "Onlar arındırılmış eşlere sahip olacaklar." cümlesinde her iki taraf da çoğul olduğu için buradan herkesin bir eşi olacak manası çıkar. Çokluktan bahseden hadis ve gelenekler farklı bir meseledir. Kur'ân herkesin en az bir arındırılmış eşe sahip olacağını tasdik eder. Kadın ya da erkek ayrımı yoktur; bu inkâr edilmiyor.

Kadın ve erkek fıtratları gereği bir ilişkiden farklı şeyler bekleseler de bir araya geldiklerinde bir uzlaşma yolu bulurlar. Eşlerin her birinin belli konularda anlayışlı olması durumunda ilişki sürdürülebilir olur.

"مُطَهَّرَةٌ" "*Mutahherah*" ise "kusursuz bir şekilde arındırılmış" manasındadır. Sadece manevi olarak değil, tam olarak zevkinize göre arındırılmış, demektir. Evlilik öncesinde eşler birbirini genellikle mükemmel görür. Evlendikten sonra eşlerinin farklı yönlerini gördükçe fikirler değişir. Cennette ise eşler tam anlamıyla birbirine uygun olacak. Ahiretin bir hediyesi de "أَزْوَاجٌ مُطَهَّرَةٌ" "*ezvâcun mutahherah*" "kusursuz şekilde birbiri için arındırılmış eşler"dir. Ayrıca cennette yaşlanma olmadan daima ilk günkü muhabbetle sonsuza dek birliktelik mümkün olacak.

Kur'ân'da "*ezvâc*" kelimesi sadece "eş" manasında kullanılmaz, aynı zamanda "beraber olmaktan memnun olunan dost" demektir. Bu insanlar da ezvâcdır. Çünkü bir bakıma birbirlerini tamamlarlar. Allah (cc) cennette sadece mutlu bir evlilikten bahsetmiyor. "Cennette arkadaş gruplarınız, birlikte çıktığınız gezintiler, sohbet edeceğiniz dostlarınız olacak." diyor. Ve bütün bunlar, tüm ilişkiler ve arkadaşların sohbetleri de belirli bir seviyede, arındırılmış olacak.

"وَهُمْ فِيهَا خَالِدُونَ" "Ve onlar orada ebedî kalıcılardır."

SEKİZİNCİ BÖLÜM

اِنَّ اللّٰهَ لَا يَسْتَحْـيٖٓ اَنْ يَضْرِبَ مَثَلاً مَا بَعُوضَةً فَمَا فَوْقَهَا فَاَمَّا الَّذٖينَ اٰمَنُوا
فَيَعْلَمُونَ اَنَّهُ الْحَقُّ مِنْ رَبِّهِمْۚ وَاَمَّا الَّذٖينَ كَفَرُوا فَيَقُولُونَ مَاذَٓا اَرَادَ اللّٰهُ بِهٰذَا
مَثَلاًۢ يُضِلُّ بِهٖ كَثٖيراً وَيَهْدٖي بِهٖ كَثٖيراً وَمَا يُضِلُّ بِهٖٓ اِلَّا الْفَاسِقٖينَۙ ﴿٢٦﴾
اَلَّذٖينَ يَنْقُضُونَ عَهْدَ اللّٰهِ مِنْ بَعْدِ مٖيثَاقِهٖ وَيَقْطَعُونَ مَٓا اَمَرَ اللّٰهُ بِهٖٓ اَنْ يُوصَلَ
وَيُفْسِدُونَ فِي الْاَرْضِ اُولٰٓئِكَ هُمُ الْخَاسِرُونَ ﴿٢٧﴾
كَيْفَ تَكْفُرُونَ بِاللّٰهِ وَكُنْتُمْ اَمْوَاتاً فَاَحْيَاكُمْ ثُمَّ يُمٖيتُكُمْ ثُمَّ يُحْيٖيكُمْ ثُمَّ اِلَيْهِ
تُرْجَعُونَ ﴿٢٨﴾

"Şüphesiz Allah sivrisinek ve onun da ötesinde bir varlığı misal getirmekten çekinmez. İman etmişlere gelince, onlar böyle misallerin Rablerinden gelen hak olduğunu bilirler. Kâfir olanlara gelince: Allah böyle misal vermekle ne murat eder? derler. Allah onunla birçok kimseyi saptırır, birçoklarını da doğru yola yöneltir. Verdiği misallerle Allah ancak fâsıkları saptırır." (26)

"Onlar ki, iyice pekiştirdikten sonra da Allah'a verdikleri sözden dönerler, Allah'ın birleştirilmesini emrettiğini ayırırlar, yeryüzünde fesat çıkarırlar; işte bunlar hüsrana uğrayacak olanlardır." (27)

"Nasıl oluyor da Allah'ı inkâr ediyorsunuz? Oysa ölü iken sizi O diriltti; sonra yine sizi öldürecek, yine diriltecektir ve sonra yalnızca O'na döndürüleceksiniz." (28)

(Bakara, 2/26-28)

Kur'ân, Anlayalım diye Konuşur...

اِنَّ اللّٰهَ لَا يَسْتَحْيٖٓ اَنْ يَضْرِبَ مَثَلاً مَا بَعُوضَةً فَمَا فَوْقَهَا فَاَمَّا الَّذٖينَ اٰمَنُوا
فَيَعْلَمُونَ اَنَّهُ الْحَقُّ مِنْ رَبِّهِمْۚ وَاَمَّا الَّذٖينَ كَفَرُوا فَيَقُولُونَ مَاذَٓا اَرَادَ اللّٰهُ بِهٰذَا مَثَلاًۢ
يُضِلُّ بِهٖ كَثٖيراً وَيَهْدٖي بِهٖ كَثٖيراً وَمَا يُضِلُّ بِهٖٓ اِلَّا الْفَاسِقٖينَ

"Şüphesiz Allah sivrisinek ve onun da ötesinde herhangi bir varlığı misal getirmekten çekinmez. İman etmişlere gelince, onlar böyle misallerin Rablerinden gelen hak olduğunu bilirler. Kâfir olanlara gelince: Allah böyle misal vermekle ne murat eder? derler. Allah onunla birçok kimseyi saptırır, birçoklarını da doğru yola yöneltir. Verdiği misallerle Allah ancak fâsıkları saptırır."

(Bakara, 2/26)

Kur'ân'ın meydan okuması karşısında hiçbir şey yapamayanlar, her dönem onun içerisinde bazı tezatlar bulunduğuna dair eleştiriler yönelttiler. Allah (cc) bütün bu eleştirilere karşılık diyor ki:

"إِنَّ اللَّهَ لاَ يَسْتَحْيِي"

"Muhakkak ki Allah çekinmez."

"اَنْ يَضْرِبَ مَثَلاً مَا"

"Herhangi bir örnek vermekten."

"مَثَلاً" nekre, yani belirsiz bir kelimedir. "ما" ism-i mevsulü ile birlikte kullanıldığında belirsizliği daha da artar: "Herhangi bir örnek, her ne olursa olsun." manası çıkar. O (cc) her ne ile ilgili olursa olsun darb-ı mesel getirmekten çekinmez, bu konuda herhangi bir rahatsızlık duymaz. Bu, Allah'ın Kitabı'nda kullandığı bir eğitim metodudur.

Burada eğitim felsefesine dair bir yöntem öğreniyoruz. Derdinizi anlatabilmek için kendi sınırlarınızın dışına çıkmanız ve samimi olmanız gerekir. Öğrencinin seviyesine inerek onun anlayacağı şekilde konuşmanız icap eder. Birine bir şey öğretirken amacınız; yüksek seviyede ağdalı bir dil ve süslü kelimeler kullanmak, bilgi ve kültür seviyenizi ortaya koymak, alıntı yaptığınız kitapların çeşitliliğini ve ilmî seviyenizi göstermek değildir. Öğretim bu değildir. Bu şekilde sadece bilginizle birilerini etkilemiş, kendinize hayran bırakmış olursunuz. Öğretim, muhatabı esas alarak, onunla bir mevzuyu öğrenmesini sağlayacak şekilde ilişki kurmak demektir.

Allah'ın ilmi, görünen görünmeyen âlemleri, mikro âlemden makro âleme kadar her şeyi kuşatmıştır. Ama Allah (cc), "Ve andolsun ki Biz, Kur'ân'ı, zikir için kolaylaştırdık." (Kamer, 17) der. Kur'ân'ı anlayalım diye biz kulları için kolaylaştırdığını söyler. İnanç esaslarıyla ilgili kitaplar okurken başınıza gelmiştir; sayfalarca okur, ama tefsirlerde kullanılan soyut kavramları anlamakta zorluk çekersiniz. Felsefi bir makale okursunuz. Anlamakta zorluk çekersiniz, "Ne anlama geliyor bu böyle?" dersiniz. Çünkü mevzu soyut kavramlar etrafında döner durur. Allah'ın konuşması ise anlaşılır, kolay, dolambaçsızdır.

Akademik çalışmalar yapan bazı kişiler, akademik olarak ne kadar gelişmiş olduklarını gözler önüne sermek istedikleri için bilerek makalelerinin dilini zorlaştırır, ağdalı cümleler kurarlar. Bu anlayış Kur'ân'da yerle bir edilmiştir: "Allah herhangi bir örnek vermekten çekinmez." Maksat öğretmek olduğunda öğretmenin, öğrencisine, konunun en iyi şekilde anlaşılmasına yardımcı olacak örnekleri vermesi gerekir. Somut örnekler vermek her zaman işe yarar bir yöntemdir. Bu şekilde öğrencinin ilgisi anlatılan konuya çekilir. Bunun için ne gerekiyorsa yapmak, öğretmenliğin gereğidir ve bu, Allah'ın sünnetidir.

"بَعُوضَةً"

"Sivrisinek"

"بَعُوضَةً" *"beûdaten"* çoğu zaman sivrisinek olarak çevrilir ama bu, sıkça rastlanan bir hatadır. *"Beûdaten"* kelimesinin kökü "بَعْض" *"ba'd"*dır. "Biraz" demektir. *"Beûdaten"* sivrisineğin küçük bir parçasıdır, "yavru sivrisinek" de denir. Sivrisineğin bir kısmı, çok minik bir bölümü anlamına gelir. Sivrisinek Arapların gözünde görünen en küçük hayvandı. "Allah isterse sivrisinekten de bahseder." demek, "Allah isterse kelamını açıklamak için bu kadar küçük bir şeyden bile örnek verebilir." demektir.

"فَمَا فَوْقَهَا"

"Ondan da öte bir varlık."

Eğer burada verilen nüans bilinmezse ayette ağır bir dil kullanıldığı zannedilebilir. Kelime tam anlamıyla, Allah (cc) bu küçücük sineği, sineğin çok küçük bir kısmını ya da ondan da küçüğünü ya da büyüğünü örnek verebilir anlamındadır. Kur'ân "zübâb" kelimesini de kullanır. "Zübâb" "sinek" demektir, sivrisinekten büyüktür. Kur'ân "ankebût" kelimesini de kullanır, örümcekten de örnek verir. "Hâlbuki yuvaların en zayıfı şüphesiz örümcek yuvasıdır." (Ankebût, 41) Yani örnekler bazen büyür bazen de küçülür; kuşlardan da bahsedilir, sığırdan da.

"فَوْقَهَا" "*fevkahâ*" niteliksel olarak Allah (cc) görebileceğiniz en küçük şeyi ya da ihtimal dışı gibi gözüken şeyleri bile örnek vermekten çekinmez demektir. "Bunu örnek olarak kullanmak nasıl mümkün olabilir?" dedirtecek kadar hayal edilemeyecek bir şeyi bile.

Arap edebiyatında, gözün görebileceği en küçük şeye "*baûdaten*" denir. Allah (cc) adeta "Örnek verdiğiniz zaman, en azından insanların gözlerinin önünde canlanabilecek şekilde verin." diyor. Bu ayetten öğreniyoruz ki örnek verildiği zaman, muhatabın kafasında bir resim oluşmalı. Allah (cc) bize sivrisinek örneğini verdiğinde, "Bunu daha önce görmüştük." diyebiliyoruz. Verilen örnek ne kadar tasavvur edilebiliyorsa, dinleyicinin hayal gücüne o kadar etkin bir şekilde hitap edebilir ve Allah'ın (cc) öğretme sünnetine uymuş olursunuz.

"فَاَمَّا الَّذِينَ اٰمَنُوا فَيَعْلَمُونَ اَنَّهُ الْحَقُّ مِنْ رَبِّهِمْ"

"İman edenler onun, Rablerinden gelen bir gerçek olduğunu bilirler."

"اٰمَنَ" "âmene" talep fiilidir. Yani inananlar ve inanmak isteyenler, Kur'ân'ı okuyup gerçeği arayanlar için "فَيَعْلَمُونَ اَنَّهُ الْحَقُّ مِنْ رَبِّهِمْ" "Kendileri, elbette Kur'ân'ın Rablerinden gelen gerçek olduğunu bilirler." denir.

"حَقٌّ" "*hakk*" kelimesi, en yalın anlamıyla "gerçek" demektir. Bu ayeti gerçekten anlamak için "*hakk*" kelimesinin tüm manalarını bilmek gerekir.

"*Hakk*" kelimesinin bir diğer anlamı "amaç"tır. "خَلَقَ السَّمَاوَاتِ وَالأَرْضَ بِالْحَقِّ" "Allah gökleri ve yeri, hak ile (haklı bir gerekçe ile) yarattı." (Nahl, 3) Sadece gerçeklikle değil, bir "amaç"la yarattı. Yaratmasının bir amacı var.

"*Hakk*" ayrıca "yasal" demektir. Başkalarının hukuku da "hak"tır. "أَنَّهُ الْحَقُّ مِنْ رَبِّهِمْ" "*ennehu'l hakku min rabbihim*" ayrıca bu örneği vermek Allah'ın (cc) hakkıdır ve verilmeye değerdir.

"*Hakk*" kelimesinin diğer bir anlamı "uygunluk"tur. "Bu örneği vermenin tam zamanıydı" manasında da anlaşılabilir. Bu örneğin bir amacı var; amaçsız değil. Ayette "amaç", "yasallık" ve "uygunluk" manaları ima ediliyor.

İman edenler bu örneğin bir amacının olduğunu bilirler. Başka bir ifadeyle, iman edenler Kur'ân'ın hiçbir kısmına doğru mu, değil mi şüphesi içerisinde yaklaşmazlar. Onların tutumu hep aynıdır: "Allah'ın bunu söylemesinde bir amaç olmalı." "Henüz bilmiyorum, henüz anlamıyorum, belki daha sonra anlayacağım ama bir amacının olduğunu biliyorum." Allah (cc) Hakîm'dir; maksatsız, amaçsız, öylesine bir iş yapmaz.

Kur'ân'ı okurken benimsediğimiz tavır budur. Başka bir kitap okurken anlamadığınız bir paragrafı atlayabilirsiniz. "Bu konuda düşünmek istemiyorum, geçeyim." dersiniz. Ya da "Tekrar oldu burada, zaten anlamıştım." deyip atlayabilirsiniz. Ama Kur'ân üzerine çalışırken her yerde; anladığınız yerlerde de anlamadığınız yerlerde de durursunuz. Sorularınızı yazarsınız ve "Allah'ım! İlim kapılarını bana aç. Kalbimi aç ki burada ne dediğini görüp anlayayım ve değerini bileyim." dersiniz. İman edenin tutumu böyledir.

"مِنْ رَبِّهِمْ" "Rablerinden" deniyor. İman edenler bilirler ki bu misal Rablerinden gelmiştir. Yani kitabı tevazu ile okurlar. Ayette "öğretmenlerinden" gelen denmiyor, "Rablerinden" deniyor. Başka bir deyişle buradan, bizim Kur'ân'ı inceleyişimiz, okuyuşumuz bir talebe gibi değil, bir "kul" gibi olmalı anlamı çıkar.

Bir kul ile talebenin öğrenmesi arasında nasıl bir fark vardır? Kul, sahibini memnun etmek için öğrenir; kul tevazuyla öğrenir, Kitab'a kibirle yaklaşmaz. Talebenin yaklaşımı ise farklı olabilir: "Yapamazsam bu dersi bırakıp başka bir ders alabilirim. Her şeyi de anlamam gerekmiyor, 50 alsam geçerim, bu kadar yeter." diyebilir. Ama kul, Allah'a karşı mütevazı olmalı ve bu tutum hepimizin ta içine işlemelidir.

"وَأَمَّا الَّذِينَ كَفَرُوا"

"Küfre saplananlar ise,"

"كَفَرُوا" "İnkâr edenler" kelimesinin birinci anlamı minnet duymayanlardır. Başka bir deyişle, bunlar, Allah'ın alışılagelmişin dışında bir örnek vermesinin değerini bilmeyen kişilerdir.

Kur'ân'daki en güzel örneklerden biri Nûr Suresi'nde geçer: "اَللّٰهُ نُورُ السَّمَاوَاتِ وَالْأَرْضِ" "Allah, göklerin ve yerin nuru'dur." diye başlayan ayet şöyle devam eder: "Onun nurunun misali, içinde kandil bulunan bir kandilliktir. Kandil bir cam içindedir, cam inciyi andıran bir yıldızdır; (bu kandil) doğuya da batıya da ait olmayan, yağı neredeyse ateş dokunmasa bile ışık veren mübarek bir zeytin ağacından yakılır. Nur üstüne nur. Allah (cc) nuruna dilediğini kavuşturur. Allah insanlar için misaller veriyor, Allah her şeyi hakkıyla bilmektedir." (Nûr, 35)

Ayetin sonunda, tüm tasvir tamamlandıktan sonra Allah (cc) "وَيَضْرِبُ اللَّهُ الْأَمْثَالَ لِلنَّاسِ" "Allah insanlara faydası olsun diye misaller verir." diyor. Ve sonra daha eşsiz bir şey ekliyor: "وَاللَّهُ بِكُلِّ شَيْءٍ عَلِيمٌ", "Ve Allah, her şeyi bilmektedir." Allah'ın örneklere ihtiyacı yok, senin ihtiyacın var! Bu yüzden Allah (cc) diyor ki: "Biz, anlayıp düşünmeniz için onu Arapça bir Kur'ân kıldık." (Zuhruf, 3) "Biz onu, 'akıl erdiresiniz' diye Arapça bir Kur'ân olarak indirdik." (Yûsuf, 2) Allah (cc) bu Kitab'ı sizin için anlaşılır yaptı. Allah (cc) sizin için, sizin yararınıza olan en iyi dersi vahyediyor ve siz bunun için minnet duymuyor musunuz? Verilen örneği okuyup beğenmezlik mi ediyorsunuz? O zaman kim sizden daha nankör olabilir? Bu yüzden ayet "وَأَمَّا الَّذِينَ كَفَرُوا" "Nankör olanlara gelince..." diye devam eder. Allah'ın bu muhteşem teveccühünden, örneğinden sonra onların bu tepkileri nedir böyle?

"فَيَقُولُونَ مَاذَا أَرَادَ اللَّهُ بِهَذَا مَثَلاً"

"Kâfirlerse: 'Allah, bu misalle ne demek istedi?' derler."

Buraya dikkatinizi çekmek istiyorum, çok rastlanan yanlış bir çeviri daha: "مَاذَا أَرَادَ اللَّهُ بِهَذَا مَثَلاً" "Allah bu misalle ne demek istiyor?" diye çevriliyor. Oysa Allah (cc) "Bu misal" demiyor. O zaman başında "ال" olması gerekirdi. O zaman "هَذَا الْمَثَل" şeklinde ismi işaret eden bir "tamlama" olurdu. Ayette ise مَثَلاً şeklinde yani temyîz olarak geçer. Normal bir soru ile temyîz arasında çok fark vardır.

Bir öğrenci öğretmenine gelip "Öğretmenim, bu örnek ne anlama geliyor?" diye sorabilir. Bu, mantıklı ve tamamen haklı bir sorudur. İnananlar da "Allah (cc) bu örneği vermekle neyi amaçladı?" diye sorabilir. Burada sorun yok. Ama öğretmene gidip "Bu da ne demek oluyor? Bunu mu örnek olarak veriyorsunuz?" demek başkadır. Böyle söyleyen öğrencinin tavrında küstahlık vardır. İşte bu temyîzdir. Bu tavırla ilgili bir sıkıntıdır. Burada temel sorun, soru sormanın kendisi değil, soru sorarken takınılan tavır ve vurgudur. Bu başlı başına bir sorundur.

Kur'ân'ın verdiği mesaj, sadece beyanatımızla değil beyanatımızın doğasıyla da ilgilidir. Kaşlarınız çatık hâlde "Es-selamu aleyküm" diyemezsiniz, gülümsemeniz de gerekir. Çünkü Allah'ın selamı kaşlar çatık bir şekilde verilmez, selam bu değildir. Birisi size "Nasılsın?" diye sorduğunda asık bir suratla "*Elhamdülillah*" diyemezsiniz. Bu, hamdin manasına aykırıdır, böyle yapamazsınız. "Es-selamu aleyküm", "Selam sana olsun, seninle aramızda hiç kavga yok, çok iyiyiz" derken kapıyı çarpamazsınız. Selam değildir ki bu! Konuşma tarzı ve tavır birbirine bağlıdır. Yani birisi gelip "Ben anlamadım; burada ne demek istiyor?" diye sorduğunda bunun belli bir tonu vardır. Temyîzde ise olumsuz bir ton vardır: "مَاذَا أَرَادَ اللَّهُ بِهَذَا مَثَلاً" Bu örnekle Allah (cc) ne demek istiyor? Mantığı ne bunun?

"يُضِلُّ بِهِ كَثِيراً"

"Birçoğunu dalalete saptırır."

Yani bu tarz bir konuşma ile O (cc), dalalete saptırır. Ama ayet hakkındaki en baskın görüş, Allah'ın Kur'ân ile birçoklarını dalalete saptıracağıdır. Yani Kur'ân'da hidayet bulmaları beklenirken dalaletleri artar. "Sadece nefretlerini artırıyor." (İsrâ, 41) ayetinde beyan edildiği gibi. Neden? Çünkü Kur'ân'a yaklaşımları baştan sorunlu.

"وَيَهْدِي بِهِ كَثِيراً"

"Çoklarını da doğru yola yöneltir."

Bakış açımıza, ona yaklaşım tarzımıza göre Kur'ân hem hidayet hem dalalet sebebi olabilir. Önemli olan, ona hangi gözle baktığımızdır. Kur'ân, ona doğru tutumla yaklaşan, "Takva sahipleri için hidayettir." (Bakara, 2) Allah'ın böyle misalleri ile birçoğu dalalete ve yine birçoğu hidayete erişir. Bu ayeti okuduğumuz zaman kafamızda bir soru işareti oluşur: "Ben hangisiyim? Eğer Allah (cc) Kur'ân'la dalalete düşeceğime karar veriyorsa benim suçum ne?" Allah (cc) bu Kitap'tan gelecek hidayeti hak etmeyenleri, en büyük hidayet olan Kur'ân'daki hidayeti kaçıranları açıklıyor. Kitab'ın adı hidayet Kitabı. Yine de insanlar hâlâ yanlış yola mı giriyorlar? Bu nasipsiz insanlar kim olabilir, Allah (cc) buyuruyor:

"وَمَا يُضِلُّ بِهِ إِلاَّ الْفَاسِقِينَ"

"Ve onunla fâsıklardan başkasını dalalette bırakmaz."

Kur'ân'la, fâsıklar, yani yozlaşmalarını dışa vuranlar hariç hiçbir ruh, hiçbir varlık dalalette bırakılmaz. "فَسَقَ" "*feseka*" Arapçada çürüyen meyveler için kullanılır. Mesela elmanın içinin dışına çıkması onun çürümüş olduğunu gösterir. Allah (cc) sapkınlıkları içlerinde derinleşip dışarı çıkmaya başlayanlar hariç kimseyi Kur'ân'la dalalete atmaz. Onların içlerindeki bozukluk o kadar fazladır ki artık dışarı çıkmıştır. Allah'ın (cc) hidayete eriştirmeyeceği kişiler bunlardır. Bir sonraki ayette Allah (cc) fâsıkları daha kapsamlı bir şekilde anlatır.

Bu noktada, Kur'ân'ın kullandığı dil ile Müslümanların dilini karşılaştırmamız gerekiyor. Burada bir ayrım yapmamız önemli. Fukaha ve Müslümanların dilinde bir günahkâr fasık olabilir. Sık sık namazlarını kaçıran kişiler fukahaya göre fasıktır. Belli günahları işleyenler fasıktır. Fukahanın dilinde ve Müslümanların kültüründe böyledir. Ancak şu noktayı iyice netleştirmemiz gerekiyor: Ayette üst düzey bir fasıklıktan bahsediliyor. Fasıklığın, yozlaşmanın dereceleri vardır. Şimdi Allah'ın fasığı nasıl tanımladığını görelim:

Fasıklık Nedir? Fasık Kimdir?

اَلَّذ۪ينَ يَنْقُضُونَ عَهْدَ اللّٰهِ مِنْ بَعْدِ م۪يثَاقِه۪ وَيَقْطَعُونَ مَٓا اَمَرَ اللّٰهُ بِه۪ٓ اَنْ يُوصَلَ
وَيُفْسِدُونَ فِي الْاَرْضِ اُو۬لٰٓئِكَ هُمُ الْخَاسِرُونَ

"Bu fasıklar, söz verip bağlandıktan sonra Allah'a verdikleri sözü bozarlar. Yeryüzünde fesat çıkarırlar. İşte onlar ziyana uğrayanların ta kendileridir."

(Bakara, 2/27)

"الَّذِينَ يَنقُضُونَ عَهْدَ اللَّهِ مِنْ بَعْدِ مِيثَاقِهِ"

"Bu fasıklar, söz verip bağlandıktan sonra Allah'a verdikleri sözü bozarlar."

Onlar Allah'ın korunmasını emrettiği bağları kestiler "نَقَضَ" "*nekada*" bozmak, ihlal etmek, aslında ipi çözmek demektir. İlmeği bağlamak çok meşakkatlidir ama çözmek basittir. Aslında ilmek çok güçlüdür, bir işe yarayabilir ama çözmesi kolaydır ve çözdüğünüzde karmaşa ve yıkıma sebep olabilir.

Arap kültüründe inşaat yapılırken iki odun kirişi alınıp birbirlerine bağlanırdı. İp sağdan soldan kıvrılır, odunların etrafında tekrar tekrar dolanarak bağlanır, buna da "el-ibrâm" denirdi. "Nakdu'l ibrâm" ise ipi söküp parçalamak manasına gelirdi, ayette ifade edilen "يَنقُضُونَ" "*yenkudûn*" budur. Şöyle ki, bu kelimeyle öne sürülen; bağlı olunan fikri "الَّذِينَ يَنقُضُونَ عَهْدَ اللَّهِ" "Allah'a verdikleri sözü bir bakıma koparanlar"dır. Diğer bir deyişle; Allah'a verdiğin söz seni O'na (cc) bağlar. İki şeyi birbirine bağlamak için ip kullanılır. Kur'ân, "Ve hepiniz, Allah'ın ipine sımsıkı tutunun." buyurur. (Âl-i İmran, 103) İpin kendisi Kur'ân'dır. Ve biz de Allah'ın sözüne, Allah'ın kelimeleriyle; Kur'ân'la bağlıyız. Bu yüzden Resûlullah (sav) "Kur'ân semavattan yeryüzüne inen, Allah'ın uzatılmış bir ipidir." buyuruyor. Biz bir ucunu tutuyoruz. Diğer ucu Allah (cc) ile birliktedir, bizi direkt olarak Allah'a (cc) bağlar. Kim Allah'la bağladığı ipi, "sözü" çözerse, cümlenin ilk manasıyla, Allah'la ilişkisini kesmiş, Allah'ı ve O'na verdiği sözü terk etmiş demektir. "الوِيثَاق" Arapçada bir şeyi sıkı sıkı bağlamaktır. "*Vâsık*" kelimesinin bir anlamı da "emniyet"tir. Emin olmak, bir şeye sımsıkı tutunmaktır. Allah (cc) onların sözlerini sımsıkı olduğu hâlde bozduklarını söylüyor. Bu, ipi çekilince çözülecek kadar gevşek bir bağ değildi, bağı çözmek bile efor gerektiriyordu. Çözdükleri şey çok güçlüydü. Yanlış yola saptılar.

Bağı çözdüler. Kendilerini Allah'tan ayırdılar.

"وَيَقْطَعُونَ مَا أَمَرَ اللَّهُ بِهِ أَنْ يُوصَلَ"

"Onlar Allah'ın korunmasını emrettiği bağları kestiler."

Önce bağı çözüp, sonra ipi kestiler. Burada kullanılan dilin kopma ve ayrılma ile ilgili olduğuna dikkat edelim. Onlar Allah'ın korunmasını emrettiği bağları kestiler. "يُوصَلَ" "*yûsale*" kelimesinin kökü "*sıla*"dır ve "bağlantı" demektir. Tüm müfessirler şu konuda hemfikirdir: Allah (cc) insanları iki tür ilişki içerisinde yarattı. Birincisi O'nunla (cc), diğeri annemiz başta olmak üzere diğer insanlarla olan ilişkimiz. Eğer başka insanlarla ilişki içinde olmasaydık bu dünyada olmazdık.

Onlar Allah'la ilişkilerini kestiler, bunun sonucunda aileleriyle, arkadaşlarıyla, kısacası toplumla da ilişkilerini kestiler. Bu tip insanlar ailelerine, çocuklarına, eşlerine, kardeşlerine, komşularına, yani diğer insanlara da haklarını vermezler. İnsan, birlikte yaşama ve bir uyum içinde var olma mecburiyetindedir. Bu insanlar Allah'ın sürdürmelerini emrettiği ilişkileri bitirenlerdir. Özellikle anne karnından başlayan ilişkiler dinimizde önceliklidir. (Enfâl, 75).

Tüm insanlık Hz. Adem ve Hz. Havva'dan geldiği için hepimiz anne ve babalarımızla birbirimize bağlıyız. Evlilik hariç sahip olduğumuz ailevî ilişkiler bizim tercihimiz değildir. Annemizi, çocuklarımızı, kardeşlerimizi biz seçmiyoruz. Bunlar bizim tercihimize bırakılmamış. Bu tercihi Allah (cc) yapıyor ve bu insanlarla iletişim hâlinde olmamızı emrediyor. Bu O'nun tercihi. Bu ilişkiler kesilmez, koparılıp bir kenara atılmaz. Durduk yere bir ilişki sonlandırılamaz. Fasıklar önce Allah'la (cc), sonra yakınlarıyla aralarındaki bağları koparıyorlar. Hâlbuki insanlık iki güzel şeyle; Allah'la ve sonuç olarak tüm insanlıkla ilişki içerisindedir.

Fasıklar o kadar yozlaşmıştırlar ki, onlar sadece Allah'a (cc) karşı isyan içinde değil, aynı zamanda etraflarındaki insanlara karşı da aynı tutum içindedirler. Bunlar Allah'ın Kitabı'yla hidayete erişemeyenlerdir. Onunla ancak fasıklar saptırılır. Onlar ki, iyice pekiştirdikten sonra Allah'a verdikleri sözden dönerler ve Allah'ın birleştirilmesini emrettiğini ayırırlar. Önce Allah (cc) ile olan bağlarını, sonra etraflarındaki insanlarla ilişkilerini keserler. İnsanlık için güzel olan şey önce Allah (cc) ile kurulan, sonra insanlarla kurulan bağdır. Eğer bu iki bağ kopartılırsa yozlaşmış bir toplum oluşur. Bu insanlar yalnız Allah'a karşı değil etraflarındaki insanlara karşı da isyankâr ve hiddetlidirler. Bunlar fasıklardır. Bunlar kendilerini ne Allah'a ne de etrafındaki insanlara borçlu ve sorumlu hissederler. Kendilerini Allah'tan ve insanlardan koparmaları tek başlarına olmak istediklerini gösterir. O zaman geriye ne kalır?

"وَيُفْسِدُونَ فِي الأَرْضِ"

"Yeryüzünde fesat çıkarırlar."

Geleneksel toplumlarda insanlar yaşlı ebeveynlerine, kardeşlerine bakardı, komşularının evlerine bir zarar görme endişesi olmadan rahatlıkla girip çıkardı. Bir mahallenin çocuklarına tüm mahalle birlikte bakardı. Ama şu anda aynı dünyada yaşamıyoruz, bütün bunlar eski zamanların hikâyesi olarak kaldı. Çocuğumuz kapının önüne çıktığında onu sürekli kontrol etmek zorunda kalıyoruz. Çünkü çocuğun yanından geçen insanların niyetleri ne bilmiyoruz ve korkuyoruz. Bireyselleşmeyle birlikte paranoyak hale geldik.

Artık ebeveynlerle birlikte yaşanmıyor, yaşlılar huzur evlerine, bakım evlerine yerleştiriliyor, nadiren aranıp soruluyorlar. Gençler aileden uzaklaşmak, anne babanın rahatsız edici gölgesinden kurtulmak için başka yerlere gitmeye can atıyorlar. Gittikten sonra da aileleriyle minimum düzeyde ilişki kurmayı tercih ediyorlar. Ama arkadaşları söz konusu olduğunda durum çok farklı oluyor. Bu aile bağlarını kestirip atmak değil de nedir?

Asıl ilişki içerisinde bulunmamız gereken; önce Allah (cc), sonra da Allah'ın ilişkimizi sürdürmemizi istediği kişilerdir. İlişkilerimizi koparttığımızda bizden dışarı çıkan tek şey fesat olur. Sadece yozlaşmakla kalmaz, yozlaşmaya da sebep oluruz. Günümüzde çok ileri düzeyde bir yozlaşma yaşanıyor: "Evlilik bayağı sığ bir yapı, kim ne yapsın evliliği?" gibi düşünceler üretiliyor. Bu kopuklukların sonucunda ahlaksızlık normalleşiyor ve insanların bu yönde ilerlemesine yol açılıyor.

Allah'la (cc) ve aile ile bağlar koparıldığında başka ne bekleyebilirsiniz ki? Bu insanlar kazandıklarını sanıyorlar. Onlar bu bağları ellerini kollarını bağlayan zincirler olarak görüyorlar. "Ben özgür olmak, istediğim her şeyi yapmak istiyorum!" "İstediğimle, istediğim kadar kişiyle, her ne zaman istersem, ilişki içerisinde olmak istiyorum!" "İstediğimi yemek, içmek, kendi başıma istediğim gibi para kazanmak ve harcamak istiyorum." "Hiçbir şey tarafından bağlanmak istemiyorum. Aile beklentileri, Allah... Hiçbir şey tarafından bağlanmak istemiyorum..."

Bu kadar açık ve özgür olduklarında "prangalardan" kurtulduklarını, hayatı ıskalamadıklarını zannediyorlar. Hâlbuki

"أُولَئِكَ هُمُ الْخَاسِرُونَ"

"İşte onlar ziyana uğrayanların ta kendileridir."

Onlar kazandıklarını, özgür olduklarını, dünyanın tüm cazibesiyle kendilerine kucak açtığını zannediyorlar. Hâlbuki onlar, "İşte onlar ziyana uğrayanların ta kendileridir." Kur'ân'da yapılan en geniş fısk tanımı bu ayettedir. Onlar bu güzel örnekleri eleştirip dururken Allah (cc) neden onlara en büyük hediyesi olan hidayeti versin?

Allah (cc) bizleri Kur'ân'ın hikmeti ile mübarek kılsın, ayetlerinden ve hikmetli zikrinden faydalanmayı nasip etsin.

"O'na Döndürüleceksiniz..."

كَيْفَ تَكْفُرُونَ بِاللّٰهِ وَكُنْتُمْ اَمْوَاتاً فَاَحْيَاكُمْ ثُمَّ يُمِيتُكُمْ ثُمَّ يُحْيِيكُمْ ثُمَّ اِلَيْهِ تُرْجَعُونَ

"Sizler ölü iken sizi diriltti̇ği halde Allah'ı nasıl inkâr edersiniz? Sonra sizi öldürecek, sonra diriltecek, en sonunda O'na döndürüleceksiniz."

(Bakara, 2/28)

" كَيْفَ تَكْفُرُونَ بِاللّٰهِ وَكُنْتُمْ اَمْوَاتاً فَاَحْيَاكُمْ ثُمَّ يُمِيتُكُمْ ثُمَّ يُحْيِيكُمْ "

"Sizler ölü iken sizi diriltti̇ği halde Allah'ı nasıl inkâr edersiniz? Sonra sizi öldürecek, sonra diriltecek."

Ayeti beş aşamada ele alacağız:

İlk aşama, "وَكُنْتُمْ أَمْوَاتاً" "siz cansız, ölü iken."

İkinci aşama, "فَأَحْيَاكُمْ" "sizi dirilten"

Üçüncü aşama, "ثُمَّ يُمِيتُكُمْ" "sonra sizi öldürecek"

Dördüncü aşama "ثُمَّ يُحْيِيكُمْ" "sonra sizi diriltecek"

Beşinci aşama, "ثُمَّ إِلَيْهِ تُرْجَعُونَ" "En sonunda O'na döndürüleceksiniz."

İlk aşama; "Siz ölüyken." Burada ilk ayırt etmemiz gereken, ölümün ve varlık sahasına çıkmamanın aynı şey olmadığıdır. "Ölü" kelimesi herhangi bir dilde o kişinin önceden bir hayatının olduğunu belirtmek için kullanılır. Ayette Allah (cc) "Siz daha ölüyken sizi dirilten Allah'ı nasıl inkâr edebilirsiniz?" diyor.

Kur'ân'da ve Resûlullah'ın (sav) sünnetinde, ölümle uyku arasında derin bir bağ olduğu ifade edilir. Bu nedenle yatağa girdiğimizde "اَللّٰهُمَّ بِاسْمِكَ اَمُوتُ وَاَحْيٰى" "Allah'ım, senin isminle ölür ve dirilirim." diyoruz. "Bize, öldürdükten sonra tekrar hayat veren Allah'a hamdolsun! Zaten dönüşümüz de O'nadır."

Ayet "Allah'ı nasıl inkâr edersiniz? Siz hiçbir şeyken Allah sizi yarattı." demiyor, "Siz ölü iken" diyor. Bu çok özel bir ifadedir. Bununla ilgili olarak kıyamet günü, kâfirler kendilerine bir şans daha verilsin diye günahlarını temyize getirmeye çalışırlar, sundukları gerekçe ise şudur: "Dediler ki: 'Rabbimiz, bizi iki kere öldürdün, iki kere dirilttin, böylece günahlarımızı itiraf ettik. Artık (buradan) çıkmaya bir yol var mı?'" (Mü'min, 11) Adeta "Daha önce iki kere daha yapmıştın, bir daha yapsana, lütfen!" demeye getirirler.

Allah'ın iki kere verdiği nedir? Ölüm. Ölüm, ancak hayat varsa mümkün olabilir. Dolayısıyla "Allah'ı nasıl inkâr edersiniz?" ve "siz ölü iken" ayetleri bu hayattan önce başka bir hayat olduğuna imadır. Buradaki hayatımız aslında birinci aşama değil, ikinci aşama. Birinci aşama önceden var olan hayattı, sonra "uyku" geldi, ölüm yerine uyku diyorum, çünkü ikisi birbirine yakındır. Aslına bakarsanız, kıyamet günü kabirlerimizden çıkınca bazıları "Kim kaldırdı bizi uyuduğumuz yerden?" (Yâsîn, 52) diyeceklerdir. İlk aşama hayattı, sonra Allah (cc) bize bu uykuyu/ölümü verdi. Sonra tekrar hayat ve ölüm. Yaşam yolculuğumuz bu şekilde. Bu noktayı iyi anlayalım.

Allah (cc) hepimizi aynı anda yarattı. Bu esnada "ruhlarımız" yaratıldı. Ruhun yaşı, cinsiyeti yoktur; o bütün bunlardan berîdir. Âlem-i Ervah'taydık ve Allah'ın huzurunda canlıydık. Vücudumuz yoktu, sadece ruhumuz vardı. Ruh nurdan yaratılmış bir varlıktır. Ve Allah (cc) ile aracısız konuşabiliyorduk. Allah (cc) o konuşmalardan birini tasvir ediyor: Bir gün Allah (cc) tüm yarattıklarını kendisine yöneltmiş ve "أَلَسْتُ بِرَبِّكُمْ" "Ben hepinizin Rabbi değil miyim?" buyurmuş ve hepimiz de "بَلَىٰ شَهِدْنَا", "Elbette, biz şahit olduk." (A'râf, 172) demişiz. Allah bundan bahsetme sebebini de aynı ayette açıklıyor: "Kıyamet günü, gerçekten biz bundan gâfildik dememeniz için."

Ruh, kimin huzurundaydı? Allah'ın (cc). Nurunu kimden alıyordu? Allah'tan (cc). "Ruhumdan üflediğim zaman." (Hicr, 29) Allah'ın yarattığı ruh oradaydı, sonra hepimiz uykuya daldık, ölüm gibi. Ayette bahsedilen ölüm bu işte. Sonra cenin anne karnında yeterli olgunluğa ulaşınca Allah (cc) o uyuyan ruhlardan birine emrediyor, meleklere emrediyor ve ruh bebeğe yerleştiriliyor. Aynı ruh gelip o bebeğin içine giriyor. Şimdi de bu dünyadayız. İkinci hayatımız bu işte. İlk hayatımız Allah'ın huzurundaydı. Bu bizim ikinci hayatımız. Sonra da Allah (cc) ile buluşacağımız diğer hayat var. Bu ayetten de belli oluyor zaten, tekrar ölüp mezara gireceğiz. Ve mezardayken ruhumuz gezecek, konuşacak ve sorgulanacak. Sonra tekrar çıkarılacağız ve bu bizim sonraki ve en son hayatımız olacak.

"ثُمَّ إِلَيْهِ تُرْجَعُونَ"

"En sonunda O'na döndürüleceksiniz."

Bu yolculuk çok önemli. Burada birkaç nokta üzerinde durmak istiyorum. İnsanlar kimseyle birlikte değilken ilk kimin huzurundaydı? Allah'ın (cc). Bu öyle bir birliktelik ki sadece Allah (cc) bizimle aracısız konuşmamış, biz de onunla direkt olarak konuşmuşuz. İyilerle birlikte olunca onların hâllerinden etkilenirsiniz, değil mi? Bu çok doğal. İşte Allah'la birlikte olup da O'ndan etkilenmediğinizi düşünemezsiniz. İmkânsız. Allah'ın (cc) her ruh üzerinde etkisi vardır. O yüzden Allah (cc) diyor ki: "Allah'ın insanları üzerinde yarattığı fıtrata sımsıkı tutun." (Rûm, 30)

Allah (cc) Kendisiyle birlikteyken bizi, kişiliklerimizi biçimlendirdi. Bu nedenle insanlarda Allah'ın isimlerinin tecellileri vardır. Allah (cc) Rahmân ve Rahîm'dir; biz de merhamet gösteririz. Allah (cc) Hakîm'dir; bizde de hikmetin numunesi görünür. Allah (cc) Semî'dir; biz de dinlemeyi sevmez miyiz? Allah (cc) Hâlık'tır; her şeyi yaratmıştır. İnsanların da yaratma arzusu vardır. Çocuklar bile, legoları birleştirip bir şeyler yapar. Yaratma arzumuz vardır. Allah'a atfetilen her şey insanda bir zerre de olsa vardır. İşte tam burada Resûlullah'ın (sav) sözünü hatırlarız. Çok derin bir sözdür: "Allah (cc) Âdem'i kendi suretinde yaratmıştır." Fiziksel olarak değil, isim ve sıfat olarak Allah'ın yüceliğinden bir parça taşırız. O (cc) insanlara bunları yansıtmıştır.

Allah'ın huzurunda olan ruh, bu dünyaya bir beden içerisinde, bir bebek olarak gönderilir ve sonra büyümeye başlar. Büyürken, zihni bedeni ile meşgul olur ama kendinde daha derinde bir şeyler olduğu hissini de kaybetmez. Daha önce

Allah'la birlikteydi çünkü. Eğer Allah'ın huzurunda bulunmuşsanız, kesinlikle O'nu (cc) özlersiniz. Hayatınızda bir şeyler hep eksik kalır. Hangi kültüre mensup olursa olsun tüm insanlarda daha güzele ve mükemmele yönelik bir arzu vardır. Neden her ay mobilyalarınızın yerini değiştirmek istiyorsunuz? "Burada daha iyi görünüyor, bu renk burada daha iyi duruyor. Bir de şunu denemek istiyorum." diyoruz. Çünkü güzele ve güzelliğe bakışımız, onu arayışımız hayat boyu devam ediyor. Kuşlar böyle yapar mı? Ya timsahlar? Maymunlar peki? Evrim de insanın sanata eğilimini açıklayamıyor. Çünkü sanat ve estetik, hayatın devamı için temel gereksinimlerden biri gibi görünmüyor. Hayatta kalmak için neden sanata, şiire ihtiyacımız olsun? Neden en temel gereksinimlerimizi karşılamaya yetecek bir iletişimden başka, daha üstün bir dile ihtiyacımız var? Böyle bir dil olmasa da hayatta kalırdık.

Hayatta durmaksızın mükemmellik arıyoruz. Maddi hayatımızda mükemmellik arama arzumuz, aslında ruhun bir zamanlar en mükemmel olanla, Allah'la birlikte olmasıyla ilgilidir. "Allah güzeldir, güzeli sever." (Müslim) O zaman insan da güzeli sever! Mükemmeli arar ve bu arada, daha güzel eve, kıyafete, arabaya sahip olmak, daha güzel görünmek, daha güzel kokmak ister... daha güzel, daha güzel... Ama bunlar içimizdeki o arayışı tatmin eder mi? Kesinlikle hayır, çünkü Allah'ın mükemmeliyetinden yoksun kalmanın eksikliğini hiçbir şey dolduramaz. O yüzden, iman eden biri, ancak geldiği yere, yani Allah'ın huzuruna geri döndüğünde" tamamen tatmin olur, itminan bulur.

"Ey mutmain olan nefis! Rabbine geri dön!" (Fecr, 27-28) Neden geri dön deniyor? Çünkü başlangıçta O'nunlaydı (cc).

Ve şimdi hayatının ilk ve en son evresi birleşiyor; çünkü aynı Rabbe, O'nun (cc) huzuruna dönüyorsun. Allah (cc) bizi kendisine en hayırlı şekilde döndürsün.

"كَيْفَ تَكْفُرُونَ بِاللّٰهِ" "Nasıl oluyor da Allah'ı inkâr ediyorsunuz?" "كَيْفَ" "*keyfe*" kelimesi bir soru zarfıdır, "nasıl" anlamındadır. Ve "nasıl" zarfı, "Bunu nasıl yaptın?" "Bu nasıl çalışıyor?" şeklindeki cümlelerde kullanılır. Özellikle de bilimle ilgili alanlarda "nasıl" sorusu sıklıkla sorulur. Birçok bilim dalı "nasıl" sorusuna yanıtlar aranırken ortaya çıkmıştır.

Bununla birlikte, ciddi anlamda hoşlanmadığınız bir durumla karşılaştığınızda veya üzüldüğünüzde de "nasıl" sorusunu kullanırsınız. Bir anne oğluna, "Bunu nasıl söyleyebilirsin? Bunu bana nasıl yapabilirsin?" diyebilir. "Nasıl" kelimesi burada o kişinin ne kadar hayal kırıklığına uğradığını ve üzüldüğünü gösterir. Çok sevdiğiniz ve yüksek beklenti içinde bulunduğunuz insanlar tarafından hayal kırıklığına uğratılmak çok daha can yakıcıdır. Bunun yanında önemsemediğiniz biri size kırıcı davrandığında bu genellikle umurunuzda bile olmayabilir.

İnsana, Allah'ın yakınlığından daha fazla bir yakınlık yoktur. İlk yaratılışımızda bizzat Allah'ın muhabbetine muhataptık. Bundan daha fazla bir yakınlık olamaz. Ve insan dışında hiçbir varlık, bu yakınlık lütfuna ve mertebesine ulaşamamıştır.

Bu yakınlık mertebesinin önemli bir örneği, Tûr Dağı'nda Allah'la konuşan Hz. Musa'dır. Bu yakınlığın ötesinde ise Mirac'a yükseltilen, orada bizzat Allah'ın huzuruna çıkan ve tüm insanlığın zirvesi olan bizim Peygamberimiz Resûlullah aleyhisselâtü vesselâm vardır. Yedi cennetin geçildiği, Cebrail'in (as) eşliğinde Resûlullah'ın (sav) Sidretü'l-Müntehâ'ya yükseldiği Miraç yolculuğu.

Allah, Kur'ân-ı Kerim'de Cebrail (as) için, "kudretli, kuvvetli" sıfatını kullanır. "Cebrail" ismi etimolojik köken olarak, İbranicedeki "Gabriel" kelimesinden, Gabr-eel'den gelir. Arapçayla da ortak olan köken "Cebr" kelimesini içerir ki bu da güç, kudret sahibi anlamına gelir. Allah'ın güçlü ve kudretli meleği Cebrail (as)... Kanatlarını yaydığı ve gökyüzünü kapladığı zaman, başka hiçbir şey görmenin imkânı yoktur. "Ve andolsun (resûl), O'nu (Cebrail'i) ufuk ile apaçık gördü." (Tekvîr, 23) Burada "*fi'l ufuki*" (ufukta) değil, "*bi'l ufuki*" (ufukla) ifadesi kullanılır. Yani tüm gökyüzünü kaplamış gibidir. Cebrail'den (as) başka bir şey görünmüyordu. Cebrail (as), Resûlullah'ı (sav) Allah'ın huzuruna çıkacağı noktaya götürürken tüm yol boyunca ona eşlik etti. Sonunda, o noktayı geçerse kanatlarının yanacağı Sidretü'l Münteha'ya vardılar ve bundan sonra yalnızca Resûlullah (sav) devam etti. Resûlullah'ın (sav) Cebrail'in (as) bile geçiş izni olmayan o özel yere gittiği yolculuktur Miraç. Bu, Allah (cc) tarafından insanoğluna özel olarak lütfedilmiş bir yakınlıktır. Ve unutmayalım ki her bir insan, annesinin karnına üflenmiş olan bir ruh ile bu dünyaya gelmiştir.

İki farklı varlık boyutumuz olduğundan bahsedebiliriz; ruhumuz ve bedenimiz. Ruhumuz fiziksel olan bedenimizin içinde yaşar. Bu fiziksel bedenin fiziksel ihtiyaçları vardır. Arzuları vardır, iştahı vardır, yorulur. Yani ruhun varlığı dışında farklı bir varlık da söz konusudur. Nitekim uyuduğumuz zaman, ruh hâlâ uyanık ve canlıdır, gezer, birçok şey yapar. Daha sonra tekrar içimize sokulur. "Allah, (ölen) insanların ruhlarını öldüklerinde, ölmeyenlerinkini de uykularında alır." (Zümer, 42)

Neden bunlara değindiğime gelince, insanlar büyüyüp yaşlanıyor ve bu en başta Allah'ın huzurunda olan ruh, sürekli içimizde nuru aramaya devam ediyor. Ama çoğunlukla beden egemen oluyor. Beden hâkimiyeti ele geçirdiği zaman, insanoğlu bedensel ihtiyaçlarına saplantılı hâle geliyor. Yemeğe saplantılı hâle geliyor mesela; barınağa, arzularına, şehvetlerine, bir aile kurmaya, daha fazla birikim yapmaya bağımlı oluyor. Herkes bedeninin ihtiyaçlarını karşılamak için mücadele ediyor, mal mülk biriktiriyor, ama içimizdeki ruh açlıktan ölmek üzere. Çünkü ruh bu dünyadan değil. Buradan gelmedi, gökten geldi. Ve bu dünyadaki hiçbir şey onu besleyemez. Bedenimiz topraktan yaratıldı ve o toprak dünyaya ait, dolayısıyla bedenin tüm ihtiyaçları ve arzuları dünyada karşılanıyor. Ama bu dünya ruhumuza hitap etmiyor; onun ihtiyaçları karşılanmıyor. O gökten geldi ve yalnızca göksel olanla beslenebilir; o da vahiydir. Vahyin amacı, ruhumuzu beslemektir.

Peygamber Efendimiz (sav) vahyi bir ipe benzetir. Bu ip ne yapar? Allah'tan uzak kalmış ve tekrar Allah'la bağlantı kurmayı bekleyen içimizdeki ruhu Allah'a bağlar. Allah'la olan ilişkimiz anlatılırken Kur'ân'da tasvir edilen sahne budur. Vahiy, insanı bir zamanlar çok yakınında bulunduğu Yaratanına tekrar kavuşturur.

"كَيْفَ تَكْفُرُونَ بِاللّٰهِ" "Nasıl oluyor da Allah'ı inkâr ediyorsunuz?" Bu ayet, insanı utancından yerin dibine sokan bir ayettir. Ayetteki "*küfr*" kelimesi yalnızca inkâr etmek, Allah'a inanmamak değil; aynı zamanda "nimete nankörlük etmek" manasındadır. Allah (cc) adeta şöyle der: "Size benimle yeniden bağlantı kurma imkânı verdikten sonra bile, hâlâ beni inkâr mı ediyorsunuz? Sizi geçirdiğim tüm o evreleri unuttunuz mu?"

"ثُمَّ اِلَيْهِ تُرْجَعُونَ" "Sonra yalnızca O'na döndürüleceksiniz." (Bakara, 28)

DOKUZUNCU BÖLÜM

هُوَ الَّذ۪ي خَلَقَ لَكُمْ مَا فِي الْاَرْضِ جَم۪يعاً ثُمَّ اسْتَوٰٓى اِلَى السَّمَٓاءِ فَسَوّٰيهُنَّ
سَبْعَ سَمٰوَاتٍ وَهُوَ بِكُلِّ شَيْءٍ عَل۪يمٌ ﴿٢٩﴾

O, yeryüzünde olanların hepsini sizin için yaratan, sonra göğe yönelip onları yedi gök hâlinde düzenleyendir. O, her şeyi hakkıyla bilendir." (29)

(Bakara, 2/29)

"O, Her Şeyi Hakkıyla Bilendir"

هُوَ الَّذِي خَلَقَ لَكُمْ مَا فِي الْاَرْضِ جَمِيعاً ثُمَّ اسْتَوٰى اِلَى السَّمَٓاءِ فَسَوّٰيهُنَّ سَبْعَ
سَمٰوَاتٍ وَهُوَ بِكُلِّ شَيْءٍ عَلِيمٌ

"Yeryüzünde olan her şeyi sizin için yaratan O'dur. Sonra göğe yönelip onları yedi gök hâlinde düzenleyendir. O, her şeyi hakkıyla bilendir."

(Bakara, 2/29)

"هُوَ الَّذِي خَلَقَ لَكُمْ"

"O sizin için yaratandır."

Bu ayette Allah'ın ismi, bir zamir olarak, "O" şeklinde geçer. Kendisinden önceki cümleye işaret eden bir zamirdir bu. Yani Allah (cc) der ki: Sizi bu bedene koymadan önce de yaratmış olan, sizi uyutan, annelerinizin rahmine yerleştiren, size bu dünyada hayat veren ve sizi yine öldürecek olanla, sizin için dünyadaki her şeyi yaratan aynı Zat'tır.

Burada bir önceki ayetle kurulan bağlantıyı iyi anlamamız gerekiyor.

Bir önceki ayete göre insan, yani sen, Allah'ın en yakınındaki konumundaydın, ki bu da Allah'ın seni ne kadar sevdiğini gösteriyordu. Allah bunu, senin dışında, yarattığı hiçbir varlığa bahşetmedi. Koskoca evrende bu küçük gezegeni senin için ev olarak seçti ve senin için bir yaşam kurdu.

"مَا فِي الْاَرْضِ جَمِيعاً"

"Bu dünyadaki her şeyi."

Allah (cc) "Bu dünyadaki her şeyi sizin için yarattım," diyor. Bu cümle dünyanın neresinde olursan ol, senin için faydalanabileceğin bir şey var manasında muazzam bir ifadedir. Bilim insanları bu ayet karşısında, "Nasıl olur da dünyadaki bütün her şey bizim için yaratılır?" "Bir sinek neden benim için yaratılmış olabilir?" diyebilirler. İnkârlarında ısrar edenlerin soru sorma tarzını bilirsiniz; "Bir hamam böceği neden benim için yaratılmış olsun?" veya "Şu nasıl benim için yaratılmış olabilir? Şunla benim aramda nasıl bir bağlantı olabilir?" gibi sorular. "Bütün bunların cevabı için bir adım geri çekilip, Allah'ın dediğindeki daha derin manaları anlayabilmek üzere konuya tekrar bakmamız gerekiyor.

Materyalistlerin bakışı tamamen madde odaklı olduğu için "fayda" kelimesini de fiziksel anlamda kendilerine yararı dokunan şey olarak anlarlar. Onlar için başka türlü bir fayda anlayışı yoktur. "Dünya hayatından başka bir şey istemeyen kişi. Onların ilimden ulaşabildikleri sadece budur!" (Necm, 29-30) Düşüncelerinin sınırı bu olduğu için, isteyebilecekleri de dünya hayatıyla sınırlıdır. Bu nedenle dünya hayatına dair herhangi bir şey için, "Bu fiziksel olarak bana nasıl bir fayda sağlayabilir?" "Bunun benim maddi çıkarıma ya da hayattaki statümün yükselmesine nasıl katkısı olur?" "Güvenliğime nasıl bir faydası olabilir?" diye düşünürler. Tüm kaygıları bu tarz düşüncelerden ibarettir. Yalnızca fiziksel bir bedenden ibaret olduğunu düşünen, aynı zamanda bir de ruha sahip olduğunu unutan insanın trajedisidir bu.

Allah'ın yarattıkları arasında bedenimize fayda sağlayan şeyler olduğu gibi, ruhumuza fayda sağlayan şeyler de vardır. Allah'ın yarattığı şeylerden bazıları bedenimiz içinse bazıları da ruhumuz içindir. Bu dünyada bizi korkutan, ürküten şeyler de vardır. Timsahlardan, yılanlardan, kobralardan korkarız. Zehirli dişlerini gösterdiklerinde korkmayı bırakın, dehşete düşeriz. Tüm bunlar iman edenlere Allah'ı hatırlatır: "Allah (cc) dünyada böyle bir korku unsuru yarattıysa, O'na itaat etmediğim zaman ahirette korkulacak ne tür şeyler bekliyor beni? Nasıl bir ceza olacak orada?" Veya dünyadaki bazı şeyleri iğrenç bulabilirsiniz. Bir sümüklü böceği veya hamam böceğini iğrenç bulabilirsiniz; belki de kokusuna bile dayanamazsınız. Bunlar da sizi düşündürür. Allah (cc) bu dünyaya cenneti anımsatan ufak kareler yerleştirdiği gibi, cehennemi hatırlatacak kareler de yerleştirmiştir. Fiziksel anlamdaki gerçek varlıkları, ruhsal boyuta bağlayacak şeyler.

Fiziksel anlamda size bir faydası olmadığını düşündüğünüz şeyler sizin için hep birer hatırlatıcıdır. "Muhakkak ki bunda bir hatırlatma, öğüt vardır." (Kâf, 37) Her zaman, şunda veya bunda bir hatırlatıcı olarak karşınıza çıkacaktır böyle şeyler ve Allah'ı hatırlatıcı olan her ne ise o mutlaka faydalı bir şeydir. "O halde eğer öğüt fayda verirse öğüt ver." (A'lâ, 9) Yani bu dünya ve içindeki her şeyin bizim için bir faydası vardır. Etinden, sütünden, derisinden faydalandığımız bir hayvan bize doğrudan fayda sağlarken yiyemediğimiz, tüketemediğimiz, zehirli veya tehlikeli hayvanların da maddi olarak değilse de manevi faydaları vardır.

İnsanoğlu ruh ve beden olmak üzere iki kısımdan meydana geldiği için Allah (cc) dünyada bu iki parçaya da fayda sağlayacak şeyler yaratmıştır. Bu bizi çok önemli bir noktaya götürür. Allah'ın yarattığı şeylerdeki uyum ve tutarlılığa.

Buna Allah'ın sünneti, yani "sünnetullah" denir. "Bu Allah'ın öteden beri uygulanıp gelen kanunudur, Allah'ın kanununda bir değişiklik bulamazsın." (Fetih, 23)

Bu Allah'ın kanunudur ve Allah'ın yaptıklarında bir değişiklik ve tutarsızlık bulamazsınız. Bunun için somut örnekler vermeye çalışacağım:

Bazı insanlar çok pratik bir yaklaşıma sahiptir, işin sadece uygulama kısmıyla ilgilenirler, "Bana bu kelimenin anlamını derinlemesine anlatma, bu ayetin ne kadar güzel olduğunu, kelimelerin birbiriyle bağlantısını falan geç. Bana doğrudan haram ne, helal ne, onu söyle. Sadede gel. İslam harekete geçmektir ve biz hemen harekete geçmeliyiz. Bana haramların ve helallerin bir listesini ver yeter." derler. Diğer yandan da olaylara sanatsal boyutla yaklaşanlar vardır. Pratik yaklaşıma sahip olanlar genelde teknik alanda ilerlerken sanatsal bakışı olanlar felsefe, sanat, edebiyatla ilgilenirler. Bazı insanlar sadece nesneyle, bazıları ise içerik ve şekille ilgilenir.

Allah (cc) bize bu dünyayı "Sizin için yarattım." diyor. Allah'ın yarattığı bu dünya sadece nesnellik ve pratikliğe mi hitap ediyor, yoksa sadece sanatsal, biçimsel bir güzelliğe mi sahip? Belki biz çoğumuz işlevsel, pratik yaratıklarız ama Allah (cc) şöyle buyuruyor: "Allah sizi şekillendirdi ve şekillerinizi de güzel yaptı." (Teğabun, 3)

İnsanın yaratılışında da Allah'ın yarattığı diğer şeylerde de bir güzellik vardır. Ve bu güzellikler bize bir şeyleri işaret eder. Tüm duyularımızda; görmemizde, duymamızda, koklamamızda, dokunmamızda kendilerine özgü bir güzellik vardır. Bazı şeylere dokunmaktan hoşlanırsınız. Bir şeyin görüntüsü hoşunuza gider, güzelliğine hayran kalırsınız. Bir şeyin kokusu hoşunuza gidebilir. Yiyecekler güzel kokmak zorunda değildir ama Allah (cc) yiyeceklerin güzelliğine bir de insanın iştahını cezbedecek güzel kokular, sanatlı bir görünüm eklemiştir. Dünyanın en lezzetli yiyeceği ölü bir böcek gibi gözükseydi onu yemek ister miydiniz? Duygusuz varlıklar olsaydık, yediklerimizin sadece işe yarar olması yeterli olurdu. Oysa biz insanlar, yediklerimizin damağa hitap ettiği gibi göze de hitap etmesini bekliyoruz. Görüyoruz ki Allah (cc) hayata güzellik boyutu da katmıştır. Etrafımızdaki her şeyi sadece kullanışlı olacak şekilde yaratmamış, aynı zamanda güzel de yaratmıştır. Bu, Allah'ın sünnetidir.

Kur'ân'da da aynı sünneti görürüz. Kur'ân sadece "Bunu yap, bunu yapma." demez. Helal ve haramları, emir ve yasakları sıralı bir liste ile vermez. Tek olan Allah'a iman edeceksiniz, meleklere, ahirete, cennet ve cehenneme inanacaksınız, deyip bırakmaz. Bunlar yiyebileceklerinin listesi, bunlar içmemen gerekenler. Bunlar da yapman gerekenler, bitti bu kadar, deyip bırakmaz.

Allah (cc) Kur'ân'da ne yapıyor? Evrenin ve insanın geçmişinden bahsediyor, insanı kendisine verilenler hakkında düşündürüyor, seçilen kelimeler üzerine iyice tefekküre sevk ediyor, bazı şeyleri yeniden tekrarlıyor ve her tekrarlayışında kalbimize farklı açılardan dokunuyor, bizi müteşekkir hissettirecek şeyler ekliyor. Kur'ân'ın bazı kısımları pratik hayatta kullanılacak bilgiler verir. Mesela miras hukukuyla ilgili ayet. Tamamen pratiğe dairdir. Bazı ayetler de vardır ki içerdikleri tek şey saf güzelliktir. İçerisinden bir fıkıh kuralı ya da hüküm çekip çıkaramazsınız; alabildiğiniz tek şey "Subhanallah!" duygusudur.

Kur'ân'da içerik ve biçimin muhteşem bir kombinasyonunu görürüz. Bunların ikisi de insan için önemli ve gereklidir. Biri olmadan, diğeri eksik kalır. Bu yüzden de Kur'ân öğrenimimiz bu iki kısımdan oluşur, her zaman da böyle olacaktır. Nitekim biz de Kur'ân okurken "Allah burada ne söylemek istiyor?" diye pratik yanına da değiniyoruz, aynı zamanda Allah'ın kelamının güzelliğini görüp hayran da kalıyoruz. Allah'ın kelamının mükemmelliğini görmek de Kur'ân öğreniminin bir parçasıdır. Bu ikisi baş başa gider; çünkü bu, Allah'ın sünnetidir. Yarattığı her şeyde olduğu gibi, kelamında da böyledir.

"هُوَ الَّذِي خَلَقَ لَكُمْ مَا فِي الْأَرْضِ جَمِيعاً" "Yeryüzünde olan her şeyi sizin için yaratan O'dur." ayetini anlamaya çalışırken bütün bunları düşünmemiz gerekir. Kurtubi'nin tefsirinde bu ayet özellikle "sizin hatırınız için" şeklinde tefsir edilir. Bir başka ayette Allah (cc) şöyle buyurur:

"وَسَخَّرَ لَكُمْ مَا فِي السَّمٰوَاتِ وَمَا فِي الْأَرْضِ جَمِيعاً مِنْهُ" "Göklerdeki ve yerdeki her şeyi kendi katından (bir nimet olarak) sizin hizmetinize verendir." (Câsiye, 13) "سَخَّرَ" "*sahhara*" kelimesi aslında bir hayvanı evcilleştirmek için de kullanılır, burada emrine amade kılmak manasındadır. Vahşi bir atı dizginleyip evcilleştirdiğiniz zaman, sahibine nasıl boyun eğip sözünü dinliyorsa, Allah (cc) de gökleri ve yeri size musahhar (emre amade) kılmıştır. Tüm göğü ve yeri! Bu uçsuz bucaksız evren, tüm bu genişliğiyle bizim emrimize amade mi kılınmış? Bir hayvan emrimize amade olduğunda, kontrolümüzde demektir. Dünyadaki birçok şey de bizim kontrolümüzdedir. Dünyadaki birçok şeyi başka hiçbir varlığın yapamayacağı şekilde yönlendirme gücüne sahibiz. İşlenebilir kaynaklardan çeşitli materyaller üretme yeteneğine sahibiz mesela. İnsanlardan başka hiçbir canlı, bu kaynaklardan ürettiğimiz nesneleri yapma kabiliyetine sahip değil. İçinde yaşadığımız binaları, üzerimizdeki kıyafetleri, yayın teknolojilerini, dünya üzerinde bulunan kaynaklardan insanların ürettiği her türlü hizmeti düşünelim. Hepsi insanın emrine amade.

Yer-Gök İnsanın Emrinde

Allah (cc) bu dünyayı bizim hizmetimize veriyor. Peki göğü nasıl hizmetimize veriyor? Bu ayetten galaksiler arası yolculuk yapabileceğimiz fikrini çıkaranlar var. Şu anda yapamıyoruz ama bir gün yapacağız, galaksiler arası yolculuğa çıkacağız, diyenler var. Ama bence burada bizi çok daha pratik bir anlam bekliyor.

Bilim insanlarıyla evrenin büyüklüğü hakkında konuşacak olsanız, onlardan alacağınız ortak cevap evrenin tamamındaki kaos ve karmaşa olur. Biliyorsunuz, sürekli hayal bile edemeyeceğimiz boyutta patlamalar oluyor, yıldız sistemleri infilak ediyor, gezegenler sapıyor, kara delikler oluşuyor, kocaman meteorlar yıldızların etrafında geziyor. Bilim insanları bunu basitçe kaos olarak tarif ediyorlar. Onlara göre evrendeki her şey kaos ve karmaşaya işaret ediyor.

"Şimdiye kadar şansımız yaver gitmiş olabilir ama o koca meteorlardan biri her an gezegenimize çarpabilir. Bir saniyelik bir anda bütün bu dünyadaki yaşam son bulabilir." diyorlar. Evreni gözlemleyen bir bilim insanından bu sözleri duymak hiç de sürpriz değildir. Varoluş bu tür risklere her zaman açıktır. Ama Allah (cc) evreni, göğü gözlemleyen, uzayda olabilecek tüm patlamaları, tehlikeleri gören kullarını teskin etmek için onu bizim için musahhar kılıp zapt ettiğini hatırlatıyor.

Bilim-kurgu filmlerinden hatırlarsınız; dünyaya çarpmak üzere olan meteorlar vardır, uzay araştırmacıları dünyaya çarpmadan önce o gökcismini imha etmeye çalışırlar vs. Aslında her şey Allah'ın hükmü ve kontrolü altındadır. Allah (cc) onu bizim için zapt etmiştir. Tıpkı Hz. İbrahim (as) için ateşi emniyetli kıldığı gibi. "Ey ateş! İbrahim'e karşı serin ve esenlik ol." dedik. (Enbiya, 69)

Allah (cc) aynı şeyi evren üzerinde de yapıyor. Dünya volkanik patlamalara, depremlere açık bir yer; yer yarılıp açılabilir, tektonik kaymalar meydana gelebilir, büyük tsunamiler bizi kilometrelerce öteye sürükleyebilir. Jeolojiyle uğraşan insanlar "Evet, bu her an olabilir." diyorlar. Yani dünya her an çıldırmışçasına yerinden oynayabilir, ama Allah (cc) onu zapt ediyor, sakinleştiriyor.

Dünyanın sonu geldiği zaman; yani dünya artık görevini tamamlayıp kıyamet günü geldiği zaman Allah (cc) "Haydi!" diyecek. İşte o zaman "Ve yeryüzü içindeki ağırlıkları dışarı çıkardığı zaman" (Zilzâl, 2) bu kudretin esasını göreceğiz. Yeryüzü nefesini tutmuş, patlamak üzere bekliyor. Ve sonunda evren dizginlerinden boşalacak. Okyanuslar kaynayacak "وَإِذَا الْبِحَارُ سُجِّرَتْ" "Ve denizler kaynatıldığı zaman" (Tekvîr, 6) okyanuslar patlamaya başlar. Yeryüzü gerilir.

"وَتَخَلَّتْ" *"ve tehallet"* kelimesi annenin doğum yapıp bir rahatlama yaşadığı zaman için kullanılır. Bebek dünyaya gelir ve anne o rahatlamayı yaşar. Allah, yeryüzünün uzun süredir içinde tuttuğu şeyleri püskürtmek üzere olduğunu betimliyor. Ve patlayınca yeryüzü sonunda rahatlayacak. "İçindekileri atıp boşalttığı zaman" kısmını, bir yatağın üzerindeki buruşuk bir çarşafı çektiğinizi ve üzerindekilerin bir anda fırladığı sahne olarak hayal edin. Yeryüzüne olacak olan bu. Ama o zamana kadar Allah (cc) onu sakinleştirir. "Yeryüzünde olan her şeyi sizin için yaratandır." (Bakara, 29)

Bu ayetin bir başka yorumu da yeryüzündeki her şeyin tüm insanlık için yaratıldığıdır. Dünya, tüm kaynaklarını paylaşmak zorunda olduğumuz, insanlarla beraber yaşamayı öğrenmemiz gereken bir yer. Mâide Suresi'ni çalışırken yeniden bu konuya değineceğiz; biz davamızı sürdüreceğiz, İslam'ın mesajını yaymak için çalışacağız elbette. Ama insanlığın geçmişinden geleceğine kadar, hatta neredeyse kıyamet gününe bir gün kalıncaya kadar bile, her zaman çeşitlilik söz konusu olacak. Hristiyanlar, Yahudiler, Budistler, diğerleri, arayışta olanlar, Müslümanlar. Bunların hepsi olacak ve Allah (cc) nimetlerini hepsi için sunacak. Allah (cc) nimetlerini herkese sunar. Çünkü insanlar, Allah'ın nimetleri üzerinden, Allah'a giden yolu tekrar bulabilirler.

"ثُمَّ اسْتَوٰۤى اِلَى السَّمَٓاءِ فَسَوّٰيهُنَّ سَبْعَ سَمٰوَاتٍ"

"Sonra göğe yönelip onları yedi gök hâlinde düzenleyendir."

"Göğe yöneldi." Sema kelimesini yukarıya olarak da çevirebiliriz, dikkatini yukarıya çevirdi, yukarıya yöneldi ve onu yedi gök olarak şekillendirdi, düzenledi. Kurtubi tefsirinde, "اسْتَوٰى" "istevâ", yönelmek kelimesi için birçok anlam verilmiştir, bunlardan bir tanesi; "bir şeyin üzerine doğmak, tırmanmaktır."

Hz. Nuh (as) ve beraberindekilerin gemiye binmeleri için Allah (cc) şöyle diyor: "فَاِذَا اسْتَوَيْتَ اَنْتَ وَمَنْ مَعَكَ عَلَى الْفُلْكِ" "Sen ve beraberindeki kimseler, gemiye bindiğiniz zaman." (Mü'minûn, 28) Bir hayvanın sırtına bindiğiniz zaman da aynı kelimeyi kullanırsınız. Allah-u Teâlâ aynı kelimeyi, sema için de kullanıyor. Yedi cennetin üzerindeki arş için de. "Rahmân, Arş'a istiva etmiştir." (Tâhâ, 5) Ama sorun şu ki insanlar gözlerinin önüne gelen bir hayali düşünmekten kendilerini alıkoyamıyorlar. Bir taht ve üzerinde oturan bir kral. Bu, Allah (cc) için çok yakışıksız bir benzetme.

İmam Malik'in bu noktadaki görüşü şudur: "*İstivâ malumdur, nasıl olduğu meçhuldür; ona iman vacibtir, ondan sual açmak ise bidattır.*"

"*İstivâ malumdur.*" Allah (cc) arşa istiva etmiştir ve bu bir sır değil.

"*Nasıl olduğu meçhuldür.*" Bunun nasıl gerçekleştiğini anlayamıyoruz. Bu Allah'ın bilebileceği bir şey, biz anlayamıyoruz.

"*Ona iman vaciptir.*" Bunun gerçekleştiğine inanmak, imanımızın gereği olarak kesinlikle bir zorunluluktur.

"*Ondan sual açmak ise bidattır.*" Ama bunun nasıl gerçekleştiğine dair sorular sormak bidattir. Allah (cc) surenin başında bizi ilk olarak "Elif lâm mîm" ile karşılamıştı. Oradaki izahımızı hatırlayalım; bazı ayetlerin manası yalnızca Allah'ın katındadır.

"ثُمَّ اسْتَوٰى اِلَى السَّمَٓاءِ فَسَوّٰيهُنَّ سَبْعَ سَمٰوَاتٍ" "Sonra göğe yönelip onları yedi gök hâlinde düzenleyendir." "Nasıl? Allah'ın bunu nasıl yaptığını bilmek istiyorum!" diye düşünürken, ayetin devamında şunu görürüz:

"وَهُوَ بِكُلِّ شَيْءٍ عَلٖيمٌ"

"O, her şeyi hakkıyla bilendir."

Allah (cc) her şeyi bilir, siz ise O'nun (cc) bildirdiği kadarıyla yetinirsiniz. Allah (cc) "Nasıl olduğunu, nasıl düzenlendiğini detaylarıyla bilmek istiyorum" diyen kullarını burada rahatlatıyor. Adeta; "Bunu bu şekilde kabullenin, her şeyi anlamayabilirsiniz. Bunun bilgisi benim katımda, merak etmeyin." diyor. Ayetin kendi içerisinde böylesi bir rehberlik etmesi inanılmaz. Ayetlerin sırası içinde bir düzenlemeyle açıklamalar buluyoruz. Kur'ân sadece bilgi değildir, bir düşünme şeklidir, düşünme yoludur. İnsanoğlunun düşüncesi de doğrudan Allah'ın kelamıyla yönlendirilir.

Bazı tefsirlerde bu kısım "Dikkatini göğe çevirdi." şeklinde çevrilir. İmam Kurtubi şu şekilde bir açıklama getiriyor: "Göğe doğru döndü, yöneldi." İmam Beyhaki ise "Dikkatini göğe çevirdi." olarak tercüme ediyor. Gayb hakkında işin çok derinine girmeden, buradan çıkarabileceğimiz şey nedir? Allah-u Teâlâ ayette önce yeryüzünü, daha sonra göğü anıyor. Ama Kur'ân'ın başka kısımlarındaki ayetlerde: "Ardından yeri düzenleyip döşedi." (Nâziât, 30) "Ondan (yerden), onun suyunu ve merasını (yeşilliğini, otlağını) çıkardı." (Nâziât, 31) deniyor. Yani önce gökleri yarattığı ve daha sonra yeryüzünü düzenlediği ifade ediliyor. Bakara Suresi'nin 29. ayetinde ise "O, yeryüzünde olanların hepsini sizin için yaratan, sonra göğe yönelip onu düzenleyen..." deniyor. Sıralama tam tersmiş gibi gözüküyor. Ancak "*sümme*" kelimesi Arapçada sadece "sonra" anlamında kullanılmaz, bunu "dahası" olarak da anlayabiliriz. "Yeryüzündeki her şeyi sizin için yarattı, dahası göğe yöneldi." ya da "İkinci olarak da göğe yöneldi ve onu yedi gök hâlinde düzenledi." şeklinde de çevirebiliriz.

Buradan, dünyayı insanlar için daha da güzelleştirmek ve onların daha rahat edebileceği bir yer hâline getirmek için, Allah'ın hangi öncelik sıralamasında hareket ettiğini görüyoruz. Kurtubi (rh) diyor ki: "Allah bu dünyayı güzel, işlevsel, pratik, nimetlerle donanmış olarak, siz O'na (cc) itaat etme kuvvetini kendinizde bulabilin diye yarattı. Allah'ı layığıyla övün ve takdir edin, O'na (cc) daha çok itaat edin." İhtiyaç duyduğunuz tüm kaynaklar elinizin altında, bu sayede Allah'a daha iyi ibadet edebilirsiniz.

"فَسَوّٰيهُنَّ سَبْعَ سَمٰوَاتٍ" "Ve göğü yedi gök hâlinde düzenledi."

Yedi göğün ne anlama geldiğini ancak Allah (cc) bilir. Âl-i İmran Suresi'nin başında Allah (cc) bu meseleyi tekrar hatırlatıyor. Orada da fark edeceksiniz ki tam olarak ne anlama geldiğini bilemeyeceğimiz bazı şeyler var. "Onun (Kur'ân) bir kısım ayetleri muhkemdir, ki bunlar kitabın esasıdır, diğerleri ise müteşâbihtir." (Âl-i İmran, 7) Bazı ayetlerde bazı manaların üstü örtüktür. Anlıyormuşsunuz gibi gelir ama gerçekten anlayamazsınız. "Kalplerinde bir eğrilik olanlar, fitne çıkarmak ve onun olmadık yorumlarını yapmak için müteşabih ayetlerinin ardına düşerler."

Fitne çıkarmak, sırf yenilik olsun diye konuşmak için "Bu ayete yeni bir yorum getirdim. Kimse bunu fark edememişti, ne anlama geldiğini ben buldum. Artık yedi göğün ne anlama geldiğini biliyorum." demeye getirirler.

Benim okumalarım arasında, kişisel olarak "yedi gök" hakkında en ikna edici bulduğum açıklama ise, bilebileceğimiz tek şeyin ilk gök hakkında oluşu. Bu ne demek oluyor? Yedi gök yaratıldığında en alt kattaki gök, "dünya göğüydü." Yedi gök arasından en alttaki gök. Allah (cc) "En yakın göğü kandillerle donattık..." (Mülk, 5) diyor. Burada kandillerden kasıt nedir? Yıldızlar. Şimdiye kadar icat edilmiş en gelişmiş teleskopları alıp inceleseniz de yüzlerce, binlerce, milyonlarca gökcismini görseniz de neticede yıldızları görüyor olmanız sizin hâlâ yalnızca en alt kattaki göğü görebildiğiniz anlamına gelir.

İnsan Bir Yolcudur

"وَهُوَ بِكُلِّ شَيْءٍ عَلِيمٌ" "Onları yedi gök hâlinde düzenleyendir. O, her şeyi hakkıyla bilendir." 28. ayette Allah (cc) insanın yolculuğunun nasıl başladığını açıklamıştı: Önce ölüydük, sonra bizi diriltti ve bizim için dünyayı yarattı. Bakara Suresi'nde Allah'ın (cc) ilk başlangıçlardan bahsediyor olması çok önemlidir. Çünkü Bakara Suresi Kur'ân'ın ikinci ve en uzun suresidir ve bu surenin başlangıcı da bizim vahiyle olan ilişkimiz hakkındadır. "İşte bu Kitap ki, O'nda hiçbir şüphe yoktur." (Bakara, 2) Şimdiye kadar; Kitab'a inananlar, hakkında şüpheye düşenler, inanmıyorsanız onun gibi bir şey getirin denilenler, onu eleştirenler, verdiği örnekler hakkında yorum yapanlar; bütün bunların hepsine değinildi.

Şimdiyse Allah (cc) sadece insanlığın değil, tüm yarattıklarının başlangıcından bahsediyor. Yani Allah (cc) Kur'ân'ın başlangıcında, Bakara Suresi'nde, yarattıklarının başlangıç hikâyesini anlatıyor. Kur'ân'ın sonuna baktığımızdaysa, daha çok ahiret ve hesap günü hakkındaki sureleri görürüz. Yani Kur'ân'ın akışı, en başta insanın yolculuğunun başlangıcı ve sonuna doğru gittikçe, o yolculuğun sonu hakkındadır. Kur'ân'daki sıralanış bile muhteşem bir zaman cetveli gibidir.

Burada paylaşmak istediğim çok önemli bir nokta da insanoğlunun sürekli peşinde koşup durduğu mükemmellik arayışında, kendisini hiçbir zaman tatmin olmuş bulmaması, sürekli daha fazlasını istemesidir. Bunun sonunun nereye varacağını bize Kur'ân kendisi söylüyor: "Şüphesiz en son varış Rabbinedir." (Necm, 42) Rabbine vardığın zaman, son durakta olacaksın. Daha fazlasını istemeyeceksin. Allah-u Teâlâ cenneti tasvir ederken, Kendisinin kullarına sürekli olarak ikram edeceğini ve kullarının da mutlak bir tatmine ereceklerini söylüyor. Artık tamamen tatmin olmuşlardır. Bu dünyada, daha fazlasını istemiyorum derken bile aslında istersiniz. Mesela birinin evine misafirliğe gittiğinizde ev sahibi "Lütfen biraz daha al." dediğinde, "Yok, almayayım!" derken bile içten içe istiyor olabiliriz. Ama Allah'ın huzuruna geldiğimizde, daha fazla isteyecek bir şey olmayacak.

Ve benim Kur'ân'da en sevdiğim ayetlerden biri şudur:

"Şüphesiz en son varış Rabbinedir." (Necm, 42) Ve bunun hemen ardından gelen ayet: "Ve muhakkak ki, güldüren de ağlatan da O'dur." (Necm, 43) Güldüğün ve keyifli olduğun her an sana Allah tarafından bahşedilmiştir. Ve ağladığın her an da Allah tarafından nasib edilmiştir. Üzüntüden gözyaşı dökeriz, ama en güçlü gözyaşları üzüntü gözyaşları değil, mutluluk gözyaşlarıdır. Mutluluktan kendinizi kaybettiğiniz anda, kahkahaların yerini gözyaşı alır. Ve bu ayet için o kadar güzel yer seçilmiştir ki... Sonunda Rabbimize vardığımızda, "Son varış Rabbinedir." (Necm, 42)

Allah'la tekrar buluşacağımız ânı hayal edebiliyor musunuz? Nasıl duygular içinde olacağız? Tekrar Allah'ın huzurunda olduğumuzda hem büyük bir mutluluk duyacağız hem de gözyaşlarımız olacak. Bunlara O (cc) sebep olacak. Çünkü Allah'a kavuşmuş olacağız. "Ve muhakkak ki, güldüren de ağlatan da O'dur." (Necm, 43) Böyle düşündüğünüzde, o zaman bu hayatta hepimizin başına gelecek olan ölüm artık problem olmaktan çıkar. "Ve muhakkak ki, öldüren ve dirilten O'dur." (Necm, 44)

Allah'ın bahsettiği yedi gök bizim için ne ifade ediyor? Biz o yedi gök boyunca yolculuk edeceğiz. Resûlullah'ın (sav) söylediği gibi, ruhumuz o yedi gök boyunca yükselecek, her bir durakta meleklerle buluşacağız ve nihayet Allah'ın huzuruna vardığımızda "Bu iyi bir ruh." hitabına mazhar olanlar, Allah bizleri de onlardan etsin, kabirlerinde huzurla istirahat edecekler. Allah onları tekrar çağırana kadar huzur içinde dinlenecekler. Onlar artık Allah'la birlikteler.

Bu, hepimizin dört gözle beklemesi gereken bir yolculuk...